AF827700

„Der Freihafen"

erscheint in Heften zu sechszehn Bogen und wird am Anfange eines jeden Vierteljahrs ausgegeben werden. Alle für diese Sammlung bestimmten Zusendungen werden mit der Bezeichnung:

„An die Redaction des Freihafens."

unter Adresse des Herrn Buchhändlers

C. F. Steinacker

in

Leipzig

erbeten.

Der

Freihafen.

Galerie von Unterhaltungsbildern

aus den Kreisen der Literatur, Gesellschaft

und Wissenschaft.

Zweites Heft.

Altona,

Johann Friedrich Hammerich.

1838.

Inhaltsverzeichniß.

VII. Correspondenzblätter.

I.

Von Pillnitz bis Sonnenstein.

Von

H. Koenig.

Man sollte nichts Erhebliches ohne Losung, ohne bedeutsame Parole unternehmen, wie kein vorsichtiger Wanderer ohne Hakenstock das Gebirg betritt. Solch' ein Wort dient glückaufwärts zur Stemme, abwärts zum Halt; dient als Haken, das Entfernte heran zu ziehen, als Hammer, das Gewonnene zu prüfen. — Ich hatte weder eine Losung noch einen Hakenstock, als ich von Dresden nach der sächsischen Schweiz fuhr. Doch sah der Himmel bedrohlich genug aus, und der Weg nach Pillnitz war schmutzig, beides von den heftigen Regengüssen des gestrigen Gewitters. Die hohen Halme des weiten, fruchtbaren Thals nickten mir indeß mit dem frischen Morgenwinde, und links über die Elbe herüber winkten die Weinberge mit den hellen Häuschen, Finlatters Wirthschaft und das Schlößchen vom Königsweinberge. Eine Losung aber fehlte mir, bis wir in das freundliche Dörfchen fuhren. An einer Hausecke stand Tolkwitz angeschrieben, und der Kutscher rief mir „Tolkwitz" zu. Die englischen Worte talk wit und das deutsche Gauwort talken fiel mir ein. Also: Sprich Witz, talke

Witz! — Ein solcher Zuspruch am offnen Wege nach einem königlichen Sommerlager konnte einem Dahinfahrenden als guter Rath, dem Rückkehrenden zur Herzenserleichterung dienen.

Bald war ich in einer königlichen Fähre über die Elbe gesetzt, und durch eine breite Allee, durch ein langes Dorf zum goldnen Löwen gelangt, wo ein verpflichteter Führer mich und meinen Reisesack übernahm. Mein Hakenstock war ein Regenschirm, Tolkwitz mein Wahlspruch, beides auf launenhaftes Wetter deutend. — Wir werden noch nicht viel Gescheites im Gebirg antreffen, meinte mein Führer, die schönen Tage kommen dieses Frühjahr sehr spät. — Doch stand eben schon ein hübscher Mann reisegerüstet am Ufer der Elbe, und sah zum langen Altane des Schlosses empor, auf welchem fürstliche Kinder spielten. Die geschwungne Treppe, die hinauf führt, ward von einer Schildwacht gehüthet. — Es sind die Kinder des Prinzen Johann, sagte mein Führer; da unser König kinderlos ist, so kann wohl jener kleine Prinz einmal König werden. — Der nahestehende Fremde hörte dieß, nahm seinen Hut ab, faltete die Hände und bog ein Knie. Es war ein stattlicher Mann von feinem Gesicht, schmaler Nase, blasser, kranker Farbe, etwas wirren Blicks, die Haare hingen ungekämmt um die Schläfe, und der Bart mochte wol seit einer Woche nicht abgenommen sein. Der Anzug paßte nicht ganz zu dem vornehmen Aussehen des Fremden.

Wie die Kinder auf dem Altane jubelten, so natürlich, wie Bürgerskinder! Was konnte ich ihnen Beßres gönnen, als diese weiche Juniluft und den Blick über den nahen Strom, über die gesegnete Ebene nach Dresden hinab.

Unter ihnen, an das Ufer gefesselt, tanzten königliche Prachtgondeln, roth und grün von Farbe. Sie sollen im Innern schön bemalt sein; wir durften sie aber nicht so frei betreten, als die Hofkapelle, in welcher eben zu einer Messe die Kerzen angesteckt waren. Indem ich Vogels Wand- und Deckengemälde betrachtete, auf denen die königliche Familie ihre Physiognomien den Personen der heiligen Geschichte geliehen hat, trat Prinzessin Auguste mit kleinem Gefolg ein. Prinzeß Amalie war auf Reisen; sonst hätte ich vielleicht auch die Dichterin gesehen, die wir nicht genug schätzen können. Denn sie steigt von ihrer schroffen Höhe in unsere bürgerlichen Verhältnisse nieder, um uns wenigstens *poetisch* zu begreifen. Sie braucht keine originelle Erfindung, keine kühne Ausführung ihrer Lustspiele zu haben: die Gunst des Besuchs ist Alles werth. Wie weiblich knüpft und zieht sie den Faden, wie prinzeßlich scherzt und beglückt sie! Der Landmann kann sich ihrer Vorliebe freuen. Und wenn ihre Gestalten auch nicht mit uns Bürgerlichen gelebt haben; wie schön ist es doch, daß die hohe Dichterin von uns träumt! Wie belehrend ist es für uns, zu erfahren, daß wir uns auf fürstlichen Höhen so wunderlich und oft verwahrlost ausnehmen! —

Ich erfreute mich nicht an dem chinesisch-japanischen Aussehen der weitläuftigen Schloßgebäude mit den wunderlichen Schornstein- und Lukenthürmchen. Der Venustempel steht nicht mehr, in welchem einst die Bildnisse der königlichen *Favoritinnen* aufgestellt waren; der Garten hinter dem Bergpalaste ist aber noch durch die *Kryptogamen* ausgezeichnet, die hier viel Vorliebe und Pflege gefunden haben. Das Dorf war von hin- und herwandelnder Hofdienerschaft belebt. Da und dort blickten aus kleinen Fenstern feine, welke Mädchengesichter, die wie gelöste Räthsel aussahen. Da ich nichts Blühendes an ihnen wahrnehmen konnte, so ließ ich sie auch für — Kryptogamen gelten.

Gleich hinter dem Dorfe öffnet sich der Pillnitzer Grund. Wir kletterten aber auf den Schloßberg, und setzten uns an den Ruinen, wie die Anlage heißt, um die schöne Aussicht über Schloß und Thal zu haben. Ich achtete wenig auf das, was mir der Führer von den Schöpfungen des einst begünstigten Grafen Marcolini erzählte: mein Blick ruhte auf dem tief unten liegenden Schloß. Die welthistorischen Augusttage des Jahres 1791 fielen mir ein, als hier der Kaiser Leopold, der König Friedrich Wilhelm II., Graf Artois und andre Fürsten versammelt waren. Das erste Bündniß wurde gegen die Revolution geschlossen, die man vorher als einen vermeintlichen Selbstmord des gottlosen, erbfeindlichen Frankreichs nicht ungern gesehen hatte. Im August, diesem königlich-benamsten Monate der Auguste, kam die Reaction zur Welt, und wurde mit Elbwasser getauft. Diese Minerva ist so alt wie ich, — meine hohe Zeitgenossin. Sie wird älter werden, als ich; doch beruhigt es mich zu wissen, daß sie bloß einer Majestät den Steigbügel hält, der auch ihre Gegner huldigen. — Welche Prachtblüthe flüchtiger Feststunden ging damals unter der Augustsonne dort unten auf! Wie mag, von diesem Sitze gesehen, in jener Nacht sich der Tempel ausgenommen haben, der mit der Inschrift: Concordia Augustorum brannte und im Spiegel der Elbe widerglühte! Bald darauf rief der Herzog von Braunschweig: Meine Herrn Offiziere, nur nicht zuviel Gepäck, es gilt bloß einen militärischen Spaziergang nach Paris! — Es sind nun 46 Jahre her, und die Reaction geht immer noch dorthin spazieren.

Wir brachen auf und fanden einen sorgfältig bereiteten und unterhaltnen Waldweg. Er heißt „Poetenweg", und wer weiß, was die Höflinge, für welche er gemacht ist, hier nicht Alles erdichtet haben. Herrliches junges Laubholz! und dazwischen die schlankſten jungfräulichen Fichten, die uns umschatten und umflüstern. Man geht trocknen Fußes über die Rinnen eines schlummernden Wasserfalles, der, wenn er aus Sparteichen geweckt wird, die Ehrerbietung hat, sich 500 Fuß tief hinab zu stürzen.

Bald erreichten wir die Einsiedelei des Borsberges. Die Grotte im Gipfel des Berges ist so behaglich eingerichtet, bunte Sprüche, von farbigen Fensterchen erhellt, locken so süß italienisch und französisch, daß ein liebendes Paar sich auf der Stelle entschließen könnte, hier zusammen einen Einsiedler zu machen. Auf dem Scheitel dieser Einsiedelei ist eine Altane angebracht, auf der man sich nah an 800 Fuß hoch über dem Elbspiegel befindet. Man überschaut das Elbthal von Meißen bis Königstein, und kann bei heiterm Wetter 10 Städte und 274 Dörfer zählen. Für uns war heute das Rundgemälde wahrhaft lebendig geworden; denn an den fernen Gipfeln des Meißner Hochlandes, Böhmens und des Erzgebirges zogen die Regenwolken auf und nieder, schlossen hier und öffneten dort eine Fernsicht, oder warfen den Schleier eines Sprühregens über die tiefern Hügel, und schossen wieder Sonnenblicke durch ein geschwungnes Thal, über ein einsam Gehöft, einen dunkeln Wald. —

Von der Kuppe herabgestiegen, um unter einem hölzernen Zelte oder einem überhangenden Baum ein Frühstück einzunehmen, fanden wir jenen blassen Fremdling vom Pillnitzer Schloß eben angekommen an einem Tischchen. Er ließ es sich schmecken, und rühmte die köstliche Butter, die er zwischen Zunge und Gaumen auf hörbare Weise zerdrückte. Jetzt konnte meine Neugierde mit ihm anbinden. — Gras und Kräuter dieser Berge, sagte ich, sind in diesem verspäteten Frühling noch urkräftig für das Milchvieh, und dieselben Berge haben auch heute schon in der Frühe mit ihrer Luft und Steile unsern Appetit angeregt. Reiz und Befriedigung, Bedürfniß und Gewährung begegnen sich wol selten auf so gemeinsamem Grund und Boden, wie hier.

Der Fremde sah mich schief und scheu an. Ich fragte ihn, ob er nicht mit mir einverstanden sei. Nein, sagte er. Ihre Ansicht ist mir zu jung. Ich glaube nicht, daß es unser Verdienst ist, wenn uns diese köstliche Butter schmeckt, oder uns dieser rothe Landwein erquickt, dem der Sommer 1834 die Gnade des Geistes und der Süßigkeit verliehen hat; sondern das liegt in diesen Gottesgaben allein.

Dabei könnte ich mich schon beruhigen, versetzte ich; denn da ich mit Ihnen über die Güte beider Naturgeschenke einverstanden bin, so muß ich wol ebenfalls der Gnade gewürdigt sein, die ihnen beiwohnt.

Das ist mir lieb, antwortete er seltsam lächelnd. Ich hielt Sie schon für einen der Wirrköpfe, die uns jetzt auf allen Wegen begegnen. Die wollen Alles in Staat und Kirche auf Vertrag und Uebereinkunft gründen. Heillose Prinzipien, die unsägliche Verwirrung anrichten! Ich dachte,

Sie wären eben einer neuen Verfassung auf der Spur, und wollten mir diesen königlichen Geschmack der Butter durch einen Vertrag Ihrer müden Beine mit der Hoheit dieses kräuterreichen Berges auf der Deputirtenbank Ihrer Zunge construiren. Wir sind in alle Wege ohne eignes Verdienst gegen König und Kirche, gegen den geistigen Wein der Oberherrschaft wie gegen die Milch und Milde der Kirche.

Ich bat ihn, mir in seiner Weise Staat und Kirche zu construiren, und er versetzte mit geschmeichelter Zufriedenheit: der Staat ist nur aus der Schöpfung zu erklären; er ist eine Abspiegelung der Schöpfung in der Atmosphäre des Menschengeistes; was dort die Gottheit, ist im Staate der Herrscher; was dort die Allmacht, ist hier die Allgewalt. Die Kirche aber entspricht der Erlösung. Diese ist zwar später, steht aber über der Schöpfung; denn die Erlösung ist eigentlich eine Emancipation des Menschengeistes von der Schöpfung. Der Kirche gehört die Verwaltung der Gnade, wie der Staat das Recht handhabt. Obschon daher die Kirche innerhalb des Staatsgebietes existirt, wie die Erlösung innerhalb des Schöpfungsgebietes vorgegangen ist, so steht sie doch über dem Staate, und der Heiligkeit des Papstes ist jede Majestät und Hoheit unterthan.

Ich sagte ihm, das sei ganz erstaunlich. — O, antwortete er, das geht Alles viel nachdrücklicher aus unserm Wochenbett hervor.

Aus Ihrem Wochenbett?

Ja wol, aus dem Berliner.

Jetzt verstand ich ihn, indem ich ihn mißverstanden zu haben einsah. Er sprach nämlich manche Buchstaben mit schwerer Zunge aus, besonders das zwischen Zunge und

Gaumen zu zerdrückende l. — Ich fragte ihn, ob er aus Berlin komme, und er versetzte nicht ohne Verlegenheit: Ich komme eigentlich gar nicht, ich — bin eigentlich da. Aber ich war früher in Berlin, wiewol ich nur die höhern Kreise der Gesellschaft kennen gelernt habe. Allein welche Begeisterung für die höchsten Interessen des Lebens und der Literatur findet man nicht dort! Welche Theilnahme an Kunst und Wissenschaft, am Volksleben und Fortschritt! Das ist eigentlich das Gebiet der Prinzipien, die in der Tiefe ungesehen das bürgerliche Leben gestalten.

Wir waren, vom Borsberg absteigend, auf feuchtem, abschüssigem Wege kämpfend, oft unterbrochen worden. Auf der fruchtbaren Ebene an Kleingraupe vorüber, konnte sich indeß mein Unbekannter über die Emancipation der Frauen mit aller Bequemlichkeit erbittern. Ich ließ ihn gewähren, und hoffte ihm bei jedem Wort auf die Fährte zu kommen. Gewiß war er ein Mann von hohen Verbindungen, und aus seinem heftigen Eifer für die Kirche schloß ich auf irgend einen neubekehrten Katholiken. Denn Solchen, die einen langen Irrglauben gut zu machen haben, ist keine rechtgläubige Meinung toll genug. Unerwartet brach er aber seine Zornrede ab, um über die Wesenitzbrücke die Richtung nach dem Doberzeiter Kohlberg einzuschlagen. Mein Weg ging nach dem Liebethaler Grund.

Dorf Liebethal zeigt sich mit seinem Kirchthurm hoch oben zwischen Baumgipfeln über steilen, vielfach zerrißnen Sandsteinwänden. Von dieser Wand ist eben nach monatelanger, gefährlicher Arbeit ein „Satz" losgehauen. Die Steinbrecher ziehen zu einem fröhlichen Gelag; denn nun ist es für lange Zeit ein leichtes Tagewerk, den Block zu verarbeiten. — Am Ufer der Wesenitz liegen, wie kolossale Geldrollen, die guten Mühlsteine an einander, weithin begehrt, weil sie nicht stäuben, und das fromme Korn ohne eigne Zuthat zermalmen. Ein Sprühregen treibt uns in die vorderste Mühle. Behaglich sitzt der Müller am breiten Fenster mit einem Zeitungsblatt, und die nahe Felsenwand schielt mit sanft tröpfelndem Gesträuch, wie mit thränender Wimper, durch die Scheiben über des Müllers Schulter herein. Die ewig Gefesselte liest wehmüthig mit, was in der Ferne die unstäte Welt treibt. —

Wie der Regen nachläßt, erklimmen wir die steile Wand links unseres Eingangs in das Thal. Ein anmuthiger Weg führt uns am buschigen Rande hin; das Gesträuch öffnet sich hier und dort auf einen Felsenaustritt, und läßt uns einen Blick in die schaurige Schlucht hinein thun, bald wo sich die Mühlen und der Mühlsdorfer Thurm hinter einander erheben, bald wo die Lochmühle, zwischen den Felsen eingeklemmt, den schäumenden Bach aufnimmt. — Nun senkt sich ein künstlicher Mühlenweg wieder in die Schlucht hinab; wir gehen durch die Mühle und schauen, auf einem Stege schwebend, die wilden Felswände an, die sich vor uns an der sogenannten Rabenteufe zusammen drängen, und nur die brausende Wesenitz durchlassen. Auf der andern Seite über hundert fünfzig Stufen am Felsen hinaufgestiegen, befinden wir uns in heitrer, ebener Landschaft. Die Wolken rollen sich auf, und die Sonne bricht hervor. Wie süß athmet sich diese Frühlingsluft, die von waldigen Höhen herab über feuchte junge Saaten und Wiesgründe, und von einem wieder versöhnten Himmel durchsonnt, uns umfächelt! — Bald erreichen wir das Städtchen Lohmen.

Wir betrachten die freundliche Kirche und das Schloß, dessen Erkerhöcker im Rücken sein Alter verrathen. Es besteht aus zwei Hauptgebäuden, zwischen denen ein hoher Felsen den verbindenden Altan trägt. Auf einer eingemauerten Tafel steht zu lesen, wie einst ein junger Landmann, auf diesem Altan eingeschlafen, über den 56 Fuß hohen Felsen hinabgestürzt und doch mit dem Leben davon gekommen sei.

Es war Mittagzeit, und das stille Gärtchen des Gasthauses stand einladend offen. Ein Harfenmädchen lag schlafend auf dem Sopha des Pavillon. — Nanni! rief mein Führer. Da fuhr sie auf, lachte beschämt und verschwand. Doch nur, um ihre Harfe und eine Mitspielerin zu holen. Und kaum waren meine bestellten Forellen gebracht, so erklang auch vor dem Gartenhäuschen im Schatten ines spät blühenden Apfelbaums Lied und Saitenspiel.

Süße Müdigkeit, balsamische Luft, dunkelroth gefüllter Pokal, und ihr auf Saiten tanzenden Mädchenstimmen — welchen Akkord eines unbeschreiblichen Friedens ruft ihr nicht in meiner Brust hervor! Ja doch, ihr ruft hervor, ihr seid es nicht selbst, die ihn geben. Der heimlichste Mittag brütet auf meinem Herzen: ich weiß nicht, was in dieser Tiefe sich regt, und zu welchen Flügen es sich befiedert. Welche Unergründlichkeit wohnt in diesen engen, schlagenden Kammern! Was ich fühle, was ich ahne und in heiligsten Augenblicken erschwinge, — du gefleckte Forelle hast es nicht aus deinem reinen, kühlen Bergwasser mitgebracht, nicht in den rothen Beeren auf den Mittagshöhen der Elbe ist es gegoren; meine Füße haben es nicht erklettert, ihr preßt es nicht aus euern heißern Kehlen, Sängerinnenpaar, staubiges Wegebreit, und vergebens schwingen die Saiten eurer Harfen darnach. Und doch, wie kömmt es, daß ihr zusammen solch' eine selige Stimmung in mir hervorbringt? —

Ich war noch in dieser räthselhaften Gefühlstrunkenheit versunken, als hinter den schweigenden Sängerinnen her sich eine sanfte weibliche Stimme in weicher Mundart laut rufend hören ließ: Fahrt doch fort, ihr Mädchen! Singt noch was Lustiges! Wem spielt ihr denn auf? und wenn ihr Nachtigallen seid, wen lockt ihr? —

Die Sängerinnen mochten nach meinem Pavillon gewinkt haben; denn mit den Worten: „So? Ist Jemand da?" blickte sie herein. Sie, die ich aufspringend mit der unüberlegten Frage begrüßte: Ha, mein Gott, Sie? Suchen Sie etwa die Sixtinische Madonna hier?

Laut lachend, und mit anmuthiger Unbefangenheit in die andre Ecke meines Sopha sinkend, versetzte sie: Wahrhaftig, Sie haben es auch bemerkt! Wie vielmal trafen wir uns vor dem Bilde?

O wenigstens sechsmal!

So? Also fünfmal in aller Unschuld; denn das sechste Mal, gestehe ich Ihnen, kam ich bloß, um zu sehen, ob auch Sie zum sechsten Mal kämen.

Ich muß Ihnen sagen, wie es zuging, erzählte ich. Beim Eintritt in die Dresdener Gallerie erblickte ich nur den Menschen, der mir das Buch zum Einschreiben meines Namens vorlegte. Nun schwankte ich, ob ich mich rechts oder links in die Säle wenden solle, um vor Allem zur Sixtinischen Madonna zu kommen. Ihr galt meine heutige Wallfahrt. Ich wende mich um, und da hangt das göttliche Bild dicht vor mir an der Wand. Ich schrecke ordentlich zusammen. So bleibe ich nun den Eintretenden lange genug im Wege stehen, und muß mich endlich zwingen, weiter in die Säle vorzuschreiten. Da ist denn nun ein erstaunlicher Reichthum über und neben einander ausgebreitet. Es wird mir schwindlich zu Muth. Wie soll ich das Alles bewältigen, oder wo das Ansprechendste heraus finden? Dazwischen sehe ich auch nach den Frauen, die in den Fensternischen copiren, nach den Herrn, die auf hohen Gerüsten nachmalen. Aber ich kann kein Bild aus der Unzahl recht in's Auge und Herz fassen; immer zieht es mich wieder nach dem Eingangsälchen vor meine Madonna; ich bilde mir ein, die vom Glanze der Himmelskönigin links abgewendete heilige Barbara sehe sich nach mir um. Und jedesmal finde ich auch Sie wieder da. Hatte es Ihnen etwa der alte Papst Sixtus angethan, wie mir die schöne Barbara?

Lachend versicherte die Fremde, es sei ihr auf's Haar eben so gegangen. Also sechsmal, rief sie aus, und doch verstehe ich das Bild eigentlich nicht.

Mir kam es zuerst wie eine himmlisch wunderbare Pflanze vor, erklärte ich. Zu unterst sitzen die zwei Keimblättchen von Engeln; denn die Menschheit erwächst aus Engeln. Höher hangen die beiden schon entfalteten Blätter Sixtus und Barbara, jener aufwärts, diese abwärts gerollt. Endlich bleibt unser Blick an der obersten Blume gefesselt, an der Jungfrau mit dem Kinde. Hier ist das Göttliche auf unbegreifliche Weise aus dem Menschlichen erglüht, wie sich auch die feuerrothe, die himmelblaue Blüthe aus grünem Stengel geheimnißvoll entfaltet. Ueber dem aufblickenden Sixtus schwebt Maria, die durch Gnade erhobene; über der niederblickenden Barbara das göttliche Kind, das ja zur

Menschheit niedergestiegen ist. Die Augen dieses Kindes, durch die man in die Ewigkeit hinein schaut, verschlingen unsere Seele: wir wissen nicht, in welche Schauer der Erlösung, in welche Ahnungen einer nahen Seligkeit wir untersinken, bis wir endlich wieder aus den Augen der Mutter mit dem Gefühle der gläubigsten Ergebung und einer unbegriffnen Begnadigung auftauchen.

Das haben Sie sich so geträumt, versetzte die Fremde, was aber hat der Mahler bei dem Bilde gedacht? Der gemahlte Vorhang ist ja aus einander gezogen, da kann wol kein Geheimniß sein!

Das sagen Ihnen die Gelehrten, meine schöne Reisegefährtin, versetzte ich. Wir Andern erlauben uns unsere eignen Gedanken. Die Hand des Genius stößt nur irgend einer menschlichen Situation den Boden ein, mit welchem sie auf der Unendlichkeit ruht. Und was da ein Jeder schöpft, ist seine Wahrheit und Erkenntniß. — Jetzt aber lassen Sie Ihren Braten nicht kalt werden!

So waren wir im traulichsten Gespräch, ohne einander zu kennen, denn in der Gallerie hatten wir kein Wort gewechselt. Sie war ein anziehendes Wesen, Frau oder Mädchen, schlank gewachsen mit jener Weiße der Haut, die sich bei röthlichen Haaren findet, und die in blauen Augen und fast durchsichtigen Zähnen widerscheint. Sie ging in phantastischem Reisegewand hoch aufgeschürzt, und die grauen Ueberstrümpfe schlossen um die niedlichsten Knöchel und über den schmalsten Fuß. Von Dresden aus über Pirna und Königstein gefahren, war sie eben in Lohmen zu Wagen angekommen, um mit dem alten Führer, den sie bei sich hatte, einige Partien zu Fuße zu machen. Wir kamen überein, die

Bastei zu besteigen, und brachen auf, als eben eine gemischte Gesellschaft den Garten betrat. Lachende Scherzworte, die ich im Vorübergehen erhaschte, schienen auf den Unbekannten gemünzt, der mich an der Wesenitzbrücke verlassen hatte. Er schien also in der Nähe zu sein, und ich eilte, ehe er sich uns vielleicht anhäkeln möchte. —

Wir folgen unsern Führern über eine wohlangebaute Ebene, — vor uns in der Ferne die Hochburkersdorfer Linde, seitwärts die Höhen um den Borsberg, und im Rücken das Erzgebirg in dämmeriger Weite. In einer halben Stunde sind wir am Dorf Ottowalde, und steigen 140 Stufen in die Schlucht hinab.

Wir hatten auf die schmalen, oft wankenden Trittsteine zu achten, und empfingen daher unten beim ersten freien Umblick den unzerstückten Eindruck dieser imposanten Felswände. Meine Gefährtin setzte sich auf ein vorspringendes, mit feinem Gras umwachsenes Felsstück nieder, überwältigt von den, über hundert Fuß hohen, wie gepanzert gegen einander stehenden Felsen. Dieß ist im Allgemeinen der Charakter der Ottowalder Schlucht; dennoch wird das schweifende Auge des Wanderers unaufhörlich durch wechselnde Einzelheiten beschäftigt; wie nämlich diese ungeheuern Massen, auf das Mannichfachste zerklüftet, da und dort überhangen, oder schroff hervortreten, auf dem Scheitel mit mächtigen Buchen, in der Spalte mit schlanken Fichten, tiefer herab mit Strauchwerk und Farrenkraut, und wo sie kahl sind, mit schwefelgelben Flechten bewachsen. Am Fuße der in Reihe und Glied stehenden Felsen wachsen blühende Stauden; langhaariges Gras legt sich über die nackten Zehen dieser steinernen Riesen. Zwischen denselben, wie das versöhnende Gebet eines Einsiedlers, murmelt ein Bach, und liebkost die Felsblöcke, die hier und dort abgestürzt, ihm und dem Wanderer den Weg sperren. Man möchte sie für die Helme oder für die Nasen und Arme dieser starren Kämpen halten, die an stürmischen Tagen, wenn Nebel oder Wolkenbruch sich zwischen sie herab senkt, blind gegen einander losschlagen und sich zerstücken. Heut aber stehen sie ruhig mit kühlen Füßen am Bach, und strecken stolz Helm und Federbusch, die von der Sonne vergoldet sind, in den blauen Himmel empor.

Nicht wahr, diese Felsen wissen sich in Respect zu setzen? fragte ich meine stumme und blaß da sitzende Gefährtin.

Ich weiß nicht, habe ich einmal von diesem wilden Grunde geträumt, oder ist er nur das Abbild eines frühern Seelenzustandes, einer peinigenden Lebenslage, die ich durchgemacht, antwortete sie sehr ernsthaft. Wenigstens fällt mir lebhaft genug die Pein meines Metzer Pensionats ein. —

Sind Sie in Metz erzogen? —

Ich war wenigstens Jahr und Tag in einem dortigen Convent der Damen des heiligen Herzens.

Sie schwieg ein Weilchen, hieß dann die Führer vorausgehen, und reichte mir zum Aufbruch die Hand. Emancipire sich Eine! lächelte sie. Ihr Männer geht so allein durch die Welt, und ärgert euch, daß die Polizei fragen darf, wer ihr seid. Uns Frauen fällt es jetzt erst ein, selbständig zu reisen; vielleicht gerade darum, daß doch hier und dort auch einmal von Amtswegen nach uns gefragt werde. Sie, mein werther Gefährte, haben mich auch noch keinen Augenblick darauf angesehen, daß ich so allein reise. Ihre

Anerkennung meiner Selbständigkeit freut mich. Sie lassen gewiß auch unsere Emancipation gelten. Dennoch kann ich mich noch nicht recht hinein schicken, ungekannt mit einem Unbekannten zu Fuß zu reisen. Vielleicht, wenn ich den Männeranzug dort aus meinem Reisesack anhätte —! So lassen Sie uns denn ein wenig bekannter werden! — Ja, ich war in Metz vor einigen Jahren. Ich bin aus Münster gebürtig, und als mein Vater gestorben war, hielt meine Stiefmutter für gut, daß ich in einem Nonnenconvente zu Metz das Französische recht „los bekäme.“ Eigentlich war ich ihr zu ausgelassen, und ärgerte gern die heimlichen Mönche, die aus der Schweiz, aus Belgien und wer weiß woher noch, fleißig genug bei uns einsprachen. Für die Ausgelassenheit war mir nun freilich in Metz gethan! Denken Sie sich ein weitläuftiges Gebäude ganz entlegen aus dem belebten Theile der Stadt. Und nicht einmal in diese todte Straße konnten wir sehen; die Fenster waren vermauert, wie in einem Gefängnisse. Unsere Wohnungen sahen in den Garten; doch durften wir uns in diesem nicht bis an die hohe Gartenmauer wagen, weil hinter derselben die Kaserne der Genie-Offiziere liegt, aus der man uns hätte zurufen können. Jede Stunde war streng gemessen, dem Lernen und Beten zugetheilt. Plaudern in der Zwischenzeit ist verboten, blinde Unterwerfung das höchste Verdienst. Wer sich darin auszeichnet, wird Ange, und erhält das Bild eines Engels mit einem blauen Band um den Hals. Auf einer zweiten Stufe der Auszeichnung wird man enfant de Marie, indem man ein Marienbild am blauen Bändchen tragen darf. Leistet man nun in Frömmigkeit und Gehorsam noch mehr, so wird es mit einem breiten blauen Bande ausgezeichnet, das man quer über die Schulter trägt. Mit solchem ruban tritt man auf die unterste Stufe der Klosterhierarchie; man erhält ein Amt. Denn keine zwei Pensionärinnen dürfen selbst in den Erholungsstunden oder im Garten wandelnd zusammen plaudern, ohne daß ein ruban in ihrem Geleite sei. Freilich haben junge Französinnen weniger Bedürfniß, gemüthlich zusammen zu plaudern, als vielmehr einen angebornen Trieb zur Intrigue. Daher jene seltsamen Erziehungsprinzipien. Eine Lehrerin tändelte eines Abends mit einigen Pensionärinnen, jungen Mädchen, die sich munter und herzlich an sie schmiegten. Des andern Tages wurde sie vor die Oberin beschieden, und unter scharfen Verweisen mit einer Versetzung in einen andern Convent bedroht, sobald ein solches Aergerniß noch einmal vorkommen würde. — Wir schliefen in großen Sälen unter Wache der Lehrerinnen. Die Betten waren durch hohe Zwischenwände gegen einander abgesperrt, wie in einem Pferdestall die einzelnen Stände. Durch das Zusammenklappen eines hölzernen Buches wurden wir zu allen Pflichten des Tages aufgeboten, — zum Aufstehen und Ankleiden, zum Kirchengang und Frühstück, zu den Lern- und Eßstunden, zum Spiel im Garten und zum Abendgebet. Jede Bewegung des Lebens geschah nach dieser hölzernen Mahnung. An Festtagen hatten sich die Lernstunden in Betstunden, das Sitzen in Knien verwandelt. Weltliche Menschen kriegten wir nur Donnerstags nach Mittag zu sehen, wo Freundinnen des Klosters und Verwandte einheimischer Pensionärinnen zu Besuch kamen. Man versammelte sich im Salon. Wir saßen steif, und wurden bei jeder Annäherung einer Besuchenden scharf bewacht, damit wir kein Briefchen erhielten oder abgäben. —

Je traulicher meine Gefährtin sprach und ich zuhörte, desto mehr wetteiferten die Führer, uns auf die Felsumgebung aufmerksam zu machen. Dort waren versteckte Höhlen zu sehen, worin die Bewohner der Umgegend während der Kriegszeit ihre geflüchtete Habe geborgen hatten; hier war ein nächtlich verirrter Wanderer, einem Lichtschimmer aus dem jenseitigen Orte Wehlen zueilend, vom hohen buschigen Felsen herab in die Schlucht gestürzt. — Nun drängen sich die feindlichen Wände eng zusammen; zwischen ihnen sind abgestürzte Felsblöcke hangen geblieben. So bilden die handgemein gewordenen Felsen drei Durchgänge eines langen, niedrigen Thores, unter dem wir, von unserer Phantasie beängstigt, hindurch eilen. Jetzt nöthigen uns die Führer gar, unter schweren Felsen hin zu einer Höhle zu kriechen. Halb aufgerichtet sehen wir da durch zusammenstoßende Felsen einen hohen Schornstein gebildet, und mitten aus dem tiefherabhangenden Stein fällt wie durch Zauberkraft ein Wassertropfen um den andern. Das ist die Teufelsküche — mit Recht so genannt. Wir eilen aber gebückt hinaus, um keine Teufelsbraten zu werden.

Die Schlucht ist lang, und hier, wo sie sich wendet, an dunkler kahler Felswand, bietet sich unvermuthet eine kleine Wirthschaft an. Der Fels hat einen Keller für Getränke, eine Höhlung für des Wirthes Bett. Aber „die Wand ist noch zu kalt und feucht,“ sagt das kleine Schenkmädchen; „wir sind noch nicht eingezogen.“ — Tische und Bänke aus einfachen Brettern für Gäste und niedliche Schächtelchen, mit Felsmoos, Steinchen und Schneckchen gefüllt, stehen zum Verkaufe da. — Doch, unruhig wie wir sind, eilen wir weiter; die Schlucht theilt sich, und wir wenden uns links hinauf. — „Die Hölle," rufen uns die Führer den Namen dieser grausen Stätte zu. —

Wie sollte ich nun aus meiner Klosterhölle kommen? fuhr die Erzählerin fort. Ich versah es täglich und in allen Stücken, im Beten durch Zuwenig, im Plaudern durch Zuviel. Ein enfant de Marie zu werden, war keine Hoffnung da, ja nicht einmal einen Engel an den Hals zu bekommen. Dabei verdroß mich noch Manches, z. B. die geheimnißvollen Anstalten, wenn man einmal mehr als Gesicht und Hände waschen wollte, ferner die ewige Andacht zu Heinrich dem Fünften und die über Louis Philippe ausgegoßnen Bitterkeiten. Ich beschwor meine Stiefmutter, mich zurück zu nehmen. Allein Alles, was ich zu meiner Rechtfertigung schrieb, wurde immer erst im Convent gelesen und erhitzte die Dames du sacré coeur. Sie begleiteten meine Briefe mit ihren Beschuldigungen, und so fand meine Mutter die strenge Zucht heilsam, unter der ich seufzete. Mußte ich mir da nicht endlich selber helfen?

Das Thal stieg jetzt leichter auf; die hohen Bäume kamen tiefer herab; Gras und Kräuter streckten sich ihnen entgegen; die Felsen versteckten sich hinter Wald; die Sonne schien bis zu unsern Füßen herein, die Vögel flatterten.

Wir hatten einen Geistlichen, Jaquemot, der uns in der Klosterkirche die tägliche Messe las, unsere Beichte hörte und die Kommunion spendete. Jünger und hübscher war Père Martin, der aber nur zuweilen bei uns predigte. Wir wußten, daß er Jesuit war, ohne daß darüber gesprochen wurde. In diesen stellte ich mich nun verliebt. Ich schrieb seinen Namen auf alle cahiers und in den Sand des Gartens. Ich nannte verstohlen seinen Namen und seufzete dabei. Ich war zerstreut, und wenn man mich anredete, fuhr ich auf und rief: **Père Martin?** Nicht lange, so ward ich vor die Oberin beschieden und auf Geständniß angegangen. Ich bekannte nichts und läugnete nichts. Erst erhielt ich Ermahnungen, und da sich mein Zustand nicht besserte, folgten Pönitenzen. Ich wurde in die Kapelle gesperrt, man ordnete Betstunden an, und zuletzt ward der Beichtvater Jaquemot in's Geheimniß gezogen. Aus Klugheit verschwieg man ihm aber den Namen des Geistlichen, in den ich verliebt sei. Der gute Jaquemot nahm nun seine Ermahnungsstündchen mit mir vor, und unterließ nicht, vor allem auf den Namen des Geistlichen zu examiniren. Wie er dabei schmunzelte und liebäugelte, merkte ich gleich, welchen Namen er zu vernehmen hoffte. Mein verlegnes Schweigen mochte er sich günstig genug auslegen; er suchte die **Dames du sacré coeur** meinetwegen zu beruhigen, und kam seinetwegen so oft, daß es mich in Verzweiflung setzte. Beides ging gegen meine Berechnung. Ich mußte der Sache ein Ende machen, und sagte daher eines Nachmittags, als er mir wieder zusetzte, ihm den Namen zu nennen: Verlangen Sie das nicht, frommer Vater! Ich werde diesen Namen in meinem Herzen begraben. Das Einzige, was ich Ihnen zur Beruhigung sagen könnte —. Nun, Mademoiselle? rief er, während ich einhielt, um mich an seiner fast athemlosen Erwartung zu ergetzen — wäre, daß Sie es nicht sind, versetzte ich lächelnd; worauf er, alle Fassung verlierend, entrüstet wegging. — Das half. Jaquemot war so beschämt und erbittert, daß er Alles that, mich wegzuschaffen. Die

Damen bestanden auf meiner Entfernung, und ich wurde abgeholt. — Sie werden an Elise von Graberg denken! lachte sie.

Lachend hatten wir den Grund verlassen, und befanden uns auf einer waldigen, aufsteigenden Ebene. Die Führer lockten uns in die Gebüsche, um uns in den felsenzackigen Hirschgrund und in die Vogeltelle hinabblicken zu lassen, die einem tiefen See versteinerter Wellen gleicht. Erst hatten wir unter überragenden Felsen gebangt, nun ergriff uns ein unterschlächtiges Grausen.

Der Wald lichtete sich. Links lagen die Gebäulichkeiten, wo die Fuhrleute ausspannen. Es ging nun steiler empor, bis an das Gasthaus und die wirthschaftlichen Anlagen. Eine tiefe, ferne Gegend taucht von weitem auf. Wir eilen aus dem Buschwerk auf das schmale, mit einem brusthohen Eisengeländer umschützte Felshorn hinaus, und schweben nun schwindelnd 600 Fuß hoch über der unter uns hinziehenden Elbe, staunend über eine wunderbare, durchsonnte Landschaft. — —

Lange irrt unser träumender Blick unstät hin und her, bis er nun betrachtend von einem zum andern Punkte schweift. Links reiht sich die Felsenhöhe der Bastei an eine etwas tiefere Wand, zu der eine schwebende Brücke trägt. Hier stand vormals eine unzugängliche Raubburg und beherrschte die Elbe, die sich heute noch in altem Schreck vom Fuße dieser Felsen abkrümmt. Hinter dieser Wand steigen die großen Gansfelsen hinauf nach dem Dorfe Rathen, und lenken nordöstlich, wo die wilden Felsenwarten des Hohnsteiner Forstes mit dem Schloß, und die Berge bei Neustadt sich am Horizont verlieren. Vor uns etwas links, als fernster Höhepunkt, zeigt sich der böhmische Rosenberg, weiter rechts führen der Schneeberg und Sattelberg aus Böhmen nach dem sächsischen Erzgebirg hinüber, dessen Höhen am dunstigen Horizont verdampfen. Von Böhmen herein, rechts und links vertheilt, rücken immer näher und füllen den Mittelgrund der vor uns ausgebreiteten Landschaft — die Winterberge, die Kaiserkrone, der Zirkelstein, die Kuppelberge, die Korischfelsen, der Papststein und Pfaffenstein. Noch näher und jäh aus dem flachen Boden steigt der Lilienstein und die Festung Königstein. Tiefer herab und an die beiden Krümmungen der Elbe treten die Rauensteine und die Bärensteine. — Idyllischer nimmt sich unmittelbar unter uns die Landschaft aus. Jäh hinab vom Knie des Felsen, auf dessen Nase wir hocken, wälzen Zwerggestalten von Menschen Steine nach dem Ufer der Elbe; Boote halten am Gestad und Menschenstimmen kommen matt herauf. Eine Gondel schwebt den Strom herab, bunte Tücher winken herauf, und wir grüßen mit geschwenkten Tüchern. Am Strome hin liegen einzelne Häuser, ein Gärtchen ist auf freiem Felsen angelegt, und wird auf einer Treppe bestiegen. Leinen ist zur Bleiche ausgespannt. Jenseits des Stromes ziehen Saatfelder längs dem Ufer hin, und nicken wogend der wogenden Nachbarin Elbe zu. Wechselnd schimmert das Grün der verschiednen Beete bis zum Walde hinauf, in welchem versteckt wir ein Häuschen liegen sehen zur Zuflucht bei Ueberschwemmungen der jetzt lachenden Gewässer erbaut. —

Inzwischen beginnt Musik und Gesang unter den Bäumen vor dem Wirthshause; wir sitzen mit dem Rücken an das Eisengeländer lehnend und lassen unsere Gedanken lustig schwärmen, wie die Mückchen in der Abendsonne, bis die verschiednen Reisenden sich in das Buschwerk an die Wirthstische verlieren.

Also Elise von Graberg! sagte ich mehr ausrufend, als fragend. —

Ja, lächelte sie. Und jetzt heiße ich Elise von Spahl. Meiner Stiefmutter war es ganz recht, daß ich mich in einen Jesuiten verliebt hatte; denn sie dachte nun dieser Empfänglichkeit meines jungen Herzens einen Mann unterzuschieben, der zu ihren frommen Versammlungen und, wie ich jetzt glaube, zur römischen Propaganda gehörte. Er sollte mit mir mein Vermögen theilen, und mich seines eifrigen Glaubens theilhaftig machen. Sobald wir nun getraut waren, fand ich auch einen Philosophen an ihm, und zwar einen, dem nichts zu gering ist, um es nicht unmittelbar an die Schöpfung und an die Erlösung anzuknüpfen. —

Mein Gott! rief ich aus, ist der Ihr Gemahl?

Kennen Sie ihn? —

Ich habe heut am Borsberg neben ihm gefrühstückt. Er ist in diesen Bergen. —

Elise erhob sich und ward unruhig. Irren Sie auch nicht? fragte sie, und ich beschrieb den Mann. Es blieb kein Zweifel. Sie selbst rief endlich lachend: Nun ja, es ist mein Gemahl! — Ich fragte, ob sie etwa geschieden seien. — Sie verneinte, und setzte nach einigem Bedenken hinzu: Wir waren ein Jahr lang in ewigem Wortwechsel. Hanns Guido, mein Gemahl, gerieth immer starrer und tiefer in die Schöpfung und in die Erlösung hinein; so daß ich zuletzt zu ihm sagte: Laß uns theilen, werther Freund! Nimm die Hälfte meiner Renten und laß mir die Hälfte deiner Weisheit. Du bist der ältere, behalte also die Schöpfung, und laß mir die Erlösung! — Hiermit ließ ich es gut sein, und ging mit meiner Kammerfrau auf Reisen. Seitdem habe ich nichts von ihm gehört; denn ich habe meinem Geschäftsführer verboten, mir von ihm zu schreiben, und die Verwandten zürnen und schweigen. Gestern verrenkte sich meine gute Beate den Fuß, und so trat ich heut allein diese Bergpartie an. Für irgend einen Nothfall habe ich einen Mannesanzug bei mir. Was bleibt einer Frau an meinem Platze übrig, als sich zu emancipiren?

Sie gehen in allen Stücken sehr entschieden zu Werk! bemerkte ich ihr. — Sie sah mich stutzig an, und fragte: Haben Sie den Felsen untersucht auf dem wir hier stehen?

Ich verneinte, und verstand sie nicht. Sie fuhr lebhaft fort: Eben so plötzlich, als wir aus dem feuchten, ängstlichen Ottowalder Grunde hier auf dieses Felshorn herauf gelangt sind, war ich aus dem Metzer Pensionat in den Salon meiner Stiefmutter versetzt worden. Die Aussicht in die Welt war so herrlich, wie sie nur immer hier unter uns liegt, und die offenen Arme des Herrn v. Spahl nahmen sich so sicher aus, wie uns hier das Eisengeländer schützt. Ich war damals siebenzehn Jahre alt. Sie sind wol ein Vierziger. Ich hatte noch keine unglückliche Ehe beobachtet, während Sie drunten so viel abgestürzte Felsnasen gesehen haben. Dennoch treten Sie hier heraus, ohne zu prüfen, ob wir auch sicher stehen, und wollen doch mir vorrücken, ich handle zu rasch, soll heißen — unbesonnen. O Sie —! Wie heißen Sie denn?

Ich heiße Koenig.

Was? H. Koenig? — der da — nun, wie heißt das — Dings geschrieben hat? Es hat mir sehr viel Spaß gemacht. Nun, das freut mich. Jetzt nehme ich auch eine Tasse Kaffee von Ihnen an und ein Stück Kuchen.

Wie ich ihr den Arm bot, sie nach dem Wirthshause zu führen, stand der Fremde, stand Herr v. Spahl vor uns. — Man denke sich die Ueberraschung! Ich selber war Elisens wegen betroffen. Sie schien fast weniger über die unerwartete Begegnung, als über das Aussehen ihres Mannes betreten. Wenigstens musterten ihn ihre Augen mit dem Ausdrucke des Befremdens. Beide rückten sich nach der ersten Begrüßung mit leisen Vorwürfen und Anzüglichkeiten näher. — All' unsere Zerwürfnisse, sagte er, rühren von deiner mißverstandnen Freiheitsliebe her. Die Freiheit ist ohnehin, was man sonst die Erbsünde genannt hat. Aber hat denn nicht Gott selbst gleich bei der Schöpfung die Frau dem Manne untergeben? Und welche Freiheit wollt ihr noch mehr, als die euch durch die Erlösung zu Theil geworden ist, seit der ihr nicht mehr Sklavinnen, sondern Genossinnen, Gefährtinnen des Mannes seid?

Am Ende liefen alle Erklärungen des Herrn v. Spahl darauf hinaus, daß Elise mit ihm zurückkehren sollte, und daß sie sich versöhnen wollten. Wir fahren gleich fort, sagte er: drunten hält eine Retourchaise.

Sie lehnte das entschieden ab; worüber der Gemahl sich so sehr ereiferte, daß er die Aufmerksamkeit der Umherwandelnden erregte. Stehen Sie mir bei! wendete er sich an mich. Sie sind ein Mann, der mich versteht. Sie haben wahrscheinlich meine Frau hier eben getroffen, und kennen sie noch nicht. Sie ist eine Närrin und hat die fixe Idee, sich zu emancipiren, ihren Ehemann los zu werden. Sie ist von der allgemeinen Tollheit angesteckt. — In der That war aber Elise so wenig emancipirt, daß sie über die Neubegierde der Umstehenden in sichtbare Verlegenheit gerieth. — Es sei denn, lieber Guido, sagte sie. Wenn der Herr uns bis Schandau begleiten will —! Sie sah mich an, und fuhr dann fort: Ich wünsche einen Zeugen unserer neuen Uebereinkunft, einen Mittler unseres Verständnisses. Und Sie kennen ja den Herrn!

Herr v. Spahl ließ sich den Vorschlag gefallen, und wir gingen nun dem Wirthshause zu, weil Elise sich ein wenig umzukleiden verlangte. An der Thüre nahm sie ihrem Führer den Reisesack ab, übergab ihn einem Kellner, und ließ sich ein Zimmer anweisen. Den Führer schickte sie hinab nach der Ausspann, um den Rückwagen in Beschlag zu nehmen und dort zu warten. — Herr v. Spahl blieb indeß nicht ohne Mißtrauen: er stellte sich der Treppe gegenüber, die nun seine Gemahlin rasch hinauf gegangen war. Fremde und Kellner liefen auf und ab. Bald kam auch ein zierlicher junger Mensch die Treppe herunter, der ein buntes Tuch über Nase und Mund hielt. — Hinter Spahls Rücken drückte er mir ein Kärtchen in die Hand; ich las verstohlen die Worte: „Morgen Mittag in Schandau.“ Nicht lange darauf übergab ein Kellner dem Herrn v. Spahl ein ähnliches Kärtchen mit der Inschrift: Elise p. p. c. — Was? rief er, wo ist die Dame, die ihm das gegeben?

An der Ausspann; sie fährt eben ab.

Wie ist das möglich! rief Herr v. Spahl, und eilte

den Berg hinab; ich folgte, um etwaniges Schlimme zu verhüten. Wie ich sie aber aus dem schon dahinrollenden Wagen von Weitem mit geschwungnem Tuche grüßen sah, eilte ich zurück, um dem gereizten Gemahl aus dem Wege zu sein. — Ich ließ mich von meinem Führer durch das ganze wilde Gebiet der ehemaligen Raubburg schleppen; wir kletterten von einer Felsenzacke zur andern, und krochen durch Höhlen und Winkel, um in irgend einen grausenhaft benamsten Abgrund zu blicken; bis die schöne Landschaft sich der bunten Tagesgewänder entkleidete, um das silbergrauseidenschimmernde Nachtkleid des Mondlichtes anzulegen. —

Inzwischen waren die Fremden vor der Abendkühle in den Speisesaal gezogen. Ich fand einen Platz neben einer freundlichen Dame, die mit einem ältlichen Mann und zwei Töchtern von Dresden gekommen waren, und bei Mondschein wieder zurückfahren wollten. Sie freuten sich sehr auf Berlin, wohin sie unter Wegs waren. — Es ist eine schöne Stadt, sagte ich, in weiten Stadtmauern, und zuweilen ist sie auch großartig. Wenn man z. B. an einem heitern Sonntage nach einem sanften Frühregen vom alten Schloß bis ans Brandenburger Thor geht; dann zieht das linke Trottoir entlang ein buntes Gewind von Menschen, schlanken Männern mit geistreichen Gesichtern, schönen, schüchtern einherwandelnden Frauen mit schwarzen Augen und einem sanften Anflug von Bärtchen, als Niederschlag der militärischen Atmosphäre. Dazwischen rollen die herrlichsten Equipagen, und unter den Linden brauset es von Menschen. Oder gegen Abend vor der Oper auf demselben Schauplatze, wenn die Menschen in entgegengesetzter Richtung aus dem Thiergarten durch das Brandenburger Thor hereinkommen, und die schönen Reitpferde dazwischen an den Bäumen entlang tanzen. Auch Sonnabends Nachmittag, wenn man im Museum oben auf der Treppenbrüstung lehnend durch die mächtigen Säulen herabschaut. Unter der hohen Treppe um die kolossale Granitschale spielen die Kinder und Kindermädchen; der Stral des Springquells, vom Winde getrieben, besprüht die sandigen Kreuzwege des Gartenplatzes; links am Dome hin schwärmt das Auge nach dem altehrwürdigen Königsschlosse hinüber, durch dessen offene Thore und Hof hindurch man das Treiben der Menschen nach der Brücke und Königsstraße erblickt; rechts am Quai des Spreearms prunkt die ziegelrothe Bauschule.

Nun verrieth es sich, daß der Mann ein Verehrer von Varnhagens Schriften war und die Dame ein Interesse für Rahel hegte. Mit einiger Befangenheit sagte sie: Ich weiß nicht, wie Sie davon denken! O, rief ich aus, ich trete von Zeit zu Zeit gern wieder an diesen Sprudel einer so seltnen weiblichen Seele. — Und da der Mann lächelte, fuhr ich fort: Briefe, Memoiren oder beide verschmolzen mag ich von so begabten Frauen gern lesen, — Alles was erlebt, empfunden, aus Geist und Herzen dringt. Dichtungen und was man eigentlich Erzeugnisse nennt, eignen allerdings nur dem Manne, jene Schriften möchte ich aber lieber Geburten nennen, die ja der Natur der Frauen nicht widersprechen. Ich lese daher nur Rahel und Bettina, wenn auch letztere nicht wiederholt.

Ei, lächelte der Fremde, es werden ja aber mit jedem Tage neue Schriftstellerinnen flügge!

Nun ja, versetzte ich, ich freue mich auch über alle diese edeln Seelen, die sich in unserer egoistisch-kalten Zeit warm befiedern können, und wer ihre Federn etwa zu einem Fußdeckchen in kühlen Nächten brauchen kann, mag sie auch rupfen. Neben so vielen edeln Frauenherzen, welche gegen die Einflüsse einer zu materiellen Zeit Schutz suchen, mögen auch manche dieser meist unvermählten Schriftstellerinnen besonders empfänglich für die reifen Keime der Bildung sein, mit welchen unsere geistige Atmosphäre übersättigt ist. Meistens kommen aber diese Loth- und Staubperlen der Novellen und Gedichtchen aus kranken Muscheln. Aerzte erzählen uns von Versetzung gewisser Functionen und Stoffe in andre nicht dazu bestimmte Organe des menschlichen Körpers. Vielleicht giebt es ähnliche geistige Metastasen; so daß manche Frauendichtung als Product einer Versetzung der Mutterschaft in das Hirn angesehen werden könnte. Auch dann muß der Menschenfreund sich über eine so heilsame Ausscheidung des Krankheitsstoffes freuen.

Erst jetzt ward ich inne, daß die Dame bei meiner Auseinandersetzung sehr verlegen um ihre Töchter war, bis ihr Gemahl mit der Frage einfiel, ob Varnhagens Persönlichkeit so wohlthuend, wie sein Styl sei.

Für mich war sie es allerdings, gab ich zur Antwort. Ich fand dieselben sanften, harmonischen Bewegungen, dieselbe reine Heiterkeit, die gleiche Art des Leuchtens und Wärmens in beiden, und beide versetzen mich in ein gleich inniges Behagen. Die Art, wie er das Leben ansieht und behandelt, regt mich auf, um mich in höherm Selbstbewußtsein zu beruhigen. Varnhagen vergißt auch das Salz nicht: nur aber um das Wohlthuende auch schmackhafter zu machen. Wenige Schriftsteller in Deutschland sind an so bedeutsamen Lebensstationen vorübergewallfahrtet, wie er, und noch

Wenigere haben eine so günstige Stellung eingenommen, mit dem Kopfe nämlich in der diplomatischen — mit dem Herzen in der bürgerlichen Region. Diese magnetische Lebenslinie Varnhagens, in deren Indifferenzpunkt seine literarischen Leistungen fallen, kann aber nicht bloß durch äußere Gunst, ohne innere Begabung dafür, gedacht werden. Ja ich halte diese Durchdringung und Aufhebung jener beiden Lebenspole für Varnhagens literarische Mission, und finde darin das Eigenthümliche seines Styls und seiner geselligen Persönlichkeit begründet. Ich will es — das Humane nennen, in welchem Hofleben und bürgerliches Leben neutralisirt sind. Und wie mir in den wenigen Stündchen, die ich mit Varnhagen zubrachte, so viel Wohlthuendes widerfahren ist, so finde ich hierin sein frühestes Metier, nur vergeistigt wieder, und der körperlich Kränkelnde möchte wol Manchem ein rechter Geistesarzt werden können. Nach all' diesen Betrachtungen aber mußte ich mich im Stillen freuen, die Hände, die einst mit Schwert und Feder in schwierigen Weltlagen gedient haben, noch so leicht und launig zu finden, um Bilderchen in schwarzem Papier auszuschneiden und aus bunten Papierstriemchen zierliche Bänder zu flechten.

Wir sprachen noch mancherlei über Berlin, bis die freundliche Familie zur Rückkehr nach Dresden aufbrach. Ich wünschte ihnen glückliche Reise, und suchte, müde von meinen heutigen Wanderungen, meine Stube auf, die von duftiger Waldluft erfüllt war. —

Als ich bei anbrechendem Tag erwachte, vernahm ich ein fernes, seltsames Geschrei. Ich hielt es anfangs für ein Jodeln und Jauchzen fröhlicher Waldwandler, für einen Wechselruf früher Arbeiter; doch bald errieth ich, daß es Eulen und Uhu waren, die in den nahen, unzugänglichen Felsthälern horsten. Ich öffnete der Morgenluft die Fenster. In solcher Höhe hatte ich noch nie geschlafen: ich blickte auf die nahen Gipfel der Waldbäume, die sich aus tiefer Schlucht herauf nach meinem Fenster streckten. Ich eilte hinaus, um die Sonne aufgehen zu sehen. Die Luft war kühl, der Himmel blau. Auf die Bastei hinausgetreten erblicke ich ein Nebelmeer das Elbthal entlang und über die nächsten Waldhöhen, über die Rauen- und Bärensteine hinweg bis an den Lilienstein und die Festung Königstein. Diese liegen wie am Saume des Sees, und leuchten im Stral der Morgensonne. Wie die Nebel wallen und wogen, und mit den Lichtern des Tages spielen! Die Festung Königstein, von den Nebeln berannt, versinkt bald, bald hebt sie sich wieder siegend hervor. Der Lilienstein mit seinen schroffen, wie Lilienblätter ausgezackten Felsen taucht in den leuchtenden Nebelschaum, um sich auch lilienweiß zu färben: aber dunkel schießt jedesmal wieder die kolossale Steinblume hervor. Jäh unter mir hallen aus dem Nebel die Stimmen der Elbschiffer dumpf herauf; Steine rasseln an einander, wahrscheinlich die einzunehmende Fracht. Ich fühle mich einen Gott, der über den Wolken, die schwer auf dem Tagwerke der Sterblichen lasten, sich in reinem Lichte freut. Da schlägt hinter mir der Kukuk aus dem nahen Felswald eine lange Reihe seiner Waldgrüße, und flugs bin ich wieder ein Sterblicher, der abergläubig die ihm geweissagten

Jahre zählt. — Höher empor und dunkler wallet das Nebelmeer; hier und dort bersten seine Wogen, und wie durch einen Trichter erblickt man ein Stück Saatfeld oder einen Streif der Elbe. Bald flüchten sich in die engen Schluchten hinein die Nebel und bergen sich vor der aufsteigenden Sonne. —

Der Führer hat sich indeß eingestellt, der verschlafne Wirth bereitet das Frühstück, und wir steigen nun frisch und fröhlich nach Rathewalde hinab. Wir gehen den Amselgrund vorüber, weil er mit Nebel erfüllt ist. Ueber die thaufunkelnde Hochebene, nicht weit von der Hohburkersdorfer Linde vorüber, gelangen wir bald zum Hockstein, der sich mit zwei dünnbewachsenen, breiten Gipfeln aus einer Waldhöhe steil empor hebt. Nach mühsamem Steigen kömmt man auf einer künstlichen Treppe zum niedern Gipfel, und schreitet dann über eine hochschwebende Brücke zur höhern, hundert Schritte langen Kuppe. Wir ruhen auf einem kanapeeartigen Felsensitze, unter welchem 380 Fuß tief der Polenzbach zwischen wildbewachsenen Felsen rauscht. Auf der andern Seite dieser engen Schlucht liegt Hohnstein, das Städtchen mit einem Felsenschloß. So sitzen wir auf alten Sagen, und vor uns liegen alte Hofgeschichten. Dort im Seitenbau am Thurm saß die Gräfin Kosel, die Geliebte Königs Friedrich August, in Haft, — erzählt mein Führer, — von dort feuerte sie ein Pistol auf den König, entfloh später nach Holland und ward eine Jüdin. Aber die Geschichte dieser leidenschaftlichen Frau, die sich so kühn emancipirte, ist im Munde des Volkes sehr entstellt worden.

Friedrich August, König von Polen und Kurfürst von Sachsen, war einst von Warschau nach Dresden gekommen, und brachte einen lustigen Abend unter männlichen Gästen zu. Sein Lieblingsthema von Frauengunst und Liebesabenteuern ward verhandelt. Der Minister v. Hoym rühmte, wahrscheinlich in Ermangelung lustiger Erlebnisse, die Reize und den Geist seiner Frau, die er bisher aus Eifersucht auf einem Landsitze gehalten hatte. Er bedachte nicht, wie gefährlich so etwas bei Friedrich August war, der zur Betrübniß seiner schönen und anmuthigen Gemahlin, ungesättigt durch seine vorehlichen Liebeshändel in Spanien und Italien, immer noch verschwenderische Buhlschaften wechselte. Der König und der Fürst von Fürstenberg spielten die Zweifler gegen den Minister, und trieben den Halbberauschten zu einer Wette von tausend Dukaten, daß seine Frau am Hofe so schön und geistreich würde gefunden werden, als er sie beschrieben. Frau von Hoym wird an den Hof gebracht, der König verliebt sich in sie, Fürstenberg bezahlt die verlornen tausend Dukaten, und erhält vom Könige 10,000 Stück zur Entschädigung. Nun wirbt bei verschwenderischen Festen mit allem Zauber der Galanterie König August um die Gunst einer Frau, die schön von Gesicht und Gestalt, aber weniger angenehm als lebhaft ist. Nach langem Widerstand unterhandelt Frau v. Hoym über die Bedingnisse, unter denen sie sich ergeben will: der Monarch soll ihre Ehe mit dem Minister auflösen, seine bisherige Mätresse verstoßen, ein Heirathsgelöbniß für den Fall des Ablebens der Königin an die neue Geliebte ausstellen, ihr 100,000 Thlr. Jahrsgehalt aussetzen und die etwanigen Kinder als Prinzen anerkennen. — Sobald die Uebereinkunft getroffen ist, kündigt sie selbst ihrem Gemahl die Ehe auf, und — entbindet ihn seines Eides. Alle Vorstellungen und Vorwürfe des guten Ministers, der nun noch die Wette verliert, finden keinen Eingang. Die aus der Ehe Getretne nennt sich Gräfin Kosel, wird Reichsgräfin und erhält einen Zauberpalast mit besondern Zimmern für jede Jahreszeit. — Die Gräfin weiß einen so wankelmüthigen König zu fesseln, indem sie ihn mit Eifersucht beschäftigt, und ihren Eigennutz mit einem gewissen Stolze übergoldet. Sie entfernte, wer ihr verhaßt ward, und selbst Grafen und Fürsten, wenn sie sich halten wollten, mußten ihr huldigen. Sie verfügte über Gnaden und Ehrenstellen, und sah daher hübsche Männer, die solche suchten, zu ihren Füßen. Neun Jahre behauptete sie sich in des Königs Gunst und hielt Polen und Sachsen unter ihren Launen. Obschon die Gräfin, als sie einst eine neue Neigung des Königs zur Tochter eines französischen Weinhändlers in Warschau merkte, ihn mit einem Pistol zu erschießen drohte, falls sie das Loos der frühern Mätressen theilen müsse: so blieb ihr dieß Letztere doch nicht aus. Ihre Feinde waren verschworen, sie zu entfernen, und fädelten daher den König in eine Leidenschaft zur Frau von Denhoff, einer geistlosen Schönheit, die dem König keine Intriguen machte, aber ihn zu Gunsten einer bettelhaften Familie mehr als jede andere Geliebte kostete. Frau v. Kosel ward nach Pillnitz gebracht, um in dem Venustempel zur Erkenntniß zu kommen, und ihre süßen Erinnerungen zu opfern. Sie sollte des Königs Eheversprechen herausgeben, entfloh nach Berlin und, da sie hier keine Gunst fand, nach Halle, ward auf Augusts Verlangen ausgeliefert, abermal nach Pillnitz und zuletzt auf ein Gut des Grafen v. Friese, ihres nachmaligen Tochtermanns, gebracht. Hier wohnt sie zurückgezogen, aber frei, und das Geschick gewährt ihr die Gunst, — alle ihre Verfolger und das Glück ihrer Nebenbuhlerinnen zu überleben. —

Wir betraten jetzt das Sagengebiet dieser Felsen. Indem wir nämlich in eine im Gestrüpp verborgne Telle des Gesteins hinabsprangen, standen wir vor einer muschelförmig gespaltnen Felsenwand, und traten durch die Oeffnung in einen Schlund, in welchem man bald auf eingehauenen Trittchen, bald auf Sprossen einer Leiter, bald auf quergelegten Holzstückchen, indem man nach vorn und seitwärts sich an die Felsen lehnt, tief und tiefer hinab steigt, bis man zuletzt durch eine horizontale Erweiterung des Felsendarms aus dem Gestein heraus in's Freie tritt. Man glaubt, es sei ein Hain der Unterwelt, in welchem man sich jetzt befindet, und der von bewachsnen Felshöhen umfaßt mit lichtem Gehölz nach einer neuen offenen Schlucht hinab hängt. Hier sind wir nun in Samiels Reich gestiegen. Hier ist nämlich das Revier des fabelhaften Freischützen, und wir sind in aller Unschuld durch die Wolfschlucht gedrungen. Ueber diese Felszacken und hohen Baumwipfel, die jetzt so heimlich in der Morgensonne glänzen, fährt Nachts das brausende wilde Heer. — Einst war das Revier von überhandnehmenden Wölfen bewohnt. Sie zu vertilgen zogen tägliche Jagden aus; überall fand man die Fährte der Wölfe, nur nirgends einen Wolf, bis man endlich wahrnahm, daß diese Wildfänge sich in der Höhle versteckten, durch welche wir nun wieder emporsteigen, und die damals noch mit einem, jetzt zum Aus- und Einsteigen behauenen Felsenstücke verdeckt war.

Bald schreiten wir nun auf der Landstraße nach Schandau. Es ist ein anmuthiger Gang. Die Berge wechseln ihre Stellung zu einander, und unvermuthet bietet sich rechts oder links eine schöne Thalsicht. Zuweilen lockt der Führer in ein Gebüsch, um mir eine heimliche Felsenlaune oder eine wunderliche Schlucht zu verrathen. Dann und wann steigen vor uns die böhmischen Berge auf. Die Sonne ist heiter; Luft und Gefild gar frühlinghaft. Wo man bei Walthersdorf hinab in die Thäler und gleich wieder bei Porschdorf über den Lachsbach empor nach den Höhen blickt, nimmt sich Alles ziemlich schweizerisch aus. Mühselig klettern, den Stock einsetzend, baarfüßige Dirnen mit ihrer Last auf dem Rücken den gewundnen Steinpfad empor; rechts auf hohem Bergwege zieht ein Ochsengespann den beladnen Karrn einem einsamen Hause zu, das mit niedrigem Dach unter Obstbäumen liegt; links um den runden, mager bewachsnen Berg weidet mit Schellen behangen eine Herde Rinder; einzeln um den Abhang und immer denselben Pfad wandelnd, treten sie dem Berge sichtbare Kreise ein. —

Wir folgen dem Laufe des Lachsbaches, doch nicht ganz bis zur Mündung desselben in die Elbe. Dort lassen wir rechts das Dorf Wendischfähre liegen, so genannt von der Fähre, die in frühern Zeiten die Wenden aus der Oberlausitz hinüber trug, wenn sie zu dem wunderthätigen Bilde in Papstdorf wallfahrteten. Drüben strecken sich der Papststein und der Pfaffenstein, um herüber zu blicken, wo die Gläubigen bleiben, die sonst mit dem Lachsbache kamen. Aber freilich ist jetzt weiter zurück, hinter der Porschdorfer Mühle, — ein Lachsfang angelegt.

Links hinab sehen wir nun, von zwei Bergreihen eingeklemmt, das freundliche Städtchen Schandau. Hier wurden in frühern Zeiten die österreichischen Regenten, wenn sie nach Dresden zu Besuch kamen, mit einer Jagd empfangen, und aus jenen waldigen Gipfeln über die buschigen Halden und jähen Felswände herab stürzte das gescheuchte Wild in die Elbe, und wurde schwimmend erlegt. Jetzt brechen diese Sandsteinfelsen zu Bausteinen und gehen mit Holz aus den nahen böhmischen Wäldern elbabwärts; Getreide begegnet diesen Schiffen elbaufwärts gehend, und in diesem Verkehr hat Schandau seine betriebsamen Hände. Die erquickende Luft der Berge, der gesunde Hauch der Nadelhölzer weht herab, und neue Quellen steigen aus unterirdischen Felsapotheken herauf, um Nervenleiden, Verdauungsschwäche, Hämorrhoiden, Krämpfe und weibliche Krankheiten zu heilen.

Durch ein üppiges Thal schritten wir dem Badhause zu, das mit einigen Anlagen umgeben ist. Es war Vormittagstille; nur einige Gäste saßen um ein Tischchen unter der auf Pfeilerbogen frei schwebenden Halle vor dem Hause. Eine bekannte weibliche Stimme lachte. Es war Frau von Spahl, die zwischen einem ältlichen Herrn und einem hochaufgeschoßnen Fant sitzend, eine Cigarre zu rauchen versuchte. Als ich heran trat, legte sie den Blätterstengel rasch weg; eine gewisse Blässe verrieth auch schon die Uebelkeit, die sie sich zugezogen hatte. — Ich habe Sie erwartet, sagte sie, und inzwischen die Herrn da von einem Ausfluge nach dem Lilienstein dort unten abgehalten. Nun, meine Herrn, wenn Sie die Partie noch machen wollen — ! — Sie faßte meinen Arm, um weiter zu gehen. Der junge Mensch ließ seine Empfindlichkeit ziemlich vernehmbar aus. Ich sah mich um, ob er etwa mich meine. Da war der alte Herr aufgestanden und kam auf mich zu. Ei wir kennen uns ja! Waren Sie es nicht, bei Tieck, — Dienstag Abend, als er Shakespeares Heinrich V. vorlas? — Wirklich war es der Präsident aus Riga, neben welchem ich jenen Abend gesessen hatte. Wir verabredeten eine gemeinschaftliche Partie auf den Nachmittag, und ich bat nun um Erlaubniß, der gnädigen Frau Nachricht von ihrem Gemahl zu bringen.

Elise war empfindlich, daß ich sie mit ihrem Manne entschuldigt hatte. — Bedenken Sie doch, versetzte ich, daß der lange Mensch, der noch ein wenig nach dem überwachsenen Buben überhangt, auf dem Punkte war, Sie zu fodern. Ich weiß ja nicht, ob Sie Ihre emancipirten Waffen mit sich führen.

Schweigen Sie mir von Emancipation! rief sie. Das Wort ist ein Spott und eine Verachtung geworden. Darum aber ist es nichts Schlimmes, was ich verlange. Ich will frei sein von Einflüssen, die mich auflösen oder doch schief ziehen. Ich bin doch allerwenigstens ein Mensch, wie jeder Andere, und kann mithin nicht bloß da sein, um in einem andern aufzugehen. Und kein Mann kann sich eine Frau nehmen, um sie in seiner hohen Selbständigkeit aufzuschlucken. Ich will auch meine Selbständigkeit haben, und mich nach meiner Vernunft bestimmen, nicht bloß vom Herkommen, von Vorurtheilen, von den Statuten der hundertfältigsten Bornirtheit bestimmen lassen. Ich will meine —

Cigarre rauchen, wie ein Jeder? fiel ich ein. Nun ja! Ist es Ihnen denn wieder besser? Ist Ihr Magen wieder wohl? —

Ein rascher Aerger Elisens, der nicht gleich Worte fand, löste sich in ein Lachen auf. — Ich aber fuhr ganz ernsthaft fort: Ich an Ihrem Platze würde auch mein Schnurrbärtchen haben wollen. Dem langen Menschen, der Ihnen die starke Cigarre gegeben hat, steht seines gar nicht übel.

Ich setzte mich auf eine schattige Holzbank; sie aber wollte weiter gehen, und schalt mich unartig gegen Damen. — Wie? rief ich aus. Sie wollen die sittlichen Schranken der Frauen verlassen, und doch ihre Vorrechte behalten? Lassen Sie mir auch meinen Vortheil. Haben Sie noch nicht bemerkt, daß Frauen, die sich eine männliche Stellung nehmen, sogleich den Tribut der Huldigung verlieren, und daß wir ihnen sogar die Schuld der Achtung versagen?

Das ist eben euer Unrecht! rief sie.

Verzeihung! sagte ich. Die Männer thun es ohne Absicht, aus Instinkt. Wenn die Gottheit aufhören könnte, Gottheit zu sein, so würde die Anbetung augenblicklich aus der Welt entfliehn.

Sie setzte sich, und verlangte, ich solle mich jetzt ein für alle Mal ganz aussprechen, damit wir dann zu was Anderem übergehen könnten.

Sie haben gestern einmal das Wort Polarität fallen lassen, sagte ich.

Ich danke Ihnen, daß Sie es aufgehoben haben! versetzte sie. Ich fuhr aber fort:

Sie kennen also den Wechselverkehr, der in jeglichem Natur- und Geistesleben zwischen zwei selbständigen Wesen entsteht, die in Berührung treten. Viele sagen, es sei der Kampf der Selbsterhaltung, aus welchem Eins als Sieger hervor gehe und sich das Andre unterordne. Sehen Sie, das nenne ich ungalante Philosophie. Warum soll denn immer das weibliche Wesen unterliegen? Ich sage, weil es eben weiblich ist; denn es findet sich, daß schon vor jedem Kampfe beide Wesen verschieden organisirt sind, das Eine mit Wirksamkeit, das Andre mit Empfänglichkeit ausgerüstet. Lassen Sie mich also lieber sagen, es wiederhole sich in jedem Augenblicke des Daseins und in jeder Regung physischen und geistigen Lebens der Urakt der Liebe, in welchem vor aller Zeit die unendliche Selbstgenüge der Gottheit sich theilte, um auf einer Seite leistend, auf der andern empfangend zu werden. So entstand die Welt aus der Gottheit, und feiert nun in jedem Moment jedes einzelnen Bestehens das Urgeheimniß der Schöpfung. Daß nun das schöpferische Wesen walte, das empfangende sich hingebe, darüber ist gar nicht mehr hinauszukommen. Oder glauben Sie, bei den Menschen sei bloß ein Unterschied in der körperlichen Organisation, und diese selbst rühre nicht vielmehr aus der innersten, tiefsten Geistesverschiedenheit her? Ja, die Vermögen des Geistes, die sittlichen Kräfte und, aus beiden hervor gehend, die Anschauungen des Lebens, die bürgerlichen Pflichten sind ursprünglich männlich und weiblich verschieden. Glauben Sie aber ja nicht, daß darin ein Unterschied des Verdienstes oder des Glücks beider Geschlechter liege. Nein, das Empfangen und Nähren ist nicht weniger eine Gottheitshälfte, als das Ausströmen und Beleben; auch sind beide aus der ursprünglichen Selbstgenüge der Gottheit hervor gegangen, und haben daher Jedes seine eigenthümliche innerste Befriedigung.

Was soll ich nun mit dieser Weisheit anfangen? rief Elise ärgerlich. Sie glauben wol, das sei auch, wie die Quellen dort, ein Gesundheitssprudel für ein weibliches Uebel? Mein Mann hat Sie angesteckt; Sie wollen bloß der

Schöpfung auf die Sprünge kommen. Wissen Sie denn nicht, daß ich mir die Erlösung zu meinem Theil genommen, Sie ungalanter Philosoph!

Nun komme ich, mit Erlaubniß Ihrer Geduld, auf diese, fuhr ich fort. Wovon wollen sich denn die Frauen erlösen? Die Natur hat sie zum empfangenden Antheil der Liebe gebildet. Die Embryowochen, die Säuglingsmonde, die Kinderjahre halten sie im Hause fest. Wollen sie sich von diesem Naturberuf emancipiren? Leider fangen schon gar zu Viele damit an, daß sie die eigne Mutterbrust vertrocknen lassen, und eine fremde suchen müssen, die eben auch durch einen Akt der Emancipation ergiebig geworden ist. — Bürgerlich aber ist wieder das Haus der empfangende Schooß der Weltwirksamkeit des Mannes; hier nährt Frauensinn den Embryo des wachsenden Glücks. In beiden Sphären bethätigen sich nun die geistigen Kräfte, die sittlichen Tugenden. Jene sind in der Regel eben so weiblich gemessen, wie die Organe des Körpers. Mißgriffe, Zwitterbildungen der Natur können krankhafter Weise vorkommen, und, verzeihen Sie! — ich kann mir eine Frau von productivem Talente nie ohne regelwidrigen Zustand ihres Schooßes vorstellen. Was aber die sittlichen Tugenden betrifft, so liegen sie in dem Gebiet der Freiheit; so daß Weltbildung und Zeitgeschmack vieles verdrehen und verderben können. Die Emancipationssucht der heutigen Frauen ist nur in der sittlichen Sphäre entstanden. Und, genau besehen, was wollen sie eigentlich? Erlauben Sie mir einmal, gnädige Frau, daß ich aus Achtung vor Ihrer Emancipation mit Ihnen wie mit einem Manne rede. Glauben Sie, wenn die Frauen einmal in der Geschlechtsliebe auf den Gedanken kämen, die Angreifenden, die Unternehmenden und Werbenden zu sein, daß sie damit auch die harte Mutterschaft auf uns wälzen, und Väter ihrer Kinder würden?

Elise sprang auf und ward ernstlich böse. Ich aber fuhr ruhig fort:

O das wäre nicht toller, als manches andre geistige und bürgerliche Verlangen, nur daß ein solches, wenn es sich einmal geltend gemacht hätte, nicht so leicht und in bestimmten Monaten korrigirt werden dürfte, als es die Vormünderin Natur mit jenem Versuche machen würde. Die vielen unglücklichen Ehen, die es heute mehr als je gibt, widerlegen mich nicht: dieselben zeigen nur, daß man es heute weniger versteht, richtig zu heirathen. Die Berührungspunkte des menschlichen Lebens haben sich vervielfältigt und vervielseitigt, die Reizbarkeiten der Bildung haben sich vermehrt und verfeinert: nur unsere Einsicht und Weisheit ist nicht mit fortgegangen. Ja wir wissen nicht nur nicht richtig zu freien, sondern überhaupt nicht richtig zu leben. Woher käme denn sonst diese allgemeine Unzufriedenheit, da ja Alle und Jedermann aus seinem Kreise hinaus in's Ungemessne strebt? Wollen wir denn lieber behaupten, Alles in der Welt sei verrückt, als daß wir Einzelne uns ganz insgeheim ein wenig eingeständen, daß nur wir verrückt sind? Wann aber war noch eine Zeit, da man so viel Bildung hatte, und so wenig erzogen war, da man das Glück auf so thörichten Wegen suchte, da man die Kindereien und Verwöhnungen des Tages um Seelenfrieden und Behagen anbettelte und die Juwelen des Lebens bei der Narrheit und Genußsucht verpfändete? Und bei allem diesem, welche Zeit hat noch jemals ihrer Einsicht so wenig mißtraut und ihrer moralischen Kraft so wenig zugemuthet, als unsere emancipationssüchtige?

Also gar nichts wollen Sie uns — gar nichts zugestehen? rief Elise sehr mißmuthig.

O nun, versetzte ich, wer das Gleichgewicht zu halten weiß, kann viel schöne und freie Bewegungen machen. Der Hüftenbau des Weibes ist zu gewaltsamen Sprüngen nicht geformt, und doch, wie schön tanzen die Frauen! Gewiß, wenn sie bürgerlich und sittlich im lebhaften Gefühl ihrer Bestimmung sind, können sie sich von mancher Engherzigkeit und Prüderie losmachen und das Leben von verschiednen Seiten anschneiden, ohne daß der gebildete Mann sie bloß an das Küchenmesser verweisen dürfte. Und sicherlich werden auch die bürgerlichen Gesetze zu Gunsten der Frauen sich ausdehnen, wird die Meinung der Welt elastischer werden, sobald die Frauen die richtigen Sprünge thun, die von ihrer Naturbestimmung erlaubten, die ja für uns gesetzgebenden Männer so — hinreißend sind.

Elise brach stillschweigend auf, und auch ich ging eine Strecke stumm neben ihr her. Endlich fragte sie nach ihrem Gemahl. — Ach Gott, seufzete sie, wie sieht der Mann aus. Das ist gar nicht sein Anzug. Etwas ist mit ihm vorgegangen. Ich glaube, er ist in's Wasser gesprungen gewesen, und herausgezogen worden. Dieser Gedanke hat mir die ganze Nacht keine Ruhe gelassen. Mein Gott, wenn ihn meine damalige Flucht in diesen trostlosen Zustand versetzt hätte! Lieber wollte ich doch —! Ich vergebe ja keiner Frau etwas, wenn ich mich für meine Person in den fürchterlichen Zwang finden will —. — Sie bat mich dann um Rath und Beistand. Wir sprachen die Lage der Sache durch, und ich übernahm es, mit ihrem Gemahle zu reden, und vor Allem zu hören, was wol seit ihrer Flucht mit ihm vorgegangen sei. —

Der Präsident und sein Sohn warteten schon auf uns. Ein kleiner Imbiß war bald eingenommen, ein Boot zur Rückfahrt aus den Bergen bei Herniskretschen bestellt, und nun fuhren wir auf einem offenen Wagen aus. Gleich hinter dem Bade öffnet sich das enge Thal, die Kirnitsch rauscht uns entgegen, mit Floßholz aus den Hohnsteiner Forsten beladen. Es ist ein wildanmuthiges enges Thal; zu beiden Seiten treten hier und dort zwischen reichem Waldwuchs jähe Felsen in grotesken Gestalten, vielfach zerklüftet, mannichfach überhangend hervor, und schimmern mit schwefel- und goldfarbigen Flechten. Rechts ziehen die Ostrauwände, über deren waldige Kuppen einige Häuser des Dorfes Ostrau hoch herab ins enge Thal schielen; auf der linken Höhe zieht die Straße nach Lichtenhain. — Bald erreichen wir sanft anfahrend die 1¼ Stunde entfernte Heidemühle in reizender Wildniß, von dem Heidemadstein überragt. Der Präsident nimmt einen Esel, wir aber steigen, jetzt auf der andern Seite der Kirnitsch, am Abhange des Berges auf dem sogenannten Münzwege, nach der Waldmünzpflanze so genannt, steiler empor. Hochwald beschattet einen breiten Pfad, auf dessen abwechselnde Windungen die heiterste Mittagsonne durch frischgrüne Wipfelwogen herein fällt und den Wald mit wankenden Lichtern durchquickt. Den Berg des Kuhstalls, den jäh ansteigenden, erleichtert ein Geländer. Ein ausgehauener Weg, von hohem Nadelholze eingefaßt, öffnet sich, und vor uns liegt eine kolossale Felsenhalle, durch welche wir hinaus in eine weitabgesunkene waldige Felsenlandschaft blicken. —

Wer kann sagen, zu welchem Triumphe die Natur diese erstaunliche Ehrenpforte aus wunderbar gefügten Steinmassen erbaut hat? Gewiß nicht zum späten Obdach des im 30jährigen Kriege hierher geflüchteten Viehs, obschon seitdem der unfläthige Name „Kuhstall“ an dieser Riesenpforte haften geblieben ist. Jetzt treiben sich Reisende unter dieser weiten Halle um, betrachten das Steingefüg und bemitleiden die unzähligen Thoren, die an der Decke und den Wänden ihre kindischen Namen eingeschrieben haben. Tische mit kleinen Waaren stehen da, im Felsenkeller hält sich ein Labetrunk kühl, und die Stimme einer Sängerin zur Violine ihres Begleiters verdient die Aufmerksamkeit des ruhenden Wanderers. Treten wir aber unter dem Gewölb hervor, so senkt sich die schroffe Felsenwand des majestätischen Thors in eine tiefe, wellenförmige, waldige Fläche hinab. Nur der kleine Winterberg erhebt sich nicht weit vor uns auf zackigen Wänden. — Und nun müssen wir freilich auch das Thor selbst besteigen. Es juckt den Führer, uns von der Burg Wildenstein zu erzählen, die einst auf diesen Thormauern gestanden haben soll. Allerdings zeigen sich Spuren ehemaliger Befestigung, sobald wir durch eine Wölbung des Thors auf schmalem Steig um die schroffe Felsenwand emporklimmen und durch einen Spalt auf den Gipfel gelangen. Diese Steine erzählen Unglücksgeschichten. Jenes Felsengewölbe heißt heute noch das Wochenbett, weil einst hier kriegsflüchtige Mütter in Angst und Noth geboren haben. Enger ist dort das Schneiderloch, und barg einst einen geächteten Räuber. Diese Oeffnung, das Pfaffenloch genannt, erinnert noch daran, daß einst die hussitisch gewordne Gemeinde Lichtenhain ihren entflohenen katholischen Pfarrer in der Höhle auffanden und durch die Oeffnung in die Felsenkluft hinabstürzten. Wild genug liegt unter uns der Kirnitschgrund, und die nach allen Seiten hin aus Wald und Thal aufstürmenden Felsen verrathen uns, daß jene rohen Zeiten versteinert hier stehen geblieben sind. Denn horch nur! Wie wir rufen, werden hundert rauhe Stimmen laut, und gewölbte Felsenohren recken sich aus dem Gebüsch, ob die Losung zum Aufbruch gegeben werde. —

Am schattigen Eingang des Thors führt ein steiler, durch Stufen erleichterter Weg in eine Schlucht hinab, durch die man in den Habichtsgrund gelangt. Von unten schauen wir zurück, und der kaum verlaßne Kuhstall erhebt sich dreihundert Fuß über uns. Auf gut gehaltnen Waldwegen sind wir in einem Viertelstündchen am kleinen Winterberge; aber wie mühsam ist er im Zickzack zu ersteigen! Athemlos erreichen wir das Winterhaus, dessen Wände uns mit Inschrift ein Jagdabenteuer des Kurfürsten August aus dem Jahre 1558 erzählen. Der fürstliche Jäger stand einem bis zum höchsten Gipfel gescheuchten Hirsche auf schmaler Stiege gegenüber, und warf mit einem glücklichen Schuß das Thier in den Abgrund, als es eben mit einem Verzweiflungssprung seinen gnädigen Landesvater hinabstürzen wollte. Die umliegende Landschaft sieht so wild aus, daß sie selbst Rebellen einschüchtern könnte.

Der südliche Abfall des Berges ist sanft und flach, so daß man nach dem großen Winterberge hin erst gemächlich über Basaltstücke ansteigt, und dann unter hohen Buchen bequem zum Gipfel gelangt. Der Weg begünstigt die Unterhaltung, und der Präsident, auf diesen sanften Wegen vom Esel gestiegen, erinnert mich an den Abend bei Tieck: Sie waren vor mir da, sagte er. —

Ich kam vor 6 Uhr, erzählte ich, nicht eingeladen, sondern den Dichter zu begrüßen. Die dunkelste Treppe hinter Krämergeräth, Fässern und Ballen führt zu einem kaum helleren Gang, aus welchem ich fast geblendet in ein von der Abendsonne erfülltes Sälchen trete. Aus diesem Nimbus und einer gemischten Gesellschaft tritt mir der Dichter entgegen, von der Gicht gebeugt, aber von den Grazien der Bewegung nicht verlassen. Waagen mit Familie nimmt eben Abschied zur Rückkehr nach Berlin, Tiecks Töchter begleiten sie zur Post, und nach ihrem Abgang sammelt sich um Tieck und die Gräfin Finkenstein nach und nach eine Gesellschaft von Frauen und Herrn. Tieck stellt mir einen Pastor Sederholm aus Moskau vor. Wie erfreulich, den Mann hier zu finden, dessen ich in meinen eben unter die Presse gegebenen literarischen Bildern aus Rußland Erwähnung gethan hatte. Auch Agnes Franz, die bekannte Dichterin, tritt ein. Tieck, der neben mir saß, fragte mich, was sie geschrieben habe. Leider kann ich ihm die schalkhafte oder prüfende Frage nicht beantworten; allein ich überzeugte mich bei Agnesens Erscheinung, daß ich wol, wenn ich die verschiednen Dichterinnen persönlich kennen lernte, mich mit ihren Federn versöhnen könnte. Die Meisten scheinen doch einigen Flugs und viel Schmucks zu bedürfen, indem die Natur sie nur innerlich begabte. Und wirklich, aus diesem Innern loderte, während Tieck, wie Sie wissen, nach dem Thee Heinrich den Fünften von Shakespeare vorlas, etwas von dem schönen Wahnsinn des Dichterauges in Agnesens

Blick, und ihren Mund verschönerten einige Zofen der Grazien mit Lächeln.

Was sagen Sie zu Tiecks Vorlesen? fragte der Präsident.

Die Natur hat Tieck mit zwei kostbaren körperlichen Dichtergaben ausgestattet: mit dem schönen dunkeln Auge, das nicht so groß und feurig wie Goethes Auge war, doch viel schalkhaft-liebesüßer ist, und mit dem heitern Munde voll starken und biegsamen Klanges. Er liest fünf shakespearische Akte mit aller Leidenschaft, ohne kaum einmal leis zu räuspern, er ein Sechziger. Ueber die Art seines Lesens selbst waren meine Empfindung und mein Urtheil nicht ganz einig. Jene folgte der hinreißenden Declamation, doch diesem schien es hintennach die rechte Weise nicht. Der Vortrag erschallt wie vom Theater, und doch sitzt der Lesende im Zimmer hinter dem Pultchen, zwischen zwei Lichtern, von der sorglichen Freundin vor Luftzug aus dem anstoßenden Zimmer gehüthet. In den ernsthaften Partien des Drama kann man doch, selbst bei ziemlicher Vorkenntniß des Stückes, die verschiednen Personen nicht hinreichend auseinander halten und erkennen, da Tieck die Sprechenden niemals mit ihrem Namen anmeldet. Aber in den komischen Theilen des Schauspiels sind Tiecks Mittel reicher, und es gelingt ihm, ein ganz Halbdutzend närrischer Kerle durch Wechsel der Stimme, der Aussprache, der Betonung unterscheidbar zu charakterisiren. Er bringt einen wirklichen Theatereffekt hervor. Doch dachte ich mir immer, das bloße Lesen eines Schauspiels gleiche nur umrissenen Zeichnungen, die man nicht zu coloriren pflegt, und nur der wirkliche Schauspieler liefere ein Gemälde. Am folgenden Abende las Tieck Calderons standhaften Prinzen; doch Versart und Ernst des Stückes begünstigten den Leser weniger. Uebrigens sind Sie gewiß einverstanden, daß Tiecks Erscheinung und Persönlichkeit durchaus poetisch ist. Sein Kopf ist sein Styl — anmuthig in reinen Verhältnissen. Die schalkhaften, zauberischen Phantasien seiner Novellen, so wie die gaukelnden Waldlichter seiner frühern Romantik spielen in seinem Auge; der Nachtigallenschlag und Kukukruf seiner Diction nistet in seinem heitern Munde. Und je mehr Vorliebe für wunderliche und bizarre Gestalten Tieck gewann, desto mehr zog ihn selbst seine Krankheit mit sarkastischer Ironie zu einer verschrobenen Gestalt, die aber nicht weniger, als jene dichterischen Figuren, sich mit einnehmender Heiterkeit gebehrdet. —

Wir sehen und hören schon ein fröhliches Weben um den Gipfel des großen Winterberges, der sich 1720 pariser Fuß über das Meer erhebt. Einige Hütten hangen an der steilen Kuppe; Tische und Bänke stehn umher, Kramlädchen halten feil, Kellnerinnen warten mit naiver Munterkeit auf, Spielleute und Sängerinnen lassen sich hören. Von einem Altan auf der Basaltkuppe hat man eine unbeschreibliche Aussicht, die aber in dieser Stunde sehr ungünstig mit einem höhrauchigen Gasflor überdeckt liegt. Das Panorama ist umfassender, aber nicht so überraschend und charakteristisch, als die Landschaft unter der Bastei.

Während wir um eine kleine Erfrischung sitzen, vom Lärm des engen Platzes umsurrt, kommen wir auf die Bilder in Dresden und Berlin zu reden, und Frau von Spahl rühmt sehr einen Murillo im Museum zu Berlin, — einen heiligen Franz, der das Jesuskind liebkost. —

Mich wundert, sagte ich, daß Ihnen eine Judith entgangen ist, eine Frau, die sich schon in frühster Zeit auf die großartigste Weise emancipirt hat.

Elise erröthete vor dem Präsidenten; ich aber schüttelte leise den Kopf und fuhr ernsthaft fort: Das Bild ist aus der Zeit des Mazzolino und der feraresischen Schule. Kenner werden freilich viel daran auszusetzen haben, besonders wenn sie an die zurückgeschlagnen Aermel der schönen Frau kommen. Und was mich am Bilde so ergriffen hat, ist vielleicht gerade das Verfehlteste daran, — etwas Sentimentales, das gar nicht in die Zeit der Belagerung Bethulias gehört. Die schöne Witwe des Manasses, der in der heißen Gerstenernte gestorben war, kömmt eben von ihrer Heldenthat, und das Haupt des Fürsten Holofernes wird ihr von der Magd Abra nachgetragen. Und, denken Sie, ein unendliches Thränenleid liegt auf ihren Augen, eine unsägliche Wehmuth zuckt um ihre Lippen. Sonst malt man die Heldin gern mit der Miene, mit welcher sie das Schwert des Feldhauptmanns von der Säule seines Feldbettes geholt — oder mit welcher sie in der Frühe den Mauern Bethulias als Siegerin entgegen geblickt haben mag. Und doch, wie menschlich wahr ist auch wieder die Auffassung des feraresischen Meisters! Schon ein großer Entschluß und die Anspannung, mit welcher man ihn tagelang verheimlicht und die gefährliche Ausführung vorbereitet, muß — wenn die That nun gelungen ist — in Abspannung und Wehmuth umschlagen. Und nun die bittere Erinnerung Judiths an die nächtlichen Stunden, da sie „mit köstlichen Wassern gesalbt" im Zelte des Holofernes zubrachte, und er zechend „fröhlich mit ihr war", bis er, weniger bild=

lich, als schon so mancher Verliebte, — den Kopf verlor. Sehen Sie, solche Emancipationen haben kein Gesetz und keinen Maßstab. Schwerlich würde heut zu Tag eine Judith so discrete Bürger finden, als die Nachbarn in Bethulia waren. Denn die schöne und kühne Witwe, wie es in der Bibel heißt — „ward hochgeehrt im Lande Israel.“ Aber sie heirathete nicht wieder. —

Unser Weg geht nun durch Wald auf holperigen Pfaden, über welche die Baumwurzeln, von dem Felsen zurückgestoßen, wie Schlangen hinlaufen. Wir sind ins Böhmische eingetreten, und auf allen Wegen empfängt uns Musik. Ueber Strecken, wo das überflüssige Holz fault, gelangen wir bald an die Felsenwand des dunkeln Prebischgrundes, der über 600 Fuß hinabfällt. Rechts und links hin zieht eine erstaunliche Felsenmauer, über welche hinweg die böhmische Landschaft von ganz verschiednem Character, mit runden, bewachsnen Bergen, zu erblicken ist. Nur da und dort schießen in dieser freundlichen Landschaft einzelne schroffe Felsen, wie Wurzelsprossen der ins Sächsische laufenden Bergstämme empor. Auf dieser merkwürdigen Wand steht nun das Prebischthor mit einer 65 Fuß hohen Wölbung. Es ist leichter und luftiger erbaut, während der Kuhstall eher einem schwer gewölbten Festungsthore zu vergleichen wäre. — Da steht nun vor uns, mit schön angebautem Gebäude geschmückt, der gestern von der Bastei aus in so duftiger Ferne geschaute, hohe Rosenberg.

Doch wir vergessen die Landschaft zu durchschwärmen; indem wir in jene dunkle Zeit zurückräthseln, als diese Gebirge mit ihren wunderlichen Gestalten hervor getreten sein mögen. Mittelst einer Karte machen wir unserer interessanten Gefährtin Böhmen als einen weiten und tiefen Kessel begreiflich, dessen hohen Rand das Erz- und Riesengebirg, der böhmische Wald und das mährische Gebirg bilden. Die vielen Gewässer, die rings von diesen Gebirgen in größern und kleinern Flüssen zur Elbe und mit dieser dem großen Kessel entströmen, mußten ihn füllen, ehe die Elbe das Gebirg, wo sie jetzt rinnt, durchbrochen hatte. Damals waren denn auch diese, bei der Bildung der Erde aus ruhigen Niederschlägen entstandnen Sandsteinmassen, an deren Grenze wir hier stehen, überfluthet. Nach und nach, wie die Elbe, über den Kamm des Gebirges hinweg, sich ein Bett auswusch, zerklüfteten die nacheilenden Gebirgswässer den Sandstein, tiefer und tiefer leckend, bis zuletzt die siegreich durchgedrungne Elbe die Gewässer des böhmischen Kessels entführte. Da entblößten die nacheilenden Fluten diese kahlen Steinwände, Böhmenland trat an die Sonne, die regelmäßigen Ergüsse des umringenden Viergebirgs liefen in bestimmten Strombetten, und in den Schluchten dieses sächsischen Gebirges blieben sieche Bächlein zurück.

So begriffen wir denn auch, daß Prebischthor und Kuhstall als Siegespforten betrachtet werden müssen, von den hindurchgebrochnen Wassern, den brausenden, schäumenden, ihrer Befreierin Elbe erbaut. Ein neues Theater für den menschlichen Geist war gewonnen, für das Drama der Geschichte, so wie für die Kämpfe der Bildung, und heut machen wir eine Lustreise zwischen ein paar Coulissen dieses Theaters. —

Wir stiegen jetzt von dem Thor herab, dessen Schlußstein 60 Fuß lang ist, erklommen noch andre Wände, und kletterten dann, nachdem wir uns ausgeruht und erfrischt hatten, durch das Harzgründel steil und tief hinab. Ehe wir uns aber in den tiefen Bielgrund verlieren, sehen wir noch einmal zurück, und staunen an der riesigen Felswand und dem imposanten Prebischthor hinauf, die über himmelhohe Tannen emporragen.

Der Bielgrund mit seinem breiten Bache führt uns an mahlerisch gelegnen Mühlen und Wohnungen vorüber in den Kamnitzgrund, wo die Kamnitz den Bielbach aufnimmt. Am Ausgange dieser nicht weniger wilden Schlucht liegt der Ort Hirniskretschen an der Elbe. Fröhlich betreiben die Einwohner ihren Getraide-, Holz- und Steinhandel, beim Anblicke der Felstrümmer, die herabgestürzt vor ihren Wohnungen liegen, ohne Bangigkeit vor den noch überhangenden, die Tag und Nacht die schwachen Hütten zu zermalmen drohen.

Unser vorausgeschicktes Boot erwartet uns. Die Sonne sinkt schon hinter den Bergzug des linken Elbufers. Schattig liegt die eine, — abenddämmerig die andere Uferseite, an deren Steinbrüchen wir vorüber gleiten. Dunkler wird der Strom; hinter uns steht der Mond am blauen Himmel, vor uns in gelbröthlichem Abendglanze erhebt sich der Lilienstein. Mit der Nacht landen wir bei Schandau an. —

Fremde, besonders Russen, waren im Bad angekommen. Aus dem Speisesaal ebener Erde vernahmen wir die heftige Stimme des Herrn v. Spahl. Elise eilte daher die Treppe hinauf.

Sie war still und wehmüthig, — des Umherirrens müde, wie sie sagte, und zu einer Uebereinkunft mit ihrem gleichfalls umirrenden Gemahle geneigt. Doch fürchtete sie wieder, in ihrer jetzigen Stimmung zu nachgiebig zu sein, und wünschte daher eine Zusammenkunft mit ihm in Dresden, jedoch in meinem Beisein, um entweder zu einer Aussöhnung oder, wenn es nicht gehen wollte, zu einer förmlichen Scheidung zu kommen. Ohne Eins oder das Andre habe sie doch keine rechte Stellung, ja keine Heimath in der Welt. Ich sollte daher meine morgige Wanderung fortsetzen, und sie Nachmittags in Pirna erwarten, wohin sie, nach hinlänglichem Ausruhen, über Königstein, um hier die zurückgelaßne Kammerfrau mitzunehmen, gegen vier Uhr kommen wollte. Im Gastzimmer traf ich Herrn v. Spahl in dem seltsamsten Zustande. Er rannte an der langen Wand, von welcher die Stühle an die Gasttafel weggenommen waren, gedankenvoll und mit den lebhaftesten Gebehrden auf und nieder. Einen Kellner, der mit Selbstgefühl eine Anzahl Bratenportionen auf Tellern zwischen den Fingern nebst einem Sauce-Näpfchen vorbeitrug, hatte er angestoßen; die ganze Bescherung war niedergeprasselt, und ein Fettstrom floß über die Dielen. — Ich nahm den Wirth bei Seite, der sehr verdrießlich war. — Es ist mir ein fataler Gast, der —, sagte er. Er ist zum dritten Mal hier; seit acht Tagen spukt er im Gebirg. Ich traue ihm nicht über den Weg; denn da die Polizei die Reisenden im Gebirge gern gewähren läßt, so ziehen sich wol zuweilen verdächtige Menschen herein. Gewiß ist er ein Liberaler oder aus einem verbotnen Bunde. Und doch, wenn man ihn wieder reden hört, sollte man es nicht glauben. Er scheint an allen Höfen bekannt zu sein. Sie hätten ihn vorhin hören sollen! Er rühmt besonders Baiern; wie sehr dort die Mahlerei in Aufnahme sei und wie weit man es schon in braunen Schatten und täuschenden Perspectiven gebracht habe. Von Constitutionen scheint er kein Freund zu sein. Er meint, die deutschen Völker sollten sie sich nur in Gottes Namen nehmen lassen; die sichersten Bürgschaften hätte ein Land in dem ungestraften, ich will sagen — unsträflichen Wandel seines Regenten. Ich sage Ihnen, er spricht ganz erbaulich, bis er auf das politische Wochenbett kommt. Dann verstehen ihn die Fremden nicht, sie lachen, und nun ist der Teufel los.

Herr v. Spahl erblickte mich jetzt, und starrte mich an. Wie er mich erkannte, fiel er in Anzüglichkeiten gegen die Anwesenden aus. Ich führte ihn weg, und wandelte mit ihm auf dem Platze vor dem Bad im Mondschein hin und her; indem ich ihm die Absichten seiner Gemahlin eröffnete. Dieß lenkte seine Stimmung ab. Er war mit einem Mal artig, umarmte mich, dankte mir, erklärte aber, daß er nicht nach Dresden gehe. Ich schlug ihm vor, er möchte dann in Pirna mit seiner Frau einen andern Platz der Zusammenkunft verabreden. Doch nach Pirna wollte er noch weniger gehen. — In des Kukuks Namen! rief ich ungeduldig aus. Dann reist ihre Gemahlin weiter; ich kann sie nun nicht mehr sprechen! — Spahl lief unruhig hin und her, und faßte endlich meine Hand: Wohlan denn, sagte er, ich komme morgen nach Pirna in das Gasthaus oben an der Straße nach Töplitz. Dort sind stets Fremde. Ich komme Schlag vier Uhr, und wir fahren auf der Stelle weiter, um nähere Verabredungen zu treffen. Lassen Sie den Wagen angespannt halten, damit wir gleich fortkommen!

Früh am Tage brechen wir auf, und gehen durch das thauige Thal auf dem Wege, den wir gestern gekommen sind, bis hinter die Porsdorfer Mühle zurück, wo wir am Lachsfang vorüber über die Polenz gehen, und den tiefen Grund betreten. Eine morgenfrische, waldige, würzige Luft regt uns an. Das Thal ist eben breit genug für den Polenzbach und einen Fahrweg; enger und wilder, im Charakter dieser Schluchten, erheben sich dann die Sandsteinklippen, bis wo wir rechts zum so genannten Brand, erst mühsam durch Fichtenwald, und dann zwischen dem Spalt einer Felsenwand auf kurzen Windungen ganz steil emporklimmen. Oben verathmend blicken wir in ein enges Waldthal, aus welchem die sogenannten Habersacksfelsen aufsteigen, — hohe Felsenkegel, die oben wie zugedrehte Säcke mit Falten und Butzen endigen. Nun links durch Wald fortschreitend, kömmt man an einer Mooshütte für eine kleine Wirthschaft, an einem Bretterhaus für Gäste, und an freien Tischchen und Sitzen entlang auf die freie Stirne des Berges, wo sich eine prachtvolle Aussicht aufthut. Man sieht die Landschaft in die Breite, die man von der Bastei in der Länge erblickt. Vor uns liegt der Lilienstein und hinter ihm der Königstein, links herüber der Pfaffenstein und Papststein, die Korischfelsen und Kuppelberge, der Zirkelstein und der Rosenberg. Unter uns am Dörfchen Weißig schimmert ein Stück Elbspiegel, und jäh hinab schwindelt der Blick in das Thälchen des Pohlenzbaches. —

Dieß schöne Gemälde im Morgenlicht sog ich in mich hinein auf einem Sitze, dessen Rücken aus altem Krummholze eine Lyra bildete, mit fünf weißen Birkenstäbchen als Saiten durchzogen. Jetzt erst werde ich eines ältlichen

Mannes am nächsten Tischchen inne, der mich aufmerksam betrachtet. Wir erkennen uns wieder, als vor Kurzem Zimmernachbarn im russischen Hofe zu Berlin, und gerathen in flüchtig wechselndes Plaudern. Nun, frage ich ihn, haben Sie einen Blick in die Redaction des Berliner Wochenblatts gethan?

Ach, der Storch! lacht der Alte. —

Gut gesagt! Ich erinnere mich, daß der Storch gewöhnlich nach Fastnacht ankam, also nach abgelegten Masken und während der Fastenzeit der Freiheit.

So meinte ich es nicht, versetzte mein Nachbar; ich sagte Storch — seiner langen Beine wegen; denn dieser politische Storch steht mit einem Fuß in München, mit dem andern in Wien. Und geben Sie Acht! Er klappert zwar klüglicher Weise hinter dem preußischen Adler: sollte er aber einmal zu Preußens Ehre laut werden, so fallen ihm gleich die beiden Füße ab, die freilich in faulem Moor stehen. — O lieber Mann! rief er aus, könnten wir erst in die nächste Zukunft einen so heitern Blick thun, wie da hinab in die sonnige Landschaft, in der vor 24 Jahren Napoleon seine letzten deutschen Züge that, und matt wurde. Neue, widerliche Verwicklungen stehen uns bevor. Wer hätte wol gedacht, daß uns nach glücklichen Befreiungskämpfen die Eulen noch einmal zu schaffen machen würden, die Dämmervögel! Ich darf mich nicht näher aussprechen; aber es läßt sich die ganze Verwicklung in ihrem äußersten Bezug mit einem einzigen Gedanken andeuten: die Materien der Civilisation gewinnen täglich mehr Macht und Freiheit, und gerathen nun noch einmal, und gewiß zum letztenmal, mit der eifersüchtigen Kirche in Conflict, die einst mittelst ihrer

Materien die Welt beherrscht und gefesselt hat. In diesen Wirren wird die Politik gewiß manche alte Sympathie aufgeben und hoffentlich auch über jüngere Antipathien einsichtiger werden. Und wenn unser Deutschland doch die Mission zu haben scheint, die religiöse Freiheit Europas durchzusetzen: so wird natürlich die Civilisation von jenem Lande vertreten werden, wo sie bei uns am weitesten vorgerückt ist, und die Kirche wird dort ihre heftigen Verfechter werben, wo die Civilisation am weitesten zurück und noch im Gleichgewichte mit den Mönchskutten ist. —

Der alte Herr war aufgestiegen, reichte mir die Hand und eilte fort, als habe er einen erstaunlichen Verrath an der Zukunft begangen. —

Ueber eine schmale Schlucht des Brand kömmt man auf einer Brücke zu einer andern Felsenkuppe, auf der man eine Einsiedelei findet. Durch ein Fensterchen mit einer gelben, blauen und purpurrothen Scheibe kann man hier die sonnige Landschaft bald schneewinterlich, bald südlich brennend, bald in geheimnißvollem Gluthdunkel erblicken. Eine versteckte Grotte hat der alte Thümmel einrichten, und mit der Inschrift versehen lassen:

O wohl mir, daß noch unverwöhnet
die Lockung der Natur gefällt!
Solch' eine Gegend, Freund, versöhnet
uns mit dem Ueberrest der Welt.
Man wird des Lebens überdrüßig
bei aller Ebb' und Flut der Stadt;
doch hier, geschäftig oder müßig,
wird Keiner seines Daseins satt.

Man sieht es schwerlich diesen Versen an, welch' eine tiefe Rührung sie in mir hervor brachten. Alle Saiten meines Herzens tönten. Was von theuern Menschen mir fern war, schien herbei gezaubert; alle schmiegten sich auflächelnden Auges an meine Brust. Jeder Wunsch, jedes Interesse, jeder Lebensbezug regte sich, um welchen man alles Andere „den Ueberrest der Welt" nennen konnte. Mir ward auf Augenblicke das selige Gefühl zu Theil, das in frühen Zeiten so manchen Einsiedler an seine verborgne Felsengrotte fesselte, der vom lebendigen Glauben an das Ewige umschauert einer durchkämpften Vergangenheit nachlächelte und die Menschen so innig liebte, die er aus seiner Ferne verklärt und ohne die tausend Gebrechen schaute.

Von so vielfacher Wehmuth bewegt, wandelte ich auf sanft absinkenden Rasenpfaden nach Hohnstein hinab, und in meinen feuchten Blicken verschönerte sich der anmuthige Wald, der mich eine lange Strecke mit seinem jungen Grün begleitete.

Ich fand kein Interesse an dem Städtchen und Schloß Hohnstein, an dem wir vorüber kamen, noch an den Geschichten meines Führers von dem Bärengarten in den Abgründen des Schlosses, und von dem tragischen Tode des letzten hier gehegten alten Bären, der nach dreitägigem Heulkampf mit Liebeswerbung endlich die spröde alte Bärin zerrissen hatte und dann selbst aus Kummer und Reue verendet war. — Träumend folge ich meinem Führer hinter dem gestern bestiegnen Hockstein bergab, waldaufwärts und über die lange Hochebene bis an den Ort Rathewalde, an dessen untersten Häusern wir durch sanft absinkendes Buschwerk in ein Thal steigen, das plötzlich rauh und wild abstürzt. Man kömmt an dem Amselfelsen und an den Amselwänden vorüber; einzelne Fichten, aus den Steinspalten schlank empor schießend, strecken sich, dem messenden Auge gleichsam zur Elle dienend, an den erstaunlichen Massen hinauf. Der Pfad wendet sich um das mit Buschwerk umwachsne Gefels und sinkt noch einmal jählings hinab. Da stehn wir nun plötzlich in einer etwas ausgeweiteten Telle vor einer 10 Fuß hohen und 5 Fuß breiten Felsengrotte, an der eine kleine Wirthschaft eingerichtet ist. Tief und kühl geht es in die Höhle, die sich unter zusammengebrochnen, in einander gestürzten Felswürfeln gebildet hat; in der Grotte selbst liegen kleinere, durchgefallne Blöcke. Welche Erschütterungen haben diese gewaltigen Massen gebrochen und durch einander geworfen! Jetzt ruht sonnige Mittagstille auf der hoch überhangenden Waldung, deren Wipfel sich auf dem feuchten Boden abschatten. Des hingestreckten Wanderers Blick schweift vergnügt an den dunkeln Felsen hinauf in den blauen Lenzhimmel. Kein Lüftchen säuselt, aber vor mir an die Felswand gelehnt, spielen zwei Musikanten Geige und Harfe. Der blinde alte Harfner singt einen rührenden Baß, und lockt dazwischen aus zusammengefaltetem Papier sanfte Waldhorntöne. Wie erquickend schlürft man den Trunk mit Waldluft ein! Nun steigt noch für zwei Groschen der Wirth über die Felsen der Grotte, verschwindet hinter dem Gestrüpp, und bald rauscht es schäumend zwischen den Felsen hervor, und plötzlich schießt in einem breiten Bogen, dreißig Fuß hoch über die Oeffnung der schwarzen Höhle herab, ein funkelnder Wassersturz, rinnt um meine Füße her, um sich hinter mir über kleineres Gefäll abstürzend zu verlieren.

Von dieser wilden heimlichen Stätte läuft der Grund wieder waldig und heiterer fort. Die Felsen treten zurück, bis die hohen Steinkuppen des Lammes, des Kameels und rechts die Felswände von Neurathen und die Nase der Bastei über die Waldgipfel hervortreten. Das Thal erweitert sich, wir stehen an der Elbe. Aus der Tiefe, zu der wir am ersten Abende von der Bastei niederschwindelten, sehen wir nun staunend zu ihr hinauf. —

Doch unverweilt schlagen wir den Weg nach Pirna ein. „Eile, eile, hier dräut Gefahr!" rufen uns die aufgesteckten Schilde zu, und geblendet sehen wir über Steingebröckel zu den weißen Brüchen hinauf, an denen die Mittagsonne brennt und abprallt. Bleich, aus dem stäubenden Sandstein frühen Tod athmend, brechen die jungen Arbeiter eben auf, und wandeln lustig dem nächsten Dorfe zu, um Mittag zu halten oder vielleicht auch frühen Feierabend zu machen; denn es ist heut Sonnabend. — Weiter abwärts setzen wir an das linke Ufer über, und sehen nach langem, heißen Wandern das freundliche Pirna vor uns. Rechts und links läuft hier das enge Thal der Elbe auseinander. Die rauhen Felsenberge des rechten Ufers verlieren sich über Pillnitz hinab in heitre Weinberge. Das linke Ufer erhebt sich noch einmal über dem Städtchen und zeigt das Schloß Sonnenstein, in welchem eine berühmte Anstalt für heilbare Seelenkranke und Geistesirre eingerichtet ist. Hinter diesem Irrenhause ziehen sich die Berge zurück, so daß ein fruchtbares Breitthal nach Dresden offen liegt.

In dem verabredeten Gasthause an der Straße nach Töplitz fragte ich nach Frau v. Spahl. Sie war noch nicht angekommen. Ich setzte mich an ein Tischchen zwi=

schen Reisenden, die sich hier erfrischten, während draußen die Pferde gefüttert wurden. Ein ansehnlicher Mann trat mich sehr höflich an, und fragte, ob ich auch Herrn v. Spahl erwarte, oder bloß dessen Gemahlin, und ob ich ihm nicht sagen könne, wo sich dermal Herr v. Spahl aufhalte. Ich sagte ihm, daß derselbe um vier Uhr hier ins Haus kommen werde, ohne zu verweilen. Er entfernte sich unter höflichem Dank. Eben fuhr Frau v. Spahl an, ich meldete ihr, wie es mit ihrem Manne stehe, und bewog sie, auf ein paar Augenblicke auszusteigen, um ihn zu erwarten. Die kranke Kammerfrau wollte indeß im Wagen bleiben. — Kaum haben wir uns gesetzt, und Frau v. Spahl mustert die reisenden Frauen, die ab- und zugehen, als im Zimmer selbst Lärm entsteht. Ich sehe, wie jener ansehnliche Mann einen eben herein gekommenen Menschen packt. Näher tretend erkenne ich Herrn v. Spahl in einer bäuerlichen Verkleidung. Einige Polizeidiener bringen ihn fort. Ich wende mich betroffen an einen alten Herrn, der zwar in Polizei-Uniform aber ohne amtliche Theilnahme dasteht, und bitte ihn, mir zu sagen, was Herr v. Spahl verbrochen habe. — Ei, sagt er, wissen Sie denn nicht, daß er vor acht bis neun Tagen dem Irrenhause entsprungen ist, droben vom Sonnenstein? —

Und wird nun wieder hinaufgebracht? —

Nach Sonnenstein? Bewahre! Der kommt nun nach Waldheim. Denn es hat sich gezeigt, daß er zu den unheilbaren Narren gehört, und die werden bei uns in Waldheim verpflegt.

Ich bot dem redselig aussehenden Manne ein Glas Wein an, und bat ihn, mir als Fremden doch etwas Näheres über den wieder festgenommenen Mann mitzutheilen, dessen Familie ich kennete. — Der Alte nahm sein Glas und setzte sich mit mir in ein heimliches Eckchen. — Im tiefsten Vertrauen kann ich Ihnen sagen, versetzte er, daß es eine eigne Sache mit dem v. Spahl ist. Ich habe Manches in verschiednen Verhören erlauscht, was ich selbst noch nicht recht im Zusammenhang begreife. Es wird damit sein, wie mit den andern politischen Verbrechen in Deutschland, die gerade darum so wichtig sind, weil sie keinen Zusammenhang haben. Sehen Sie, man ist längst einem Complott auf der Spur; es ist die Rede von einem politischen Wochenbett, und nun denken Sie, was dabei heraus kommen kann! —

Aber ich bitte Sie, Männer und Wochenbett! rief ich aus.

Der Alte legte mir die Hand auf den Mund, und flüsterte, sich umsehend, weiter: Es ist ja von keinen Männern die Rede! Es ist ja die Rede von einem italienischen Weibsbilde, von einer gewissen Signora, — nun warten Sie — Signora Propaganda. Die soll niederkommen; aber nicht eigentlich mit einem ordentlichen Kinde, sondern mit einer bloßen Nachgeburt. Sie haben gewiß von den neuen Mönchen gehört, die sich jetzt wieder da und dort zeigen. Meinen Sie denn, das wären richtige Mönche, was man so demüthige, fromme, etwas einfältige Gemüther nennt? Ach nein! Das sollen lauter vermummte Hebammen sein. Und hinter all' den Spuk hat man endlich kommen wollen, und da der Herr v. Spahl eine Menge Verbindungen hat, besonders auch mit einem römischen Professor in München, der deutsche Bücher schreibt —.

Der Alte wurde eiligst abgerufen, — für mich ein großer Verlust. Ich eilte zu Frau v. Spahl, die in der qualvollsten Unruhe saß. Wir stiegen in den Wagen. Ach wie unangenehm war diese Fahrt nach Dresden an einem so heitern Abende, durch eine so herrliche Landschaft!

Als ich am andern Morgen Frau v. Spahl zur Messe in die katholische Kirche abholen wollte, fand ich sie viel gefaßter, und entschlossen, gleich nach der Kirche abzureisen, um sich mit ihren Verwandten zu versöhnen und mit ihnen zu überlegen, ob etwas zu Gunsten ihres Gatten zu thun sei. — Es war ein seltsam durchnebelter Morgen; die schönen Ufer der Elbe waren mit Höhrauch umsponnen. Die herrliche Brücke, die Brühl'sche Terrasse wimmelten von Menschen, und gegen elf Uhr drängte sich die Menge in die an der Brücke gelegne katholische Kirche, um die musikalische Messe zu hören. — In der Kirche mußte ich mich von Elisen trennen; die Frauen knien nämlich links, die Männer rechts in den durch einen Gang geschiednen Bänken. Seltsam gekleidete Kirchen-Lakaien halten mit ihren langen, silberbeknopften Stäben Ordnung und Ruhe, wobei es natürlich ohne Unruhe nicht abgehen kann. —

Die Messe begann. Musik und Gesang hoben mit anschwellender Flut mein Herz. Zwar der Kastraten-Sopran störte mich; nach der Wandlung aber war dem herrlichsten Tenor die Hauptpartie zugetheilt. Ich war in meine gläubige Kindheit entrückt. Ich hörte wieder **Da pacem** singen. Diese Stimmen, diese Geigen und Flöten entrückten mich der Gegenwart. Die Wände der Kirche, die langen Säulenreihen erweiterten sich, und nahmen Alle auf, deren fröhliche Blicke sich von Menschenliebe zu neuen, lebendigen Kerzen entzündeten, deren Herzen mit einfach aufdampfendem Glauben sich zu warmen Opferschalen weihten. Da war alle Zweifelspein und Höllenangst verschwunden; die Streitworte der Eiferer, die Breven des Oberpriesters fielen als Weihrauchkörner und Myrtenzweige auf den Einen Altar nieder, an welchem Alle beteten und alle Paare getraut wurden. Der Petersfels durchleuchtete sich zu einem Weltkrystall, den die Ewigkeit durchsonnte, und an welchem jede gläubige Ueberzeugung widerleuchtete. Ueber die starren Glatzen, aufwelche ein himmlischer Strahl fiel, hoben sich die Kutten und Kapuzen, und spannen sich in bräunliche und lichtgraue Abendwölkchen aus. Es war Sonnabend vor der Auferstehung des Herrn. Lau brütend lag die Luft auf jungen Saaten, Lerchen schwebten empor, ein wunderbares Licht zückte über die Gipfel der Berge, und aus allen Thälern sang es: Da pacem!

II.

Louise Herzogin von Bourbon.

Von

K. A. Varnhagen von Ense.

Ein französisches Buch, in Barcelona während sturmvoller Kriegsjahre gedruckt, ohne namhaften Verfasser, nicht öffentlich ausgegeben, sondern nur in wenigen Abdrücken an Freunde verschenkt, und außerdem eines höheren, von den Richtungen der Zeitläufte ganz abgewendeten Inhalts, — ein solches Buch war gewiß bestimmt, ungekannt und unbeachtet an seinen Zeitgenossen vorüberzugehen. Die große Seltenheit, welche sonst wohl zum Anreiz wird, sogar Werthloses aufzusuchen, verbarg diesmal auch das Werthvolle wirklich, und entzog der ohnehin anders beschäftigten Aufmerksamkeit einen Stoff, auf den sie in manchem Betracht wohl hätte begierig sein können.

Nicht ohne freudiges Genügen, wie es der eifrige Sammler empfindet, dem ein langegesuchtes Stück endlich zu Theil geworden, seh' ich diesen litterarischen Schatz vor mir ausgebreitet, schon den Blicken ein Wohlgefallen, noch mehr aber dem forschenden Sinn, der in den merkwürdigen Inhalt vertrauter einzudringen strebte. Durch glückliche

Sorgfalt eines Freundes ist jahrelangen fruchtlosen Nachfragen und Bemühungen endlich der Erfolg gewährt, und eine hohe und eigenthümliche Erscheinung, von der bisher nur einzelne Schimmer durchgedrungen, tritt in hellerem Lichte hervor, an welchem, ich zweifle nicht, manches Auge sich erfreuen, manches innre Gedeihen sich weiterbilden wird. In dieser Voraussetzung möge folgender Bericht und Auszug hier seine Stelle finden.

Der Titel des Buches, von dem die Rede ist, lautet wie folgt: „Correspondance entre Mad. de B... et Mr. R... sur leurs opinions religieuses DCCCXII." Der Druckort ist nicht angegeben, allein es steht außer Zweifel, daß derselbe Barcelona sei, Papier und Lettern bezeugen die spanische Ausstattung, und kleine Ungenauigkeiten und Irrungen des Textes die spanische Setzerhand. Zwei Bände, jeder gegen fünfhundert Seiten stark, dem Drucke nach in Oktav, dem breitrandigen Papier nach aber in Quart, lassen schon in diesem Aeußern ein Werk erkennen, bei welchem buchhändlerische Rücksichten nicht vorwalteten. Nur wenige Abdrücke wurden genommen, und darauf die Formen zerstört. Einzig für einen engen Kreis gleichgesinnter Freunde bestimmt, konnten doch nicht alle Abdrücke so bewacht werden, daß nicht in der Folge einige auch in fremde Hand gerathen wären. Daher konnte die französische Zeitschrift „Chronique religieuse" von dem Buche reden, die spanische Inquisition im Jahre 1819 davon Kenntniß nehmen, der Bischof Grégoire in seiner Histoire des sectes religieuses darüber Bericht geben. Schwerlich ist des Buches noch an andern Orten, als diesen dreien, irgend gedacht worden.

Herausgegeben, und dem größern und bedeutendern Theile nach geschrieben, hat diese beiden Bände die Herzogin von Bourbon, eine Prinzessin, deren Name schon längst allen Freunden Saint-Martin's theuer und verehrt war, der sie als seine Freundin und Glaubensverwandte gepriesen hatte. „Zwei Wesen giebt es in der Welt — sagt er an einer Stelle — in deren Gegenwart Gott mich geliebt hat; und wiewohl eines dieser Wesen eine Frau ist (meine B.), so habe ich doch beide so rein lieben können, wie ich Gott liebe, und sie folglich in der Gegenwart Gottes lieben können"; ein Lob, welches, jemehr man darüber nachdenkt, an Bedeutung wächst, und in Saint-Martin's Munde zur unwidersprechlichen Bürgschaft wird, daß die schönste und reinste Blüthe höheren Menschenlebens in seiner Freundin erschlossen war. Werfen wir zuvörderst einen Blick auf die äußern Lebensumstände dieses eigengearteten Wesens, dem an geistiger Lieblichkeit und Stärke schwerlich viele aus so hohen weltlichen Sphären dürften gleichzustellen sein.

Louise Marie Therese Batilde, Tochter des Herzogs von Orléans, war geboren am 9. Juli 1750, und hatte als Prinzessin von Geblüt eine zwar sorgfältige, aber zugleich beschränkte und vorurtheilsvolle Erziehung erhalten, deren nächster Zweck dahin ging, ihr vor der Welt soviel als möglich persönlichen Glanz und Ansehn zu geben. Allein das von innerem Drange bewegte Gemüth bedurfte höherer Richtungen und Gegenstände, und wandte sich, nach schnell vorübergegangenem Anreiz der großen Welt und ihrer Leidenschaften und Kämpfe, zu den Gebieten der Religion und der Wissenschaft. Da ihr Geist jedoch beide in einem andern Sinne nahm, als damals gewöhnlich war, ihre Frömmigkeit sich ohne düstern Eifer und dumpfen Wahn zeigte, ihre Forschung nicht bei oberflächlichen Ergebnissen dünkelhaften Witzes stehen blieb, so war sie den Frommen wie den Weltgesinnten unverständlich. Dem Aufsehn, welches ihre Geisteswendung hätte machen können, entging sie durch den natürlichen Hang, ihr Leben still nach innen zu richten, und das Aeußere leicht aufzugeben oder harmlos hinzunehmen, indem sie durch launige Heiterkeit den Widerspruch ausglich oder milderte.

Ihre Verheirathung mit dem Herzoge von Bourbon, Sohn des Prinzen von Condé, war ohne beiderseitige Neigung und Wahl erfolgt; in den Verhältnissen der königlichen Familie schien die Verbindung vortheilhaft, und man übersah dabei sogar, daß der Herzog, um sechs Jahr jünger als seine Gemahlin, gegen sie fast noch ein Kind war. Anfangs lebten beide in zärtlicher Eintracht, und dem noch nicht siebzehnjährigen Gatten gebar die Herzogin am 2. Aug. 1772 einen Sohn. Die Mutter litt achtundvierzig Stunden bei der Niederkunft, und sie selbst und das Kind schwebten in größter Gefahr, letzteres, kaum athmend, mußte durch Umschläge von Weingeist aufgereizt werden, und gab nun erst Lebenszeichen. Gleich darauf setzte ein Lichtfunken die weingeistgetränkten Tücher in Flammen, und nur die schleunigste Hülfe rettete den Prinzen, der aber wieder durch ein Entzündungsfieber noch längere Zeit tödtlich bedroht wurde. Diese Umstände und Vorgänge mußten auf das Gemüth und Gedeihen der Mutter trübend einwirken. In diese Zeit fiel zugleich der Anfang der Erkaltung und Entfernung, welche zwischen dem jugendlichen Herzog und seiner Gemahlin seitdem stets bemerklicher wurde.

Wer auf die Sitten und Einrichtungen damaliger Zeit, besonders aber auf das Leben der höchsten Klassen zurückblickt, der wird nicht erwarten, daß die Herzogin einen Ersatz des häuslichen Glückes, dessen Anlagen hier täglich deutlicher fehlen mußten, in der Sorgfalt für das Wohl und die Erziehung ihres Sohnes habe finden können. Die Mutter hatte dabei wenig zu sagen, noch weniger zu thun; in vorgezeichneten Bahnen ging alles seinen Weg, und eine Prinzessin von Geblüt hatte andre Obliegenheiten und Aufgaben, als Wärterin oder Lehrerin eines Kindes zu sein, welches im Ueberflusse der zu Hofämtern und Dienstehren gewordenen Anstalten und Fürsorgen grade der mütterlichen Pflege am meisten entzogen war. Wundern wir uns daher nicht, daß dieses Verhältniß weder im Leben der Mutter, noch in dem des Sohnes bedeutend hervortritt! Die nächstfolgenden Ereignisse konnten nicht dazu beitragen, die getrennten Richtungen zu verbinden, im Gegentheil mußten sie zwischen Mutter und Sohn die Fremdheit nur vergrößern, ohne daß diese doch jemals einen bestimmten Ausdruck erhalten hätte.

Der Herzog von Bourbon, dem in so früher Jugend die sechs Jahre, um welche seine Frau älter war, nur als drückendes Uebergewicht erschienen, entzog sich mehr und mehr dieser Einwirkung. Er gerieth in den Strudel eines Weltlebens, das uns in zahlreichen Denkschriften genug geschildert ist, um hier keiner näheren Erörterung zu bedürfen. Ungezähmter Leichtsinn und leidenschaftliche Willkür brachten steigende Mißverhältnisse hervor, die endlich bewirken mußten, daß die Herzogin von ihrem Gemahl förmlich getrennt wurde. Sie konnte auch diesmal ihr Geschick nur hinnehmen, nicht selbstständig dasselbe bestimmen oder ordnen. Dies geschah im Jahre 1781.

Zwietracht und Widerstreit herrschten auch sonst in der Königlichen Familie, und verursachten Unruhen und Schwankungen zu einer Zeit, wo mehr als sonst festes Zusammenstehen nöthig gewesen wäre. Die politische Gährung wurde stets bedenklicher, und als im Jahre 1789 die Stürme der Revolution losbrachen, zeigte sich die Auflösung am erschreckendsten in der Nähe des Thrones selbst. Der König hatte guten Willen, der aber auf keiner Seite durchgreifen konnte, dem Eifer der Königin fehlte Einsicht und Klugheit, die Brüder des Königs trennten sich von ihm feindlich, der Herzog von Orléans trat als entschiedner Gegner auf, und förderte die Revolution aus allen Kräften.

Die Herzogin von Bourbon, in ihrer stilleren Weise wenig beachtet und dadurch um so freier, hatte sich inzwischen ganz dem Hange hingegeben, den sie für die tiefere Erkenntniß der Glaubenswahrheiten fühlte. Ihr schwungvoller und kräftiger Geist war in das Gebiet mystischer Wissenschaft gedrungen und bald in deren Geheimnisse völlig eingeweiht. Sie hatte Saint-Martin kennen lernen, und in ihm einen geistigen Führer und Freund gefunden, der in ihr fortan auch getrennt immer gegenwärtig und wirksam blieb. Wir dürfen wohl sagen, kein edleres Geschenk habe der Himmel für den Menschen, als daß er sich ihm mittelst einer seelenverwandten Persönlichkeit offenbare. War auch die beiderseitige Freundschaft nicht zu solchen feurigen Empfindungen gesteigert, zu denen Frau von Guion und ihr Freund Lacombe oder später Fénélon sich erhoben, so bestand doch eine höhere Gemeinschaft und Innigkeit, welche über Zeit und Leben hinaus schon den Felsenboden der Ewigkeit erreicht.

Die Zahl der Mystiker und Theosophen war in Frankreich damals nicht gering, die Art aber sehr verschieden; neben dem wunderbaren Martinez-Pasqualis und dem stillsinnigen Saint-Martin zeigten sich andre, zum Theil seltsam verzerrte Gestalten, die sich in abentheuerlichen Schwärmereien ergingen; unklare Naturwirker, wie Mesmer, begabte Gaukler, wie Cagliostro, fanden sich ein, Betrug und Wahnsinn ergriffen dieselbe Richtung, in welcher Unschuld und Weisheit strebten. Diese Mischung des Hohen und Niedrigen, des Verehrungswerthen und Verwerflichen, bleibt niemals aus, wenn irgend eine große Geisteswirkung vorschreitet, und der gemeine, gehässige Sinn unterläßt dann auch nie, das Gute und Würdige nach dem Schlechten, das sich ihm anhängt, zu beurtheilen und nach diesem zu benennen. Kein Wunder, daß auch die Herzogin von Bourbon diesem Schicksal nicht entgangen ist!. Ihre Gegner, deren sie in der französischen Oberflächlichkeit und Spottlust viele haben mußte, später aber auch in dem heftigen Partheigeiste der Revolution nicht wenige bekam, sind bemüht gewesen, jene ganze Richtung als eine Verirrung und Lächerlichkeit zu bezeichnen. Selbst der einsichtigere Grégoire enthält sich kaum dieses Urtheils, dem nur das viele Gute, welches er aus den Schriften wörtlich beibringt und redlich genug anerkennt, noch glücklich widerspricht.

Die Herzogin bekannte sich zur katholischen Kirche, allein sie unterschied die Wahrheiten des Christenthums von den Satzungen der Priesterschaft. Durch den Zustand der Religion, deren Diener in Ruchlosigkeit und Finsterniß versunken waren, mußte eine erleuchtete Frömmigkeit allerdings in Betreff der Lehren und Wege, die sie lieber in kindlichem Glauben angenommen und befolgt hätte, zu eigner Prüfung und Wahl hingedrängt sein; in diesem Sinne wird das Verderbniß der katholischen Kirche, wo dasselbe nicht den Glauben zerstört, jedesmal eigenthümliche Selbstleitung hervorrufen, die sich mehr oder weniger den protestantischen Richtungen nähern muß, sofern diese überall anzunehmen sind, wo Glauben und Geistesfreiheit einander nicht ausschließen. Wie sich die Herzogin hierin verhielt, wird später aus ihren eignen Aeußerungen erhellen, wir bemerken einstweilen die Thatsache, daß ihr guter Sinn nothwendig mit einem Zustand entzweit sein mußte, der nach allen Seiten nur Ausartung zeigte und einer verzerrten todten Gestalt den Werth anmaßte, dessen Ausdruck nur die lebendige sein konnte!

In dieser Stellung und Stimmung fand der Beginn der Révolution unsre Freundin; viele der anfänglichen Hoffnungen durften auch ihren Sinn, wie den so vieler edlen Männer und Frauen, ansprechen und verlocken, und großmüthig willigte sie ihrerseits in die Opfer, welche das Gemeinwohl auch von ihr fordern konnte. Ihr eigner Bruder, der Herzog von Orléans, dessen Absichten und Schwächen damals noch einen Anschein trugen, der ihre künftige Gestalt nicht ahnden ließ, verwandte seinen Einfluß und seine Hülfsmittel für die Sache des Volks. Als die Unruhen stiegen und die Gewaltthaten sich häuften, denen zu entgehen die meisten Mitglieder der Königlichen Familie, und mit ihnen ein großer Theil des Adels und der Geistlichkeit auswanderten, gehörte die Herzogin von Bourbon zu den wenigen Personen ihres Ranges, welche das Vaterland nicht verlassen und ihr Geschick auf keine Weise von dem seinen trennen wollten. Sie konnte freilich hierbei nicht vorhersehen, welche Schrecknisse und Gräuel ihr noch zu erleben sein würden, noch wie tief und hart sie selber von den ungeheuersten Schlägen mit betroffen werden sollte. Allein nur allzu schnell entwickelten sich die Ereignisse, und bevor ein Ueberblick des neuen Zustandes zu fassen, neues Wählen und Entschließen möglich war, lag das Königthum zertrümmert, schmachteten König und Königin im Kerker, und drohte grausamer Tod ihnen selbst wie allen ihren Anhängern, zu denen jetzt auch schon ihre Gegner, die ersten Freiheitsfreunde gerechnet wurden.

Die Rolle des Herzogs von Orléans in diesen Vorgängen wurde mit jedem Tage unglücklicher und entsetzlicher. In ihm lebten nicht die Grundsätze, welche ein höheres Heil zu erringen hofften, und um des Zieles willen den schrecklichen Weg nicht achteten; auch hatte weder sein Geist das Maß, noch seine Seele die Kraft, in der Verirrung innezuhalten, und Unwürdiges lieber zu leiden als zu thun. Als ein willenloses Werkzeug ließ er sich in den Strudel fortreißen, und er, dessen Ehrgeiz früher nach der Krone gestrebt, mußte bald ihn darein setzen, mit der rothen Mütze der Jakobiner auf dem Haupte den nahverwandten König zum Tode verurtheilen zu helfen, und für sich selbst jedem früheren Range und sogar dem eignen Namen zu entsagen. Die Herzogin von Bourbon sah mit Gram und Angst den Bruder in diesen Abgrund sinken, dessen Schmach ihn doch der forttobenden Volkswuth nicht entzog. Er hatte den Namen Citoyen Egalité angenommen; der Schwester, welche in ihrer

Zurückgezogenheit und Stille dem Eifer des Tages nicht entging, und nicht mehr Bourbon heißen durfte, wurde zugemuthet, nach dem Beispiele ihres Bruders gleichfalls einen neuen Namen zu wählen. Die Sache war ihr so lächerlich als schmerzlich, und mit guter Laune, die ihr fast in allen Lagen verblieb, äußerte sie, daß sie dann am liebsten Citoyenne Vérité heißen möchte, aber als solche wohl am wenigsten würde geduldet werden. Man nannte sie wirklich so, und der Namen blieb ihr, ohne sie jedoch zu schützen. Dem angeklagten Bruder folgte bald auch die Schwester in's Gefängniß nach, und wenn nicht ebenso auf das Blutgerüst, so schwebte sie doch geraume Zeit in dieser Gefahr.

Es bezeugt eine große Geisteshelle und Seelenstärke, daß die Herzogin durch diese Folge von Erschütterungen in ihren ursprünglichen Ansichten und Bekenntnissen nicht wankend wurde. Sie hielt an dem Christenthume fest, wofür sie jeden Augenblick den Tod erleiden konnte, und verwarf doch eben so wenig die Revolution, wiewohl eben daher Tod und Entsetzen auf sie eindrang. Sie fuhr fort, in jedem Ereignisse die göttliche Fügung zu verehren, welche überall, auch durch Leid und Strafe, nur Segen und Heil bereite. In Betreff dieser Ansichten ist ein kleiner Aufsatz merkwürdig, welchen die Herzogin gleich im Jahre 1789 entworfen, aber, wie der Schluß erkennen läßt, in späterer Zeit beendigt hat. Wir theilen ihn als ein Beispiel freier Selbstverläugnung mit, die sich in solcher Sphäre nicht häufig finden dürfte.

„Religiöse Gedanken über die französische Revolution.“

„Das Vaterland eines wahren Christen ist der Himmel; folglich müssen seine Gedanken ihn stets dahin zurückleiten, und seine Urtheile von einer tieferen, das heißt göttlichen, Wahrheit ausgehen, nicht von den politischen Wahrheiten. Ich verstehe nichts von diesen letztern, beschränkt wie ich bin an Geist und noch mehr an Kenntnissen.“

„Die Vorurtheile haben in mir den innern Sinn nicht verdunkelt, den jeder Mensch in sich fühlen würde, wenn die Begier alles zu genießen, was an diese Welt knüpft, denselben in ihm nicht fast erstickt hätte.“

„Ich bin mehr abgewendet als mancher Andre von der Welt, durch den Zusammenfluß der unglücklichen Ereignisse, die ich erduldet habe, demgemäß auch geeigneter, einfache und jener tieferen Wahrheit entsprechende Ideen zu empfangen. Die wesentliche Verschiedenheit zwischen den Ansichten der Menschen, und dem Benehmen Gottes in Betreff ihrer, besteht darin, daß jene wünschen hienieden glücklich zu sein, und daß Gott sie ewig glücklich machen will. Sie wissen nicht, was erfordert wird, um das große Werkzeug des Weltalls zu dem Ergebniß hinzuleiten, welches so viele Menschen als möglich, indem es sie gut und tugendhaft macht, für die Seligkeit gewinnen soll, und sie wollen nach ihrem engen und theilweisen Hinblicke die Ereignisse dieser Welt beurtheilen, welche insgesammt nichts anderes sind als Mittel, deren sich die Gottheit bedient, um jenen Zweck zu erfüllen.“

„Ich maße mir nicht an, die Gerichte Gottes zu kennen, noch in seine Weisheit einzudringen, aber das unermeßliche und gewaltige Gebild, das sich vor den Augen meines Geistes entfaltet, wenn ich die geistliche Regierung der Seelen überdenke, erfüllt mich so mit Staunen und Schauder, daß ich darauf die politischen Gesetze als Kinderspiele ansehe, denn sie können die Laster und die Verbrechen nur zwingen sich zu verbergen, und ändern nicht das Herz des Menschen. So kann ich denn auch nicht der Meinung dessen sein, den ich vom Volke redend sagen hörte: „Man kennt nicht die Gefahr, den Bodensatz eines großen Gefäßes aufzurühren." Ist die Vergleichung richtig im rein moralischen und politischen Sinne, — denn, in der That, man weiß nicht, bis wohin eine so starke Kraft, als die eines von seinen Leidenschaften gelenkten Volkes ist, ihre Anordnungen steigern kann, — so dünkt mich das Gleichniß doch falsch, wenn Gott es ist, der das Wasser läutert, und der, indem er darauf einwirkt, alle Theile desselben flüssig macht."

„Ich kann mich daher nicht freuen, wenn ich annehme, daß die Laster nur betäubt sind, und daß sie im Grunde der Herzen ruhen wie der Schlamm zu Boden eines Gefäßes, sondern im Gegentheil, ich bin voll Hoffnung, wenn ich mich überzeuge, daß das Wasser von Gott aufgeregt ist, und die begonnene Wirksamkeit alle Verderbniß daraus scheiden wird."

„Ich hänge keiner Regierungsform mehr als der andern an: in allen walten Menschen, folglich Laster und Tugenden. Da mein wahres Vaterland himmlisch ist, so sehe ich meine wahren Landsleute überall, wo ich Wesen finde, die sich einzig mit der Sorge beschäftigen, möglichst sicher dort anzukommen, und je mehr ich den Weg dorthin geebnet und gebahnt sehe, desto mehr empfind' ich Freude deßhalb. Wie Stacheln und Dornen erscheinen mir die Ehren, die Reichthümer, die Vorurtheile aller Art, welche die Menschen verblenden, und sie verhindern, die sanfte Stimme der Wahrheit zu hören, indem ihre Ohren durch den immerwährenden Lärm betäubt sind, den jenes wilde Gemisch um sie her verursacht. Ich fühle mich, sag' ich, beseelt von einem Hoffnungsstrahl, wenn ich zu sehen glaube, daß Gott sich derselben Arbeiten, mit welchen die Menschen ein Werk errichten, auch zu dessen Zerstörung bedient, sobald dieses weder rein ist noch der höchsten Weisheit gemäß. Sie sind zu sehr verderbt, zu weit von der Wahrheit ab, als daß sie auf sanfte und überredende Weise zu ihr zurückgeführt werden könnten; Gott muß sich der Bösen bedienen, die in seiner Hand zu Werkzeugen werden, wie die scharfen Messer in der Hand eines geschickten Wundarztes, um denen Hülfe zu bringen, die noch heilbar sind."

„Das Siechthum Frankreichs war um so mehr tödtlich, als dasselbe schon bis zum Herzen gedrungen war, womit ich die Unordnungen meine, welche bei den Dienern selber der katholischen Religion herrschten. Wir müssen also erwarten, daß durch göttliche und für Menschenaugen unsichtbare Behandlung Gott mittelst seines immer gleichen Wirkens dahin gelange, das verdorbene Fleisch zu verzehren, und die Wunden zu schließen, welche die Menschen sich selber schlagen; er läßt sie zu diesem Zwecke durch ihr eignes Unglück die Erfahrung gewinnen, daß nur er allein es ist, der sie für immer glücklich machen kann, und daß in ganzem Umfange die erhabene Sittenlehre zu befolgen ist, welche er in seinem Evangelium vorgeschrieben und in unsre Herzen gegraben hat, damit wir ihn anbeten, wie er angebetet sein will, im Geist und in der Wahrheit."

„Wenn die armen Menschen noch lange zögern, diesen höchsten Willen zu erkennen, und wenn sie nur mehr und mehr sich in den Irrthum versenken, daß politische Gesetze hinreichen um so vielen Uebeln abzuhelfen, so ist es wohl möglich, daß Gott ihnen noch schrecklichere Plagen sendet; aber auch diese werde ich stets als von einer väterlichen und erbarmungsvollen Hand geleitete sehen, welche niemals schlägt, als um zu verzeihen, und welche den unschuldigen, unter ihren Streichen erliegenden Opfern reiche Vergeltungen bereit hält. Genug, wo ich das Wirken eines gegen den Verbrecher erzürnten Gottes sehe, da sehe ich auch das eines gerechten und erhaltenden Gottes; stets aber will ich lieber die bessernde Strafe als das Vergessen eines Vaters erleiden, der bewundernswürdig selbst gegen seine undankbaren Kinder verfährt.

„Das unermeßliche und gewaltige Gebild, ich wiederhole es, seiner göttlichen Weisheit in Regierung der Seelen, erlegt meinem Geiste Schweigen auf, und verbietet mir die Handlungen zu richten, welche jene Weisheit in dem weiten Plan ihrer Barmherzigkeit befiehlt oder zuläßt. Ich beschränke mich also darauf, inbrünstig für diejenigen zu beten, die mir der göttlichen Gnaden am bedürftigsten scheinen, ohne daß ich einen Tadel auszusprechen, noch ein voreiliges Urtheil über Ereignisse zu fällen wage, die vielleicht im Zusammenhange und Plan der Vorsehung Gottes unerläßlich, für meine zu beschränkte Geistesfähigkeit aber unbegreiflich sind."

„Diesen Worten Jesu Christi nach: „Seid unterthan der Obrigkeit, gebet dem Kaiser was des Kaisers ist, und Gott was Gottes ist;“ und: „Wisset, daß ich sanft und demüthig von Herzen bin, und daß man zum Himmel eingehet nur durch mich, denn ich bin der Weg, die Wahrheit und das Leben;“ hab' ich also gefolgert: Wenn man nur durch Jesus Christus in den Himmel gelangt, so muß man ihm gehorchen, ihm ähnlich werden, seine Vorschriften durchdenken, sie zur Regel der Handlungen machen, und nach seinem Beispiele das Kreuz tragen; wenn er sanft und demüthig von Herzen ist, so muß man sich erniedrigen, gehorchen, leiden, um ihn nachzuahmen und ihm zu folgen; wenn er befiehlt, den Obrigkeiten unterthan zu sein, so muß man gegen jede Art von Macht, die uns regiert, die Unterwerfung in allem beobachten, was nicht gegen die göttlichen Gesetze ist.“

„Diese wohldurchdachten Maximen, lange Zeit durch meinen Geist ergründet und in mein Herz gegraben, welches schon der Welt überdrüssig kein andres Glück mehr suchte, als das kein Mensch ihm rauben konnte, diese Maximen, in Verbindung mit meinen beschränkten Kenntnissen, welche mir nicht gestatteten darüber zu urtheilen, welches die beste Regierungsform sei, — diese Maximen, sag' ich, waren die unwandelbare Regel meiner Empfindungen und meines Benehmens; überdies, in die Welt durch meine Geburt zum Befehlen, durch mein Geschlecht zum Gehorchen gestellt, und also nach freiem Willen zu wählen verstattet, habe ich geglaubt in meinem Vaterlande bleiben und mich den verschiedenen Gewalten unterwerfen zu müssen, die nach einander auf dem Schauplatz erschienen sind, ohne daß ich zu prüfen suchte, ob ihre Regierung weltlich die rechte sei, und ihre Gesetze gut. Gott erlaubt, daß sie die Oberstelle einnehmen, dies genügt mir, sie darin zu ehren, denn Jesus Christus hat nicht besonders gesagt, man solle sich den rechtmäßigen Gewalten unterwerfen, sondern überhaupt den Gewalten."

„Geboren in Ueberfluß und Größe, sah ich mir durch die Revolution die Mittel dargeboten, mich zu erniedrigen, ich habe sie mit Beeiferung als christliche Frau ergriffen."

„Jesus Christus hat Wehe gerufen den Reichthümern, ich habe mit frohem Genusse mir das wegnehmen sehen, was mich von der Mitte des Lebens entfernen konnte."

„Schon empfange ich innerlich den Lohn meiner Opfer durch den ungestörten Frieden, den ich seit jenem Augenblick in mir besitze, ungeachtet aller Prüfungen, durch die ich gegangen bin."

„Zwar legt man meine Handlungen und meine Empfindungen ganz anders aus; doch was liegt daran, daß man mich, wenn ich gut handle übel beurtheilt, daß man mich meiner Freiheit beraubt, daß man mich Demüthigungen und tausend unverdiente Leiden erdulden läßt, — ist das nicht jenes Kreuz, welches man nothwendigerweise tragen muß, um auf den Spuren unsres Herrn zu wandeln und in das Reich der Himmel einzugehen? Der große Gesetzgeber, dessen Gesetze ich zu befolgen trachte, wird mir eines Tages alles Erlittene anrechnen, und dieser Tag ist nie fern für das längste Leben, wenn man dasselbe mit einer Ewigkeit vergleicht. Alsdann werden diejenigen, die mich beurtheilt haben, die Wahrheit erkennen ihrer oder meiner

Grundsätze, und welche von beiden das vollkommenste und dauerndste Glück sichere."

Man kann diesen Ansichten mancherlei entgegenstellen, man kann sie besonders als nur hingeworfen tadeln, denen ein strenger Zusammenhang und erweisende Schlußfolgerung fehlt, allein die wahre Meinung der Schreiberin zeigt sich in ihnen klar genug, und man wird den eigenthümlichen Geist anerkennen, so wie die Gesinnung ehren und bewundern müssen, die sich darin aussprechen.

Die Herzogin, welche gezwungen worden war Paris zu verlassen, wurde in Marseille verhaftet, wo sie bis zum Jahre 1796 in Gefangenschaft blieb; eine Art von halber Freiheit, die für sie dann eintrat, gestattete ihr nicht gleich den Aufenthalt in der Hauptstadt, und sie lebte nun einige Zeit in Moulins, bis sie endlich nach Paris zurückkehren durfte. Jedoch gleich im folgenden Jahre erließen die Gewalthaber der französischen Republik die Verfügung, daß keinem Mitgliede der Familie Bourbon der Aufenthalt in Frankreich erlaubt sein sollte. Der Herzogin wurde angezeigt, sie habe sich zur Abreise zu bereiten; das Land, wohin sie geführt werden sollte, war Spanien. Gleichzeitig erhielten andre bisher verhaftete oder beaufsichtigte Personen dieselbe Bestimmung, und ein ganzer Zug von Deportirten setzte sich in Bewegung nach der spanischen Gränze hin.

Hier kehren wir nun zu dem Buche zurück, welches in diesen Reisetagen den Anlaß seiner Entstehung gefunden, und seinen ferneren Inhalt, der sich bald mit den wichtigsten Gegenständen befaßt, dem eben so aufrichtigen als anmuthigen Bericht über jene Wanderung anschließt.

Der erste, gleichsam zur Einleitung dienende Abschnitt ist überschrieben: „Voyage tragique et tendrement burlesque," und beginnt mit der Abfahrt, deren Schilderung wir in den Hauptzügen wiedergeben.

„Zwei Matronen, aus ihrem Vaterlande wegen Staatsrücksichten ausgewiesen, nahmen Platz in einer großen Reisekutsche, welche mit Paketen angefüllt, und übrigens in so schlechtem Zustande war, daß die Räder zum Theil mit Stricken zusammengehalten wurden. Eine Kammerfrau saß auf dem Rücksitz, und neben ihr ein junger Mann, der von der Behörde beauftragt war, diese Fuhre bis über die Gränze zu geleiten. Man brachte noch immer neue Pakete, die man nach allen Seiten aufthürmte, bis schon gar kein Raum mehr zu freier Bewegung war, und als endlich gar nichts mehr angebracht werden konnte, mußten die drei Frauen mit Bedauern noch manches ihnen Werthe zurücklassen."

„Es war Nacht, so daß man sich gegenseitig nur bei dem Schimmer einer fast erlöschenden Kerze sehen konnte, mit der man auf dem Hofe zum Herbeibringen der Pakete leuchtete. Nachdem unsre guten Damen von allen ihren Freunden und Dienstboten schmerzlich Abschied genommen, setzten sich die Wagen — denn es waren deren mehrere zu derselben Fahrt vereinigt — in Bewegung, und unsre armen Matronen, in Thränen gebadet, und von tiefstem Schmerz erfüllt, sahen sich aus ihrem unglücklichen Lande und aus den Armen ihrer theuersten Freundinnen fortgeführt."

„Lange Zeit dauerte das Schweigen, und wurde nur von Seufzern oder Thränen unterbrochen. Der Begleiter sprach kein Wort, und hielt sich in seiner Ecke, ohne daß er sich zu regen wagte. Als aber der Frühschimmer die Gegenstände zu erhellen anfing, bemerkten die guten Damen (nicht ohne einige Zufriedenheit), daß ihr Begleiter ein junger Mann von blonden Haaren war, und aus dessen blauen Augen nur Sanftmuth blickte. Als man sich wechselseitig betrachtet und die drei Matronen (denn ich kann wohl auch die Kammerfrau so nennen, da sie, wiewohl einige Jahre jünger als die Herrschaft, schon über vierzig und Mutter von acht oder zehn Kindern war), also die drei Matronen sich überzeugt hatten, daß dieser junge Mann nicht von der blutdürstigen Art sei, die nur Mord und Zerstörung athmet, begannen sie ihm einige Höflichkeit zu erweisen. „Sind Sie nicht sehr beengt durch all' diese Pakete? — fragte ihn die minderbejahrte der beiden Damen, — man könnte sie vielleicht anders ordnen?" — Ich bitte, achten Sie darauf nicht, antwortete der junge Mann, indem er den Kopf vorbeugte, — ich bin so ganz gut. — Darauf sah man nach der Uhr, welche Stunde es sei, dann betrachtete man das Feld, auf welches die ersten Strahlen der Sonne vergoldend fielen. Aber weil man sich noch fremd fühlte, und unsre armen Reisenden von den traurigsten Gedanken erfüllt waren, so unterbrach man das Schweigen nur selten einmal durch irgend eine Redensart, die nicht viel sagen wollte. Jedoch stellte man Beobachtungen an, und fällte im Stillen sein Urtheil, was man von einander zu denken habe. So verging der erste Tag."

„Im Gasthof angekommen, wo unsre guten Damen

nur Ein Zimmer hatten, unterhielten sie sich einige Zeit von ihrem unglücklichen Schicksal, und jede beklagte dasselbe nach ihrer Weise; dann aber fiel das Gespräch ganz natürlich auf den jungen Mann, der sie begleitete. Die ältere, welche unverheirathet und noch ganz jungfräulich war, deren lebhaftes Aussehn und runde Formen aber genug Lebensfülle verriethen, sagte zur Andern: „Ich glaube wir haben da einen kleinen Pinsel mit uns, denn er spricht kein Wort;" — die Andre, scharfsichtiger, oder vielleicht nur aufmerksamer auf alle Regungen ihrer Nebenmenschen, versetzte: „Ich bin dieser Meinung nicht, und halte ihn für klug, grade weil er nicht gesprochen hat," — welches die Kammerfrau mit einem Kopfnicken bestätigte."

„Diese zweite Dame, klein und mager, hatte wenig verführerischen Anschein, nur hübsche braune Augen und ein ausdruckvolles Gesicht. Betrachtete man sie, so konnte man sie wohl für fähig halten, bisweilen noch das Feuer der Jugend sich in ihr wiederbeleben zu fühlen, trotz langwierigen Unglücks und einer aufrichtigen Frömmigkeit, die man ein wenig mit der Exaltation ihres Kopfs und ihres Herzens verknüpfen wollte, welches letztere niemals durch die eheliche Liebe völlig befriedigt worden war. Ich spreche nur von dieser, schweigen wir vom Uebrigen. Sie war damals untadlich, das ist mir genug, und Geschwätz veracht' ich." —

„Nun muß ich noch die kleine Kammerfrau kürzlich beschreiben, die ihrer Herrin beigestimmt hatte, als diese gesagt, der junge Mann sei nicht dumm. Diese Frau war in ihrer Jugend sehr reizend gewesen, ihre Züge waren noch jetzt von großer Feinheit, ihr Wuchs niedlich, ihre Arme rund und voll, alles wohlgeeignet ein liebebedürftiges Herz einzunehmen. Man denke sich nun die Figur, welche diesen drei Frauen gegenüber ein junger Mann von zwanzig Jahren machen mußte; während eines Monats in demselben Wagen, und genöthigt alle seine Bewegungen möglichst zurückzuhalten! Doch enden wir diesen zweiten Tag."

Der Leser wird schon erkannt haben, daß in dem Bilde der kleinen und jüngern Dame unsre Herzogin sich selber geschildert hat, und zwar mit der heitern Billigkeit, die sich gar wohl die Wahrheit sagt, aber deßfalls auch Günstiges nicht verläugnet. Sie fährt nun fort, in kleinen, bezeichnenden Zügen die Sonderbarkeit eines so zufälligen und doch unausweichlichen Verhältnisses hervorzuheben, und erzählt die langsamen, schüchternen, aber ungestörten Fortschritte einer Bekanntschaft, welche für beide Theile täglich als unentfliehbares Lebenselement wiederkehrte. Für Personen andern Standes wäre die Lage nicht so ungewöhnlich noch neu gewesen; die Abentheuer jeder Postfahrt, eines Badeaufenthaltes, konnten Scherz und Ernst bunter zusammenmischen; für Prinzessinnen aber, mit denen hier in dieser Art zum erstenmal das Leben keine Umstände machte, mußte gerade das sonst Gewöhnliche den Reiz des Sonderbarsten haben, und es war sehr natürlich, daß inmitten verzweiflungsvollsten Unglücks, welches hier Personen des höchsten Ranges traf, das Uebergewicht des früheren Zustandes nicht völlig erlosch, und ein geübter Gesellschaftsgeist, — in galantem Scherz, höfischer Sicherheit und steter Theatereinwirkung aufgewachsen —, auch in diesem Falle neben dem Trauerspiel die sich darbietende Improvisation eines kleinen Liebhaberstücks harmlos nicht ablehnte. Hiebei wäre wenig zu bemerken, dergleichen Spiel seltsamer Anlässe und Vorgänge bietet jede reichere persönliche Lebenserfahrung dar, nur daß meist das eigentlich Sprechende solcher Art als privates Geheimniß verschwiegen und verloren bleibt, sofern nicht ein Dichter es erfaßt. Die größere Merkwürdigkeit ist hier demnach die Lust und Offenheit, mit welcher die Herzogin, als seltne Ausnahme, das vertraulich Erlebte zu beschreiben wagt. Wir dürfen auch hiebei die Freiheiten und Scherzweisen, welche der Hof und die Nation in ihre höchste Bildung aufgenommen hatten, nicht übersehen, und müssen uns zugleich alles dessen erinnern, was die französische Litteratur von jeher in solcher Art dargeboten."

„Der junge Mann, welcher von Staats wegen die Damen zu begleiten hatte, war wie schon erwähnt etwa zwanzig Jahr alt, sanft und fein, von guter Erziehung; er hatte bei dem ersten Kriegsrufe für die Freiheit die Waffen ergriffen, mehrere Feldzüge mitgemacht, und endlich eine vierzehnmonatliche Gefangenschaft erduldet; geschwächt und noch leidend von so frühen Drangsalen, sollte er sich für jetzt schonen, und war deßhalb für den gegenwärtigen Ehrendienst ausersehen worden. Die Jugend in ihm errang bald ihre Rechte wieder, und stellte sein blühendes Ansehn her. Aber seine Bescheidenheit und Scheu waren so groß, daß bei der geringsten Berührung, in welche der Wagen ihn öfters unerwartet mit den Damen brachte, er sogleich erblaßte, sich beschämt in die Ecke drückte, und nur verstohlen aufzublicken wagte. Jedoch in der täglichen und wachsenden Gewöhnung nahm er dergleichen bald leichter, und indem das Zutrauen sich mehr und mehr anschloß, wurde aus dem scheuen Beauftragten der Republik ein muntrer, sehr naiver und fast kindischer Gesellschafter, den die um so viel älteren, aber gefühlvollen und aufmerksamen Damen nun auch ihrerseits als einen Freund und in vielen Dingen sogar als ein wirkliches Kind behandelten, ohne doch sein eigentliches Alter darum zu vergessen.

„Nach mehreren Bemerkungen und Schilderungen, in welchen die wechselseitigen Beziehungen sich deutlicher entwickeln, wird einer kleinen Fußwanderung gedacht, zu welcher die Damen, bei dem langsamen Fahren und den schlechten Wegen, sich gern bereit fanden. Sie sollten in Brive la Gaillarde übernachten, und waren etwa noch eine halbe Stunde von der Stadt entfernt, als sie ausstiegen, um diese Strecke zu Fuß zurückzulegen. Doch wir geben die weitere Erzählung mit den eignen Worten:

„Es wurde schon dunkel. Der artige Führer bot der jüngern der beiden Matronen seinen Arm an, die ihn auch wegen des Schmutzes auf der Straße und wegen der Löcher, in die sie zu fallen fürchtete, gern annahm, denn Vorsicht ist löblich, und besonders am Abend. Das Wetter war mild, der Mond ergoß seine Silberstrahlen auf das Feld und verschönte alle Gegenstände durch sein sanftes Licht. Der junge stützende Gefährte der guten Dame, welcher sich vielleicht in diesem Augenblick einer der herrlichen Entzückungen freute, die man so oft in der Jugend beim Anblick einer schönen Nacht und der ruhenden Natur empfindet, sagte zu ihr: „Ich werde lange Zeit an Brive la Gaillarde denken, keine Stadt ist mir je reizender vorgekommen, und diese wird fernerhin mein Vergleichungspunkt für alles Angenehme sein; ich werde mir sagen: Bei Brive la Gaillarde war es schöner.“ Der Dame entging nicht, daß er auf seine gegenwärtigen Bezüge anspielen wollte, und sie antwortete lächelnd: „Sie sehen den Ort bei der Dämmerung, morgen zeigt die helle Sonne ihn vielleicht anders.“ Der junge Mann richtete ohne Zweifel dergleichen galante Reden auch an seine andern Reisegefährtinnen, wenn der Zufall ihm Gelegenheit bot, sie unter vier Augen zu sprechen, oder ihnen den Arm zu geben. Aber davon ist nichts zu meiner Kenntniß gelangt, denn Aufrichtigkeit und Einfalt sind nicht gleicherweise in allen Seelen; übrigens war jedes als Frau gekleidete Wesen für unsern guten Jüngling ein Gegenstand der Anziehung, und ich glaube eine behaubte Katze hätte ihm für einen Augenblick den Kopf verrücken können, falls ihm nicht andre Gestalten zur Vergleichung vor Augen gewesen wären. Seine Naivetät in diesem Betreff, und die Bemerkungen, zu denen das Zusammensein schon veranlaßt hatte, erregten öfters die Lustigkeit der Wagengesellschaft, besonders aber der kleinen Matrone, der nichts entging, und die es jedesmal wahrnahm, wenn die Empfindsamkeit des jungen Mannes eine neue Richtung nahm, welches gewöhnlich drei- bis viermal im Tage sich ereignete. Sah sie von fern eine Stadt, so fragte sie ihn neckend, ob ihm diese nicht angenehmer schiene als Brive la Gaillarde, und dann lachten beide hell auf, woran genug zu erkennen war, daß sie einander verstanden, und daß die früheren Beobachtungen nicht getäuscht hatten.“

„Gleichwie die Sonne fortschreitend vom Aufgange zum Niedergange den ganzen Tag die ihren brennenden Strahlen ausgesetzte Erde erhitzt, eben so suchte unser feuriger Jüngling vom Morgen bis zum Abend die halberfrornen Herzen der drei guten Damen zu erwärmen, mit denen er sich den ganzen Tag eingeschlossen fand. Diese sinnreiche Anspielung war schon ausgesprochen, als die Blicke unsres jungen Mannes in aufmerksamer Betrachtung des Profils der kleinen Kammerfrau betroffen wurden, und die ältere Matrone sagte dabei, in das Feld hinaus blickend: „Ah, die Sonne neigt sich zum Niedergang!" Er faßte den Scherz gleich auf, und lachte wie toll. Eine zufällige Berührung seines Ellbogens mit dem der Kammerfrau schien elektrisch zu wirken und ihn so zu begeistern, daß er einige Verse mit Zartheit herzusagen begann, worin die Worte vorkamen: „Ja, dein Profil entflammet mich!" Die Kammerfrau, wohl sehend, daß sie gemeint sei, zog schweigend ihre Tabacksdose hervor, und bot ihm sogleich eine Prise; denn ein Herz ist ja nicht von Erz, wie ehrbar und zurückhaltend es auch sei, und man weiß wohl, daß alles dienen muß, wenn die Sprache, aber nicht das Gefühl stumm ist. So war bald keine unscheinbare Handlung, keine zufällige Bewegung mehr, die nicht etwas zu sagen, zu bedeuten haben mußten. Für unsre Beobachterin war nichts komischer, als alle die kleinen Listen der menschlichen Empfindsamkeit, die niemand einzugestehen wagt, aber jeder wohl bei seinem Nebenmenschen bemerkt oder doch zu bemerken glaubt. Unsre kleine Matrone jedoch machte sich dergleichen zum Vorwurf, und wollte sich in dieser Art nichts erlauben; sie hätte den Andern eben solche Zurückhaltung gewünscht, als sie selber seit vielen Jahren sich auferlegt hatte; aber der Versucher ist so schlau, die Jugend so verführerisch, und die gegenwärtige Gelegenheit so fortgesetzt, daß ich nicht zu behaupten wage, sie habe die Würde ihres Alters während dieser grausamen Reise nicht etwas aufgegeben, und nicht auch bisweilen die

Tugendstrenge, deren sie damals sich rühmte, bei Seite gesetzt."

„Der junge Mann, so muthwillig als zärtlich, suchte jede von uns besonders zu bereden und glauben zu machen, sie allein sei es, und keine ihrer Gefährtinnen, die ihn beschäftige. Jüngere, als unsre Matronen, hätten sich vielleicht durch dieses Spiel täuschen lassen, aber ich glaube nicht, daß man billigerweise sie dessen beschuldigen könne." —

Doch wir tragen Bedenken, unsre wörtlichen Auszüge fortzusetzen, wobei wir dem guten Willen der Leser bei allem Vertrauen doch vielleicht allzuviel zumuthen müßten. Solcher kleinen, von idyllischem Reiz erfüllten, und keineswegs bedeutungslosen Vorgänge, die an manche Schilderung in Rousseau's Bekenntnissen erinnern, und an Zeichnung und Wärme ihnen nicht nachstehen, werden nach und nach mehrere dargestellt, und mit freier Munterkeit behandelt. Als ein Wunder wird der Wagen erwähnt, der in seinem jämmerlichen Zustande täglich die schlechtesten Wege durcharbeitete, und dabei trefflich hielt, ohne auch nur eines neuen Nagels zu bedürfen. Die heftigen Stöße und Rucke, die öfters die Gesellschaft gegeneinander warfen, dienten ihr zur Belustigung, und man meinte, ein guter Engel müsse für den alten Kasten besondre Sorgfalt haben, daß er nicht bei solchen Anlässen zusammenbreche. Die Herzogin rief im Schrecken immer den Engel Michael zu Hülfe, und da der junge Mann diesen als seinen Schutzpatron bekannte, so kam man überein, ihn selber als guten Engel zu bezeichnen, welcher Namen ihm dann, auch bei den ernsthaftesten und traurigsten Dingen, und bis in die spätesten Jahre, verblieb. So natürlich und unschuldig war der Ursprung dieser Anrede, welche der Unverstand in der Folge mißdeuten und als Unschicklichkeit auslegen wollte, wie selbst Grégoire zum Theil noch thun möchte! Es kann nicht genug wiederholt werden, daß dergleichen individuelle Lebensäußerungen nur in ihrer eignen Sphäre anzuschauen und zu würdigen sind.

Führen wir aber auch einen großen Theil des in dieser Erzählung Auffallenden und Bedenklichen zu dem Gewöhnlichen zurück, das sich aus dem gemeinsamen Elemente des Zeitalters, der Nation und des Standes hervorgegangen zeigt: immer bleibt noch genug übrig, um diese Produktion auf dem Gipfel der Seltsamkeit zu erhalten, und sie als eine der reizvollsten, wunderlichsten, in spielender Anmuth ernsthaft gehaltreichsten zu bezeichnen.

Denn das Eigenthümlichste derselben ist, daß aller Scherz und alle Laune, die sich in der Sache wie in dem Vortrag finden, nur gleichsam die muntern Wellen sind, nicht nur der Anlaß und das Mittel, sondern sogar der Stoff selber, woraus die höchsten Erörterungen und der reinste Gewinn sich erheben. Mit der Heiterkeit und Laune ist die tiefste Frömmigkeit vereint, die hier unter solcher Hülle lebendiger und kräftiger wirkt, als unter der eines finstern Ernstes möglich wäre, der ohnehin nur immer eine niedre Stufe andeutet.

Der junge Mann hatte gleich von Anfang neben der Munterkeit, die seinem Alter natürlich war, sowohl die besten Gesinnungen überhaupt und einen aufrichtigen Hang zur Tugend, als auch eine so innige Liebe zu seiner Mutter gezeigt, daß man ihm auch jedes andre Gute zutrauen durfte. Die Herzogin benutzte diese günstige Gemüthsart, um von den Gegenständen mit ihm zu sprechen, von denen sie stets erfüllt war, und die allein ihr wahrhafte Beschäftigung gaben. Die Wahrheiten der Religion ihm aufzuschließen, sie wenigstens ihm zu nähern und seinen Geist für sie zu bereiten, wurde ihr gleich Bedürfniß, und dieser Aufgabe widmete sie fernerhin mit seltener Beharrlichkeit den besten Eifer. Die verschiedensten Ansichten standen sich hier entgegen, und wurden freimüthig ausgetauscht. Der junge Mann bekannte sich als franken Deisten, dem das Christenthum ein leidiges Pfaffenwerk war, und nur in seiner reinen, von den Bekennern aber unaufhörlich entstellten und verläugneten Moral noch Werth hatte; in den Philosophen des achtzehnten Jahrhunderts war er wohlbelesen, und trug deren Meinungen mit Geläufigkeit vor. Dies erweckte jedoch keinen Unfrieden, und wenn im Widerspruche der Ernst die Freundlichkeit doch zu verscheuchen drohte, so führten Scherz und Neigung sie immer leicht zurück.

Indem wir dieses ganze Verhältniß uns lebhaft vorzustellen suchen, werden wir unwillkürlich auf die Bemerkung geleitet, daß fromme Innigkeit, je sichrer und reiner sie ist, um so leichter in kindliche Tändelei und spielenden Muthwillen übergeht, besonders wenn in zarten Gemüthern eine vornehme und feine Bildung fortwirkt; auf solche Weise sehen wir Fénélon und Frau von Guion einen vieljährigen, fast kinderhaften Briefwechsel führen, Zinzendorf in seinen Liedern bis in's Alberne verfallen, Saint-Martin frommen Witz aussprechen; auch sonst mag Lieblichkeit und Wärme des Herzens oft keine andre Aeußerung finden, als in Lustigkeit und Possen, wie dies an der edlen Gräfin

Agnes Stolberg sichtbar war, von der Goethe sagt: „Durchaus spielt sie die Stelle des Engels Grazioso in solchem Grade lieblich, sicher und wirksam, daß mir die Frage blieb: ob es nicht einen Calderon, den Meister dieses Fachs, in Verwunderung gesetzt hätte?“ Den Ausdruck „Engel Grazioso“ sprechen wir für unsre Herzogin bestens an, und fänden für deren Verhältniß und Benehmen vielleicht noch ein glücklicheres Gleichniß, wenn wir die Einzelheiten des Umganges der Fräulein von Klettenberg mit dem jungen Goethe aufweisen könnten.

In der That ist es schon auffallend genug, was Goethe von seiner frommen Freundin erzählt, daß er sie durch seine Zweifel und Widersprüche niemals erzürnt habe, und sie wegen seines Seelenheils in völliger Ruhe gewesen sei. Ganz in derselben Weise verhält sich unsre Herzogin gegen den jungen Deisten und Freigeist, und was er auch sagen mag, die für sie frevelhaftesten Aeußerungen nimmt sie gelassen auf, versucht sie als Irrthümer darzulegen, und Güte und Zuversicht für den Irrenden bleiben unerschüttert.

Freilich war sie auch selbst in dem Falle, solcher Nachsicht vielfach zu bedürfen, und ein strengkirchlicher Katholik würde ihren Glauben in vieler Beziehung mangelhaft gefunden haben. Doch für den jungen Deisten kam dergleichen nicht in Betracht, für ihn war sie die von dem Erlösungswerk innigst überzeugte und heiß durchdrungene Christin, und als solche ein Phänomen, wie ihm bisher nicht begegnet war.

Eine veränderte Anordnung des Reisezuges, welcher sich auf vernachlässigten Straßen, bei Pferdemangel, durch

Unsicherheit der Gegenden, und selbst wegen absichtlicher Zögerungen der Reisenden nur langsam fortbewegte, trennte unerwartet unsre Damen von ihrem jungen Begleiter, und da er mit einem Theile der Wagen zurückbleiben mußte, so wußte man nicht, ob man ihn je wiedersehen würde. Die zwei Tage voll Trauer, Unruhe, Besorgniß und Verlangen, welche in der Ungewißheit verstrichen, ließen schneller, als es das fortdauernde Zusammensein gekonnt hätte, die Empfindungen reifen und aufbrechen, welche man gegenseitig im Stillen für einander nährte. Als der junge Mann am dritten Tage wieder seinen frühern Platz einnahm, war auf beiden Seiten die größte Befriedigung sichtbar. Hiezu kam, daß die Herzogin den jungen Mann schon als ihren geistlichen Pflegebefohlnen betrachtete. Sie hatte ihn bei einer traurigen Erzählung in leidenschaftliche Rührung ausbrechen sehen, und sogleich die heißesten Gebete zum Himmel aufgesandt, daß sein Herz in diesem Augenblicke durch heiligende Gnade berührt werden möchte, die ihn zu Gott führen könnte. Sie empfing überzeugende Beweise, daß ihr Gebet erhört worden, und fühlte sich nun nur desto inniger angezogen, für die Rettung dieser Seele ferner thätig zu sein. In Perpignan, wo der Zug der Verwiesenen einige Tage verweilen mußte, und schon die bevorstehende Trennung auf unsre Reisenden betrübend einwirkte, nahmen auch die religiösen Unterhaltungen eine höhere Stimmung an. Die Herzogin hatte schon einige Tage früher unter dem Titel: „Ideen über den Menschen" für ihren guten Engel einen besondern Aufsatz niedergeschrieben, den jener hier schriftlich beantwortete. Der Gegensatz trat auf das schärfste hervor, die Entfernung zwischen beiden Theilen schien unermeßlich, und das nahe Scheiden nahm schon jede Zeit und Gelegenheit der Erörterung.

Allein die zarte Neigung und das vertrauliche Wohlwollen, welche in beiden Herzen Wurzel geschlagen, hielten nur fester die Seelen verbunden, in welchen die Ueberzeugungen noch so weit auseinander lagen. Die letzten kleinen Vorgänge und Begegnisse, durch welche die Gemüther jene Neigung schon offner bekannten, und in denen das Vorgefühl der nahen Trennung dem früheren Scherz nun auch etwas leidenschaftlichen Ausdruck beimischte, lassen wir die Herzogin wieder selbst erzählen:

„Am Tage vor der Abreise, als unsre Reisenden mit den Beamten der Regierung zu Tische saßen, ließ einer derselben das Bild seiner Geliebten herumgehen, die sehr hübsch, aber etwas hoch in Farbe war; unsre kleine Matrone, nachdem man aufgestanden war, sagte dem guten Engel diese Bemerkung, und als er darauf erwiederte, der Mahler habe die Person gewiß in einem Augenblick aufgefaßt, wo das Feuer der Liebe für ihren Freund sie entflammte, so versetzte sie lachend: „Gewiß, das ist es, aber mir, ich gesteh' es, sind die Wangen lieber, die sich entfärben.“ Bei diesem Worte stützte er die Hand gegen die Mauer, an der er stand, und wurde blaß wie der Tod. Unsre arme Fromme fühlte aber zu spät, daß sie eine Unvorsichtigkeit begangen. Erröthete sie? erblaßte sie? ich weiß es nicht. Aber wie sich benehmen bei solch' unvorhergesehenen Umständen? Thun als bemerke man nichts, und für ein andermal die Uebereilung der Zunge besser zügeln! Dies that sie auch, und gelobte sich es für die Zukunft; wiewohl zu schweigen, wenn man gewohnt ist laut zu denken wie die Kinder, nicht so leicht ist, als man glauben könnte."

„Tages darauf waren alle ihre Reisegefährten mit den Beamten der Regierung ausgegangen, und die kleine Matrone mit dem guten Engel allein geblieben, der sie sogleich fragte, was sie vorzunehmen wünschte. Obgleich das Wetter nicht besonders schön war, meinte sie doch, ein Spazirgang um die Stadt würde ihr angenehm sein. „Wollen Sie, fragte er, sie auf den Wällen umgehen?" — Recht gern! — Sie gingen. Aber sie nahm nicht seinen Arm wie in der Nähe von Brive la Gaillarde. Die Kammerfrau mit einer andern Dame der Gesellschaft befand sich grade auf einer Terrasse, und als sie jene beiden in der Ferne kommen sah, klatschte sie ihnen mit den Händen zu; Leser, wenn du scharfsinniger bist als ich, so wirst du mir den Grund sagen, ich hab' ihn nicht errathen können."

„Als unsre beiden Spazirgänger um die Stadt herum waren, schlug der junge Mann der Dame vor, ihren Gang noch etwas zu verlängern und den botanischen Garten zu besuchen, welches angenommen wurde. Aber unsre gute Fromme war sehr müde, und setzte sich an einer ziemlich ländlichen Stelle, wo sie die Berge und den Untergang der Sonne sehen konnte. Der gute Engel setzte sich neben sie, und hier unterhielten sie sich bis zur sinkenden Nacht, wie leid es ihnen sei, nur auf so kurze Zeit einander gekannt zu haben, und nun sich trennen zu müssen, um sich vielleicht nie wiederzusehen. Sie kamen überein, daß man durch einen Monat, so zusammen verlebt, täglich vom Morgen bis zum Abend, einander besser kennen lerne, als durch mehrere Jahre im gewöhnlichen Lebensgange, und wirklich darf ich glauben, daß zwischen beiden eine wechselseitige, sehr zärtliche Beziehung, wie zwischen Sohn und Mutter, sich hätte bilden und fortsetzen können, wäre die durch die Umstände gebotene Trennung nicht so bald eingetreten."

„Während dieser lieblichen Unterredung kam die Nacht heran, und die kleine Matrone erhob sich rasch, indem sie sagte: „Aber es ist schon beinahe dunkel, und wir müssen zurückgehen." Als sie im Gasthof anlangten, trafen sie die ganze Gesellschaft versammelt, die von dem langen Spazirgange mit dem guten Engel denken mochte was sie wollte. Am andern Tage ging die Reise weiter, aber da man sich nun der Gränze näherte, wo man sich trennen mußte, so war alles traurig, und unsre armen Damen fühlten nur heftiger den Schmerz, ihr Land und ihre Freundinnen zu verlassen, jemehr der verhängnißvolle Augenblick, der sie völlig davon scheiden sollte, näher kam. Alles nahm nun für sie eine trübe und schwermüthige Färbung an."

Zuletzt erbat der junge Mann noch die Erlaubniß, bisweilen ein schriftliches Wort an die Herzogin den Briefen einzulegen, die er an eine andre Dame von der Gesellschaft würde zu schreiben haben. Dies wurde mit Vergnügen angenommen, und auch die Erwiederung zugesagt. Als unsre Matronen nun wirklich ihren Begleiter verloren hatten, fühlten sie die größte Leere und Traurigkeit. Bald aber wurden sie durch ihre christliche Philosophie aufgerichtet und getröstet. Besonders die Herzogin ergab sich der Gelassenheit, indem sie mehr und mehr der Welt abzusterben strebte, und diesen mystischen Tod als das größte Heil pries. Mit dem Ausdruck innigen Verlangens nach diesem Heil und einem in gleichem Sinne dem Leser gewidmeten Segenswunsche schließt sie ihren anmuthig seltsamen und in seiner Art einzigen Reisebericht. —

Nun folgen die Briefe, deren vom Jahre 1799 bis 1812 hundert und vierzehn mitgetheilt sind. Die Herzogin war in Barcelona glücklich angelangt, von den spanischen Behörden mit größten Ehren aufgenommen, und bewohnte ein herrliches Schloß, wo sie jedoch ein sehr zurückgezogenes Leben führte, und sich fast nur auf den Umgang mit einigen Schicksalsgenossinnen beschränkte. Das Andenken ihres guten Engels blieb ihr lebhaft gegenwärtig, und sie schrieb ihm zuerst, eifrig bedacht, seinen Geist auf das Heil zu lenken, das er zu empfangen berufen schien. Durch die Schuld der Umstände vergingen aber fast anderthalb Jahre, bevor ihm zu antworten möglich war; dann aber setzte sich der Briefwechsel mit geringen Stockungen regelmäßig fort. Die Herzogin schreibt mit Wärme, mit mütterlicher Zärtlichkeit, der Scherz tritt mehr und mehr zurück, der hauptsächliche und fast ausschließliche Inhalt besteht in religiösen Erörterungen, Winken, Bitten und Hoffnungen. Bewundernswerth ist die standhafte Ausdauer, die unermüdliche Geduld und Güte, mit denen sich die beglückende Ueberzeugung hier immerfort anbietet, ja aufdringen möchte, so wie der Verstand und Scharfsinn, welche gegen Zweifel und Widerspruch mit steigendem Vortheil kämpfen. Der junge Mann erkennt dankbar den liebevollen Eifer, die Güte und Auszeichnung, deren er gewürdigt wird; er antwortet mit zutrauensvoller und ehrerbietiger Neigung, aber auch mit einer Aufrichtigkeit in Betreff der Hauptsache, daß man lange Zeit für unmöglich hält, in dieser Denkart den Keim des Glaubens aufgehen zu sehn.

Die Herzogin, welche in dem Kopfe des jungen Freundes das Werk eines ganzen Jahrhunderts zu bekämpfen findet, den Witz, den Verstand, die Vernunftschlüsse der ausgezeichnetsten Geister, so wie den Trug und die Lüge im Innern der Kirche selbst, welche sie verwerfen und preisgeben muß, um die Wahrheit zu retten, fühlt sich dieser Arbeit doch nicht gewachsen, sondern verweis't auf einen Freund, der die Sache besser führen würde, auf Saint-Martin. Jeder Schimmer aus dem Leben dieses Mannes ist erfreuend und werthvoll, und so mögen die Stellen, wo seiner gedacht wird, hier Platz finden. Schon im neunten Briefe schreibt die Herzogin: „Ich kann auf das Einzelne mit Ihnen nicht eingehen, noch will ich Ihre Meinungen zu bekämpfen suchen: ich fühle mich dazu nicht fähig, besonders schriftlich, aber ich wünschte, daß Sie die Bekanntschaft eines Mannes machten, der ein Brunnquell natürlicher und geistlicher Wissenschaft, und dessen Aeußeres dabei das einfachste von der Welt ist; der die große Kunst besitzt, sich der Fassungskraft Aller, die mit ihm sprechen, anzuschmiegen, und der sogar Kind mit Ihnen sein wird, wenn Sie ihm bloß Kindereien vorbringen. Er vereinigt hiemit die sanfteste Gemüthsart, die liebevollste Seele, aber er scheut die Welt und ihre Gesellschaften, das macht ihn unumgänglich, und sehr widerspenstig gegen die Zuvorkommenheiten, durch die man ihn anziehen will. Ich benachrichtige Sie hievon, damit Sie sich nicht abschrecken lassen, wenn Sie meiner Aufforderung folgen. Durch ihn werden Sie Licht empfangen, er wird Sie Schritt für Schritt zum Glauben leiten, durch Ihre Vernunft selber als die einzige Fackel Ihres Weges; glauben Sie mir, und beweisen Sie mir in dieser Nachforschung die unbedingte Ergebenheit, deren Sie mich am Schlusse Ihres Briefes versichern. Hier ist ein kleines Blatt, das Ihre Bekanntschaft mit ihm erleichtern wird, mit dem weisesten Manne auf der Welt, den die Unsinnigen für den thörichtsten halten. Stellen Sie Ihr Urtheil über ihn ein, bis Sie die Eigenschaften seines Geistes und seines Herzens haben ergründen können, und dann werden Sie mir für seine Bekanntschaft danken, ich bin es gewiß."

Der junge Freund war indeß nicht allzu eifrig, und ließ durch untergeordnete gesellige Bedenken sich abschrecken, der empfohlenen Bekanntschaft nachzugehen. Die Freundin aber, welche mehr und mehr erkennt, daß hier die gangbaren Formeln der Kirche nicht ausreichen, sondern gegen die weltliche Philosophie die christliche Wissenschaft nöthig sei, läßt nicht ab, sondern wiederholt ihre Mahnung dringender. So schreibt sie nach einiger Zeit: „Die Furcht des gerechten Gottes muß der erste Schritt zur Wahrheit sein, der zweite ist die Erkenntniß des zu unsrer Erlösung menschgewordenen Gottes. — Wer sie nicht erfahren hat, kann diese Wahrheit bestreiten, aber wer sie empfunden hat, wie ich, vermag nicht mehr daran zu zweifeln. Ueber die Macht dieses Gottmenschen, und über seinen Ursprung, hierüber, mein Theurer, müssen Sie sich unterrichten lassen wie ein gutes kleines Kind durch diejenigen, welche weit entfernt dies zu belächeln, Ihnen mit der Zeit, und mit Gelehrigkeit von Ihrer Seite, die Dinge in einem ganz andern Lichte werden zeigen können, als Sie bis jetzt dieselben wahrgenommen haben. Ich glaube Herrn von Saint-Martin den Mann hiefür, aber man muß nicht ungeduldig gegen ihn sein, nicht streitsüchtig, sondern sich unterweisen lassen; sonst zieht er sich zurück, wie die Schnecke in ihre Schale, und man bringt nichts mehr aus ihm heraus."

Endlich kommt die Bekanntschaft doch zu Stande, und der junge Freund berichtet darüber am 27. September 1800 wie folgt: „Ich habe Herrn von Saint-Martin vor vier Tagen gesehen; er hatte Ihnen, sagte er mir, eben Vormittags geschrieben. Ich hatte bis dahin gezögert, mich ihm vorzustellen, weil ich durch das einfache Blatt, das Sie mir für ihn zugefertigt hatten, mich nicht genugsam berechtigt hielt. Ich hätte einen versiegelten und anders begründeten Brief gewünscht, denn als ich ihm jenes Blatt überreichte, fragte er mich kalt: Welche Dienste kann ich Ihnen leisten, von welcher Art sind sie?" Ich war betroffen, und um aus der Verlegenheit zu kommen, war ich genöthigt ihm zu erzählen, welchen Umständen ich die Ehre Ihrer Bekanntschaft verdanke, und welcher Art unser Briefwechsel ist. Da öffnete die Uebereinstimmung unsres Sinnes, und der wechselseitige Antrieb unsrer Herzen in Bezug auf Sie, zwischen uns das Vertrauen, und ich konnte mich frei aussprechen; wir kamen bald überein, daß jeder Mensch mehr oder minder fähig sei, die geheime Wissenschaft zu ergründen, welche zum Heile führt: daß jeder auch mehr oder minder Werth darauf lege, im Allgemeinen aber die Erfüllung der geselligen Pflichten schon genüge, um sein Tagwerk in dieser Welt zu vollbringen. Uebrigens, meinten wir, ist es fast unmöglich, daß in zwei so verschiedenen Lebensaltern, in welchen der Geschmack, die Ansicht und das Gefühl so entgegengesetzter Art sind, sich die Gegenstände unter demselben Gesichtspunkt darbieten. — Ich kam also nach allem diesen mit Herrn von Saint-Martin überein, daß wir uns fürerst, wenn wir uns wiedersähen, auf das einfache Vergnügen des gewöhnlichen Gespräches beschränken wollten, und daß, wenn ich durch einen entschiedenen Hang oder durch solche Umstände, die so häufig auf unser sittliches Wesen einwirken, zu einem gründlichen Studium dieser Dinge mich bestimmt fühlte, ich dann mich an ihn wenden würde. Mir thut es leid, nicht so oft als ich es gewünscht hätte, seine lehrreiche Unterhaltung benutzen zu können, aber er sagte mir, daß er einen Theil des Jahres auf dem Lande zubringe. Er ist ein wahrhafter Weiser, dessen Umgang mir von höchstem Interesse gewesen wäre; er sprach mir vom Glück als ein Mann, der es kennt. Aeußerst gemäßigt in allem, scheint er mir als ein Muster aufzustellen."

Allein der junge Freund war für diesen Umgang noch nicht reif, und daher auch nicht begierig genug ihn fortzusetzen. Eine Wohnungsveränderung Saint-Martin's, ein Aufenthalt auf dem Lande, stellen sich als Hindernisse entgegen. Die Herzogin läßt seine Säumniß wenigstens nicht unbemerkt; sie schreibt ihm: „Was die bloße Erkenntniß der Vernunft und der erlernten Wissenschaften unvollkommen bewirken, das bewirkt der Glauben in Verbindung mit der geistlichen Wissenschaft sehr vollständig, und dies ist es, was Sie auf die Länge wohl hätten erlernen können, hätten Sie Herrn von Saint-Martin, an den ich Sie gewiesen, oft besuchen wollen." Zur Entschuldigung des Säumigen muß allerdings gesagt werden, daß er, durch seine Gesundheit und Sinnesart in ein ruhiges, mäßiges Amt gewiesen, bald auch nach Wunsch und Neigung verheirathet, und von diesen Verhältnissen erfüllt und beschäftigt, sich innerhalb eines kleinen Lebenskreises hält, aus dem an Fremdes und Neues heranzutreten nicht leicht war.

Die Verhandlung religiöser Gegenstände konnte nicht fortschreiten, ohne bald auch die politischen anzustreifen, besonders in einer Zeit, wo die letztern in jedes einzelne Leben wie in die Gesammtheit der Gesellschaft unwiderstehlich eingriffen. Den Kern ihrer politischen Ideen hat die Herzogin uns in einem Aufsatz überliefert, den sie dem Freunde zu näherer Verständigung einsandte, und dem wir seine Stelle hier nicht versagen. Schon seine Ueberschrift ist bezeichnungsvoll.

„Hier ist meine Träumerei in Betreff des Regierungswesens, aber ich verzweifle, sie je verwirklicht zu sehen."

(Geschrieben im Jahre 1800.)

1. „Die Menschen tugendhaft und frei machen, aber den menschlichen Gesetzen wie Gott unterwürfig."

2. „Alles zum Leben Nöthige sei ihnen gegeben, und durch die Gesetze gesichert für den Fall, daß physische Unfähigkeit sie hindert, dasselbe durch sich selbst oder durch ihre Kinder zu erwerben."

3. „Kein Unterschied bestehe zwischen ihnen, als den die Tugend, der Geist, die Talente und die Kenntnisse begründen müssen."

4. „Jedem Menschen durch öffentliche Anstalten die Mittel geben, den Grad oder die Art der Unterweisung zu erlangen, welche seine natürlichen Fähigkeiten ihm zu erreichen gestatten."

5. „Es bestehe Freiheit der Religion, aber die Religion Jesu Christi sei die herrschende, sie werde öffentlich gelehrt

durch eifrige und reine Diener, die keine andre Regel, als das Evangelium und kein andres Haupt als Jesum Christum haben, die mit Einem Worte Apostel seien, einzig geführt und geleitet durch den Glauben und die Liebe, wie in den ersten Zeiten des Christenthums."

6. „Die Gesetze haben die Ueppigkeit zu beschränken, die Frechheit, die für die Sitten gefährlichen Vergnügungen, die großen Reichthümer; es sei eine Schande, zu reich zu sein und sich darin sehr hoch über Andre zu stellen. Die Furcht vor Mißachtung müsse darin jede Begier zügeln."

7. „Es ist nöthig, daß es Diener und Herren gebe, und daß derjenige, welcher Lohn empfängt, fühle, er werde hiedurch dem, der ihn bezahlt, untergeben, und sei ihm Ehrerbietung und Gehorsam schuldig, ohne daß der, welcher sein Herr ist, dies mit Strenge und Härte fordern dürfe."

8. „Es ist wesentlich, daß das Alter bei den jungen Leuten in Ehren sei: die Väter und Mütter müssen von den Kindern geehrt werden; die Uebereinstimmung der Herzen begründe die Heirathen, aber nie der Reichthum."

9. „Alle Stände seien gleicherweise ehrenhaft und geehrt, sofern man sich in ihnen nur redlich, gerecht und gesittet benimmt."

10. „Die Gesetze müssen das Verbrechen strafen, aber nicht durch den Tod, damit der Schuldige Buße thun und Reue üben könne; wenn er nur aus der Gesellschaft entfernt ist, und sie nicht mehr zu stören vermag, so ist die Gerechtigkeit der Menschen erfüllt, Gott allein darf über das Leben verfügen."

11. „Es ist höchst wichtig, daß die Richter unbestech-

lich seien, und daß Geld und Gunst nichts über ihre Entscheidung vermögen."

12. „Alle Staatsbürger seien geborne Krieger, aber nur um das Vaterland zu vertheidigen, nie um das Land Anderer anzugreifen; das Volk sei als friedenstiftend, mehr denn als kriegerisch, bekannt."

13. „Um nicht erkünstelte Bedürfnisse der Ueppigkeit und Weichlichkeit einzuführen, ist es wesentlich, daß die Gewerbe soviel als möglich nur die Erzeugnisse des Landes verarbeiten, denn um ein tugendhaftes Volk zu bilden, muß man dasselbe zu einem mäßigen, einfachen, arbeitsamen, keuschen und gerechten machen."

14. „Aber um dieses Ziel zu erreichen, müssen diejenigen, welche regieren, die Ersten sein, das Beispiel aller dieser Tugenden zu geben, und keine andern Wachen um sich haben, als die Liebe ihrer Mitbürger, und ihre unwandelbare Gerechtigkeit für alle ohne Ausnahme."

15. „Ich möchte, daß ihre Wahl durch das Volk geschähe nach einer Liste, auf der die Namen der tugendhaftesten und zum Regieren fähigsten Leute stünden, und daß diese Liste durch die Diener des Kultus angefertigt würde, welche ich als Wesen voraussetze von mehr göttlicher als menschlicher Art."

16. „Was die Form dieser Regierung betrifft, so hab' ich darüber gar keine Meinung, da ich viel zu unwissend bin, als daß ich einen Ausspruch wagen dürfte, welche von diesen Formen die beste sei. Aber mich dünkt, die Regierung, welche nur alle eben von mir aufgestellten Vorschriften in Kraft setzte, würde nothwendig eine gute sein, welches auch sonst ihre Form sein möchte; ein zur Tugend

gebildetes Volk würde leicht im Innern zu regieren sein, und sich von außen die Ehrfurcht aller andern Völker zuziehen."

Gewiß, diese Gedanken und Forderungen, wie sehr auch derjenige Staatsmann, dem nur daran liegt, die gemeine Gegenwart auszubeuten, nicht aber eine bessere Zukunft heranzuführen, darüber hinsehen und spotten mag, bezeugen ein warmes Herz und einen kraftvollen Sinn, der die ergriffenen Richtungen beharrlich festhält, und sich durch nichts irren läßt. Offenbar sind hier noch Grundsätze und Ansprüche von 1789 in vollem Leben, und zugleich schon Elemente sichtbar, die später in Fichte, Saint-Simon, Ballanche und Andern sich hervorgethan, und wenn wir bedenken, daß es eine Frau, eine Französin, eine Prinzessin von Geblüt ist, welche dergleichen in sich zusammenfaßt, so müssen wir die Auszeichnung, die sich hier kund giebt, nur um so größer anerkennen.

Der junge Freund, welchem der Aufsatz mitgetheilt wird, entgeht der Versuchung nicht, die sich bei solchen Gelegenheiten immer als die bequemste und wohlfeilste anbietet, und meint sehr weise zu sein, indem er die Ausführbarkeit verneint. Aber wie schön wird er zurechtgewiesen! Die Herzogin antwortet auf seine Einwürfe mit größter Ueberlegenheit:

„Ihre Prüfung meiner Regierungs-Träumerei sucht mir zu beweisen, was der Titel, den ich ihr gegeben, Ihnen schon genugsam als auch meine Ansicht zu erkennen giebt: denn hielte ich die Ausführung für möglich, so würde ich nicht den Namen Träumerei dafür gewählt haben. Aber, weil die Menschen zu blind, zu bösartig, zu selbstsüchtig sind, um freiwillig auf alles zu verzichten, was sie so macht, ist das ein Grund für mich, ihnen Recht zu geben und sie nachzuahmen? Nein, ich werde meine Gedanken, meine Gefühle behalten, sollte ich mit meiner Meinung auch ganz allein stehen, ich werde muthig die Entbehrungen und die Demüthigungen ertragen, die sich für mich daraus ergeben können, und ich werde nie glauben, daß es, wie Sie es nennen, eine nutzlose Beschäftigung sei, gerechte und tugendhafte Ideen auf das Papier zu stellen und in mein Herz zu graben; denn dergleichen Entwürfe, wenn sie für das Allgemeine nicht angenommen werden, können doch im Besondern gelten, und Wesen für den Himmel bilden, wo die Freuden nicht, wie in dieser Welt hienieden, bloß für einen Augenblick sind, noch die Wahrheit traurig und kalt, wie bei den weltlichen Seelen. Im Gegentheil, die Wahrheit allein ist es, die uns entflammt, und die Hitze unsrer Einbildungskraft vernichtet, wie die Sonnenhelle alle künstlichen Feuer verschwinden läßt, die uns während der Nacht unsrer Irrthümer leuchten; die Wahrheit dessen, was man wünscht, und dessen, was man hofft, hilft uns alles das ertragen, was hienieden vorgeht und gesehen wird. Was Ihre Anführung des Spruches Jesu betrifft, wer tödtet sei des Todes werth, so muß ich Ihnen sagen, daß dies nicht die wahre Anwendung ist, wie mir scheint, die er davon hat machen wollen. Die Rede ist von dem Gesetze der Vergeltung, das in Kraft war im Gesetze Mosis, aber nicht im Gesetze Jesu Christi. Ich bleibe daher in meiner Meinung fest, und glaube, daß, je schuldiger einer ist, es um so unmenschlicher ist, ihn zu tödten, bevor er Zeit haben gekonnt Buße zu thun, weil dies ihn einem ewigen Tode überliefern heißt: ich möchte sogar, daß die Sorge für die Gefangenen so weit ginge, ihnen Reue über ihr Verbrechen einzuflößen, anstatt in ihnen Verzweiflung und schreckliche Wuth aufzuregen, denn das heißt sie in den Fall setzen, ihrem Verbrechen neue Stufen hinzuzufügen. Doch was ich hier sage, kann nur eine Regierung angehen, die auf unerschütterlichen Grundlagen befestigt ist, nicht aber eine Zeit der Revolution, wie die, in der wir leben, und wo alles nur durch Gewaltthat und Erschütterung vorgeht, wo endlich die Verbrechen und die Schuldigen in so großer Anzahl sind, daß man sie weder abtheilen noch zählen kann."

In Wahrheit, es ist zum Frohlocken und Beifallrufen, wie sicher und leicht die zarte Frauenhand hier die gewichtigste Waffe führt, und wie tapfer und entscheidend ihre Schläge sind. „Dergleichen Entwürfe, wenn sie für das Allgemeine nicht angenommen werden, können doch im Besondern gelten" und „die Wahrheit dessen, was man wünscht und hofft, hilft uns alles das ertragen, was hienieden vorgeht und gesehen wird," dergleichen Aussprüche gehören zu der glücklichen Geistesbeute, in welcher sich Einfalt und Witz vereinigt haben.

Die Herzogin sagt in ihrer Antwort dann noch weiter: „Ich bin völlig Ihrer Meinung, daß Politik und Gerechtigkeit niemals synonym gewesen sind, aber ich möchte nicht hinzufügen, daß sie es nie sein werden, denn ich will lieber glauben, daß die Menschen endlich der Wahrheit ihr Herz erschließen, und fühlen und erkennen werden, daß es keine mächtigere Politik giebt, als sich durch gerechte Handlungen innig mit der ewigen Gerechtigkeit zu verbinden, von der ihnen das Wesen und die Macht kommt.

Zweifeln wir nicht, daß eine Regierung, deren Häupter sich durch Willen und That mit Gott vereinigten, um in seinen Händen nur das leidende Werkzeug seiner Absichten zu sein, in wenig Jahren ein merkliches Uebergewicht über alle andern erlangen würde." Die nächste Anwendung hievon, welche der Freund, einigen Aeußerungen in seinen Briefen zufolge, wohl geneigt sein möchte, voreilig auf Bonaparte hinzuleiten, will die Herzogin doch nicht so schnell gestatten. Sie sagt: „Ich will gern glauben, daß Gott auf diesen Menschen seine Blicke gerichtet hat, aber ich zweifle wieder an jedem Erfolge, so lange mir das Gemählde vor Augen steht, welches Sie mir von Frankreich entwerfen; denn da, „wo man seinen Vater verkaufen möchte, um reich zu werden"; da, „wo die Gewinnsucht überall eingreift, der Geldwucher auf seinem Gipfel ist, so wie die Ausgelassenheit der Sitten," da kann ich nicht diese göttliche und reine Macht als Bewegerin all dieser Dinge erkennen, die ihr im höchsten Grad entgegen sind. Ich werde also mehr und mehr an meiner Träumerei festhalten, wie unausführbar sie auch erscheine, und welches auch die Folgen der Revolution gewesen sein mögen. Ich werde niemals den Zweck tadeln, den man sich vorgesetzt hatte, wohl aber die Mittel, welche man angewendet. Einen tugendhaften und dafür erkannten Zweck nur einzig deßhalb aufgeben, weil seine Erreichung schwierig ist, kann nur aus einer feigen, kleinlichen oder selbstsüchtigen Seele hervorgehen, die mir weder Vertrauen noch Achtung einflößen würde; im Gegentheil, unablässig auf ihn hinarbeiten, alle mächtigen Mittel einer thätigen Tugend und eines von den Häuptern einer großen Nation unterstützten Beispiels dafür aufbieten, eine mehr barmherzige als strenge Gerechtigkeit für Alle üben, und mit Einem Worte Kraft und Erleuchtung in Gott, nicht aber in dem menschlichen Stolze suchen, dies würde mich das Werk eines Wesens dünken, dessen Tugenden ich nicht aufhören würde zu bewundern und zu lieben, welches auch sonst die Ergebnisse sein möchten, die jedoch, ich darf es glauben, nur vortrefflich sein könnten, denn es ist der gute Saft, der den guten Baum hervorbringt."

Auch für ihre persönlichen Wünsche, die mit aller Lebhaftigkeit, welche der gottergebne Sinn für Irdisches noch haben kann, die Rückkehr in das Vaterland ersehnen, hofft die Herzogin nur zweifelnd, und nicht lange, auf Bonaparte's Gerechtigkeit; die Emigrirten, welche freiwillig und feindlich das Land verlassen hatten, rief er zurück, die Deportirten, gewaltsam aus der Heimath entführt, schloß er ferner aus. Sein ganzes Wesen flößte ihr kein Vertrauen ein; jedoch den furchtbaren Schlag, der sie bald von ihm treffen sollte, konnte sie nicht ahnden.

Schon frühe war die Herzogin, wie bereits erwähnt, von ihrem Gemahl getrennt worden, und die Ferne, in welche schon die Anstalten und der Gang der prinzlichen Erziehung den Sohn ihr rückten, konnte durch jenen Umstand nicht vermindert sein. Die Revolution brachte sie noch mehr auseinander, die Meinungen, Entschlüsse und Schicksale gingen weit auseinander. Der Prinz war blühend und kräftig herangewachsen, und unter dem Namen Herzog von Enghien schon als würdiger Sprosse des Hauses Condé rühmlich bekannt. Den Vater und Großvater in die Emigration begleitend, stand er feindlich gegen sein Vaterland, und führte in Deutschland die Waffen gegen seine Landsleute, während die Mutter in Frankreich hatte bleiben wollen, und nur gezwungen jetzt nach Spanien verschlagen war. Ihre Zärtlichkeit war sich stets gleich geblieben, wenn auch jetzt, noch mehr als schon immer, in ihren Aeußerungen verhindert. Bald sollte dieses Gefühl in gränzenlosen Jammer sinken. Das Emporsteigen Bonaparte's an die Spitze der französischen Republik setzte persönliche Interessen an die Stellen der allgemeinen. Den Bourbon, welchen die Republik nur, sofern er ihren Boden betrat, als Feind tödten wollte, suchte der eifersüchtige Gewalthaber auch jenseits der Gränzen auf, um ihn herüberzuschleppen und umzubringen. Wir wollen die einzelnen Umstände des traurigen Ereignisses nicht wiederholen, das am 21. März 1804 der fernen Mutter den einzigen Sohn raubte. In ganz Europa wurde der Schlag empfunden, doch gewiß nirgendwo schmerzlicher als in Barcelona, wo dem Mutterherzen der letzte Trost erlosch, der ihm auf Erden noch geleuchtet hatte. —

In unserm Briefwechsel, der in diesen Zeiten schwerlich unentdeckt und dann nicht ohne Argwohn und Gefahr geführt werden konnte, besonders da eine furchtbare Spannung nach der Unthat noch länger fortwaltete, durfte diese Katastrophe von keiner Seite näher besprochen werden, doch finden wir einigemal deren erwähnt, von dem Freunde mit der Zartheit und Vorsicht, welche ihm geziemen, von der Herzogin mit dem Ausdrucke des Schmerzes, den auch die Tyrannei nicht verargen kann. Sie schreibt in der nächsten Zeit an ihren Freund: „O leiden Sie es, mein Kind, daß ich Ihnen diesen Namen gebe, der meinem Herzen so schrecklich und so theuer ist! Ich habe ein durch das Blut mir angehöriges verloren, lassen Sie mich ein andres in Ihnen wiederfinden, dem Geiste nach. Ach! in Schmerzen gebar ich ihn, den Sohn: zu meinem Schmerze fern von mir ward er erzogen: er ging in Richtungen ein, die mir viele Schmerzen verursacht haben, und in Folge dieser Richtungen verlier' ich ihn unter den tödtlichsten aller Schmerzen! Sie, mein lieber Engel, waren seit den ersten Augenblicken unsrer Bekanntschaft eine Linderung meinem Schmerz; Ihre schöne Seele sprach zu der meinen, Ihre Briefe haben oft meine Schmerzen unterbrochen; was Sie mir zuletzt geschrieben, ist eine Art von Balsam auf die blutende Wunde meines Herzens; ich hoffe, daß das Ihre einst alle Schmerzen aus ihm scheuchen wird, denn welche Freude würde ich empfinden, wenn mir gelungen wäre, dem Herrn einen Geist zu gebären, der sein ewiges Heil mir verdankte, als dem treuen Werkzeuge der Einwirkung Gottes auf seine Seele! Welche Befriedigung für mich, wenn Ihre Seele so gewonnen wäre!" Der Freund hatte schon seit einiger Zeit angefangen, von seinen bisherigen Meinungen abzugehen und den Ueberzeugungen der Freundin sich zu nähern. Seine religiösen Ansichten und Gefühle gewannen täglich mehr Bestand, und verhießen, je größer und härter der Kampf war, einen desto reicheren Sieg. So gönnte der Himmel dem frommen Herzen in seiner tiefsten Nacht gleich wieder einen Strahl von jenseits, den einzigen, der hier auch die irdische Bahn noch erhellen mochte!

Die Herzogin hatte einen andern Verlust erlitten, den ihr Herz gleichfalls tief betrauerte. Saint-Martin war gestorben, von dem sie zwar schon längst getrennt gewesen, den sie aber stets gehofft hatte in Frankreich einst noch wiederzusehen, wie sie denn dem Wunsche, dahin zurückzukehren, nie ganz entsagen konnte. Von diesem ältern, dem schon hier durch höheres Wissen beglückten Freunde schrieb sie dem jüngern, strebenden: „Sie sollen wissen, daß in der Zahl derer, die mein Herz sehnend entbehrt, der gute Saint-Martin ist, an dessen Sorgfalt ich Sie hatte weisen wollen. Ich kann Ihnen nicht ausdrücken, wie sehr ich seit seinem Tod es empfinde, daß sein Geist sich mit dem meinen vereinigt und meine Fassungskraft steigert, daß ich seine Schriften verstehen lerne.“ Die letzte dieser, noch bei seinem Leben herausgekommenen Schriften war damals: „Le ministère de l'homme-esprit,“ welches Buch, oder vielmehr vorläufig nur dessen Einleitung, denn auch mit bestem Eifer dem jungen Freunde empfohlen wird, der sich aber für dessen Verständniß einstweilen noch unreif bekennen muß.

Aber die Herzogin läßt nicht nach, zuversichtlich und unermüdet sucht sie immer neue Wege, den Glaubenswahrheiten, von welchen sie durchdrungen ist, Eingang in die Seele des Freundes zu verschaffen, von allen Seiten greift sie das Werk an, jede Hülfe dazu ruft sie herbei. Sie sendet und empfiehlt Bücher; da dem Freunde die Schriften Saint-Martin's noch zu schwer sind, so wünscht sie, daß er Fénélon, Pascal, Bossuet lese, sogar die Protestanten Necker und Abadie. Auch an die Evangelien selbst weiset sie ihn. Unaufhörlich befeuert sie den oft nachlassenden Fleiß zur religiösen Betrachtung. Sie spricht die herzlichsten Bitten aus, die rührendsten Mahnungen, den liebevollsten Antheil. Wenn alles vergeblich scheint, rechnet sie auf Unglück, auf Krankheit und Lebensüberdruß, auf Alter und Todesnähe. Am meisten doch strebt sie durch Gedankenentwicklung, und Geisteseinsicht und Erkenntnißgründe zu wirken. Sie scheut keinen Gegenstand, keine Erörterung, nimmt jeden Einwurf, jeden Irrthum auf, um bis in's Einzelne seine Ungültigkeit darzuthun. Im Ganzen folgt sie hierbei dem Lichte, welches den Weg Saint-Martin's bezeichnet, allein sie bewegt sich mit Freiheit und Selbstständigkeit. Auf Gott, auf die Liebe, auf den Erlöser weiset sie beständig hin, und auf das eigne Herz, die eigne Seele, als das lebendige Buch, worin alles zu lesen sei für den, der sehen wolle.

Weitläufige Bemühung hat sie mit dem Sündenfall, welchen der Freund nicht anzunehmen vermag, und dessen Gewißheit ihr unwidersprechlich feststeht. Mit eigenthümlichem Scharfsinn behandelt sie diese Lehre, und Grégoire bekennt, sie habe deren Wahrheit sehr gut dargethan. Das Werk der Erlösung steht ihr hiemit in engster Verbindung, und an Christus zu glauben ist ihr der Grund alles Heils. Der Glauben der katholischen Kirche ist der ihre, allein diese Kirche selbst ist ihr eine unsichtbare, wahrhaft allgemeine, von welcher die sichtbare Kirche, mit ihren Priestern und Anstalten, nur ein Abglanz und allzu oft nur ein Verderbniß ist. Sie glaubt die Wahrheiten der Religion in alle christlichen Bekenntnisse ausgestreut. Ferner schreibt sie: „Ich glaube mit Ihnen, daß die Weisen des Heidenthums, welche den Erlöser weder kennen noch verwerfen konnten, Theil haben werden an seinem Reiche ebenso wie die wahren Juden und die wahren Christen, aber alle durch sein Verdienst, und daß sie nicht eingehen werden als nur durch ihn, da sie nicht leben können als nur in ihm; dies bestätigt sich mir alle Tage mehr, je tiefer ich in den Schacht eindringe der unversiegbaren Wissenschaft, die meinem Denken aufgeschlossen ist, und meinem Herzen so entzückenden Genuß gewährt."

Mit welcher Eigenheit und Kraft sie die Gegenstände zu verarbeiten und zu wenden weiß, jeden Bezug immer schnell und rein an das Höchste knüpft, davon sei hier als Beispiel das geistreiche Wort angeführt, durch welches sie das Wesen der Dankbarkeit darlegt: „Ich bewundre — sagt sie — den Menschen nur, sofern er sich ein Nichts glaubt und alles Gott beimißt. Glauben Sie mir, nur ein solcher ist fähig, das aufrichtige Gefühl der Dankbarkeit zu kennen, denn wer dankbar gegen seinen Schöpfer ist, verfehlt nicht es auch gegen die Werkzeuge zu sein, deren dieser sich bedient um ihm Gutes zu erweisen, dagegen wird derjenige, welcher vergißt, daß er alles Gott schuldig und nur der Verwalter seiner Gaben ist, ebenso vergessen, was er seines Gleichen schuldig geworden, und oft die Andern nur verpflichten, in soweit er einen Vortheil dabei für sich erwartet. Man macht also nicht Undankbare, aber man findet deren oft, weil man es selber gegen die Gottheit gewesen, indem man ihr jedes vorgezogen; hier liegt die wahre Ursache der Undankbarkeit des menschlichen Herzens, zerstören Sie diese, lehren Sie Ihr Herz sein eignes Nichts und seine völlige Abhängigkeit von Gott erkennen, so werden Sie es demüthig und unterworfen machen, denn es wird alsdann fühlen, daß es der ihm verliehenen Freiheit nur theilhaft geworden, um die Gesetze seines Herrn zu befolgen, und die Gaben desselben nach dessen Absicht verwende, ohne sich selber sie zuzueignen. Verliert er diese ewige Wahrheit niemals aus den Augen, so wird er keine Dankbarkeit fordern, und indem er sie nicht fordert, wird er sie den Guten einflößen, die der

Bösen nicht vermissen, und sich begnügt finden, seine Pflicht erfüllt zu haben, indem er so viel Gutes geübt als ihm möglich war, und ohne Eigenheit noch Vortheil für sich."

Eigne Gedanken hegt sie auch über das Abendmahl. Wie das Wort: „Seid fruchtbar und mehret euch!" durch alle Zeiten fortwirke, ohne daß seine Wiederholung nöthig werde, eben so wirke, meint sie, der Spruch bei Einsetzung des Abendmahls fort und fort, und die segnende Kraft sei nicht abhängig von dem Wiederholungsakte der Priester, sondern wer sein tägliches Brot im gläubigen Andenken jenes Segens genieße, der sei auch desselben unmittelbar theilhaft. Wenn daher die Priester der römischen Kirche, um dieser und anderer ihnen feindlicher Sätze willen, ihr die Theilnahme an dem Abendmahl der Kirche versagen, wie solches in Frankreich öfters und dann auch in Spanien der Fall gewesen, so ist sie darüber nicht beunruhigt, und hofft, der Erlöser werde sie deßhalb nicht verwerfen, daß sie nur auf ihn allein sich verlassen habe, und darum von den Priestern sei verworfen worden.

Der Freund, welchem all diese Beeiferung und Arbeit sich zuwendet, ist nicht leicht zu behandeln; er ist verständig, ehrlich, hartnäckig, vertheidigt jeden Schritt des Bodens, auf dem er steht, und wenn er nachzugeben scheint, ist es öfters nur, um desto heftiger wieder vorzudringen. Sein sanftes Naturell, sein gründlich guter Wille, seine Ehrerbietung und wahre Seelenliebe für die treue Gottesfreundin, lassen ihn oft wünschen, ihr auf ihren Wegen folgen zu können; er ist gerührt, bisweilen erschüttert, mehrmals überzeugt er sich von Wahrheiten, die er früher bestritt; herbe Verluste durch den Tod, frühe Kränklichkeit, unerfüllte

Wünsche, alles drängt ihn zum Troste der Religion, ja der Augenblick scheint öfters ganz nahe, in welchem er sich als Christ bekennen wird. Doch Zweifel und Widerspruch entfernen diesen Augenblick immer wieder; und die freudigen Hoffnungen der Herzogin wenden sich in düstre Trauer. Einmal ist der plötzliche Absprung so groß, daß die Aussicht eines Erfolgs fast verschwindet; nicht mehr der gute Engel kann der Freund heißen, sondern ein böser wird er genannt, weil er kaum eine bessre Sprache führe, als jene gefallenen, für die doch auch in der unendlichen Barmherzigkeit noch nicht alle Hülfe erloschen sei! —

Zwischen alles dieses treten widrige Unterbrechungen, durch Krankheit, durch Weltumstände. Die im J. 1808 in Spanien ausbrechende Kriegsverwirrung stört oft längere Zeit allen Verkehr. Es vergehen halbe Jahre und ganze, in denen unser Briefwechsel stockte. Dagegen ergreift die Herzogin den Gedanken, die bisherigen Briefe zu vereinigen, zu ordnen, für Freunde und Gleichgesinnte zur vertraulichen Mittheilung, aus der mancherlei Förderung hervorgehen könne. Der Freund, aus Bescheidenheit anfangs bedenklich, stimmt dem Vorhaben bei, und sendet die empfangenen Briefe, deren Urschriften er jedoch in keinem Falle verlieren will. Nur spät indeß kommt die Sammlung und Auswahl zu Stande; die Herzogin nimmt nur das Wesentliche auf, rechnet aber dahin auch das Persönliche, welches sich mit jenem verflochten hat. Sie fügt ihre kleinen Aufsätze hinzu, wie sie deren zu verschiedenen Zeiten, zur eignen und fremden Belehrung, manche entworfen hat, und läßt das Ganze, anstatt beschwerlich und unsicher durch Abschriften, durch den Druck vervielfältigen, doch nur als Handschrift, bloß für den eignen und der Freunde Gebrauch. Wir danken es ihr, daß sie zum Behuf der engeren Mittheilung den Weg gewählt hat, aus welchem der Uebergang in größere Verbreitung minder schwer ist, und die Möglichkeit dieser darf niemals ausgeschlossen sein, denn was die Welt als gut und brauchbar begehren mag, darauf hat sie auch ein Recht.

Die späteren Briefe deuten schon entschiedner die Sinnesänderung an, welche dem standhaften Eifer und der tiefen Frömmigkeit doch endlich in dem Herzen des Freundes zu erwecken gelang. Der letzte Brief ist von der Herzogin im Anfange des Jahres 1812 geschrieben; eine Anmerkung sagt uns aber, daß der Briefwechsel damit noch keineswegs aufgehört habe, und daß die Fortsetzung nachgeliefert werden solle, sobald der Stoff sich auf's neue angehäuft.

Nach den Briefen, deren Schluß in den zweiten Band hineinreicht, folgen sodann, den meisten Raum desselben einnehmend, vermischte Aufsätze mannigfachen Inhalts und wechselnder Form, in welchen dieselbe Geisteswendung, wie in den Briefen, nur in manchem Betreff noch freier und schärfer als in diesen, sich ausspricht. Wir finden zuerst: „Fragments sur la morale chrétienne," deren Reihe eine allegorische Fabel über die Revolution eröffnet, dann Aufsätze über Irrthum und Wahrheit, über die Lüge, eine Schilderung der Liebe, Gedanken über den Schlaf, über die Musik, ein Bildniß der Sanftmuth, die Vergleichung des Gottesläugners und des Gläubigen, Fragen und Antworten über den Geist der Welt, ein politischer Katechismus über die Sittlichkeit der Völker und die Regierung der Mächtigen, und vieles verwandter Art, auch die schon von uns mitgetheilten religiösen Gedanken über die französische Revolution. Der wichtigste Aufsatz dünkt uns eine Antwort an einen Theologen, der die Lehre der Verfasserin zu widerlegen suchte; hier findet sich ein beinahe vollständiges Glaubensbekenntniß, das mit Kühnheit auf die tiefsten Forschungen eingeht, mit bewundernswürdigen Geistesmitteln eine seltne Stärke der Ueberzeugung ausdrückt, mit der Frage schließt: „Bei dem dargelegten Widerspruche, in welchem sich die heutigen Priester mit den Worten des Apostels Paulus befinden, darf ich jene für die wahren Nachfolger der Apostel halten und muß man nicht vielmehr gegen ihre Unterweisungen im Allgemeinen und im Besondern sehr auf seiner Hut sein, wenn man ernstlich nach Wahrheit ringt?"

Sodann folgen „Petits contes moraux," größere und kleinere Erzählungen, mit Anmuth vorgetragen, sämmtlich religiösen Gehalts, oft an unsern Jung-Stilling erinnernd. Den Schluß macht ein Gemählde dreier Schwestern, oder vielmehr das dreifache Bild der Verfasserin selbst, wie sie von Vorliebe, von Abneigung, und von unpartheilicher Wahrheit gesehen wird. Den reinsten Spiegel ihrer selbst aber giebt, unsres Bedünkens, der unmittelbar vorhergehende Aufsatz, eine „Vergleichung des Glückes, das die Liebe zu fünfundzwanzig Jahren in der Natur genießen kann, mit dem, dessen dasselbe Herz noch zu fünfundfünfzig Jahren in der Gnade theilhaft werden mag." Wir bedauern, von diesen Aufsätzen, deren manche des Namens Saint-Martin nicht unwürdig wären, wie sie denn alle in seinem Geiste sind, hier größere Proben nicht füglich einschalten zu können. Eine Auswahl derselben dürfte vielleicht späterhin ihre Stelle finden.

Wir haben uns zu den Personen zurückzuwenden, mit welchen das vorliegende Buch uns in so vertraute Bekanntschaft gesetzt und schon zu nahe befreundet hat, um nicht ihre weitern Geistes- und Lebenswege antheilvollen Blickes zu begleiten!

Die Herzogin, von Krieg und Aufstand umgeben, blickte bald sehnsüchtig nach Frankreich, wohin sie stets wünschte zurückzukehren, wenn auch nur um in den Armen ihrer Freundinnen zu sterben, bald angstvoll auf größere Ferne, wohin neue Nöthigung und Flucht sie zu werfen drohten. Einsam, krank, abgeschnitten von allem, was ihr Leben erhellen konnte, fand sie nur Trost in völliger Gottergebung. So trafen die neuen Entwicklungen sie, zu denen die Weltereignisse sich entschieden.

Der Sturz Napoleon's, die Wiederherstellung der Bourbon's in Frankreich, machten sich der ganzen mitlebenden Welt fühlbar, um so mehr den Personen, deren Schicksal unmittelbar mit diesen Wandlungen zusammenhing. Die Herzogin kehrte nach Frankreich zurück. Ansehn, Glanz und Fülle boten sich ihr dar, konnten aber ihre Seele wenig reizen. Ihre unerschütterte Denkart, ihre Geistesfreiheit und Wahrheitsliebe konnten in den neuen Zuständen fast noch weniger ihre Stelle finden, als vormals in den alten. Im tiefsten Widerspruche mit der sie umgebenden Welt, zu Streit und Kampf nicht berufen noch fähig, dabei Frieden und Wohlwollen im Herzen auch für Andersgesinnte, erkannte sie, daß hier nur Meiden und Entsagen fromme. Der innerste Hang stimmte damit überein. Im Lichte höherer Erkenntniß, in gottseliger Andacht und Uebung ihre noch übrigen Tage hinzubringen, erschien ihr als das reinste Glück. Sie zog sich daher völlig aus den Weltberührungen zurück, lebte mit wenigen geistesverwandten Vertrauten, beschäftigte sich nur mit Werken der Andacht und Liebe. Unbemerkt und vergessen zu sein, war ihr eifrigster Wunsch. Grade in diesem Betreff aber mußte sie eine Prüfung bestehen, welche grade zu dieser Zeit eine der ungelegensten sein konnte.

Die spanische Inquisition, mit der Wiederkehr Ferdinands des Siebenten auch ihrerseits aufzuleben versuchend, doch nur ein Schatten ihrer früheren Macht, welche, wie sonst gegen Leib und Leben, nur noch gegen Bücher wüthen konnte, suchte manches Versäumte nachzuholen, und warf ihren Grimm nachträglich auch auf das Buch der Herzogin, das als ein französisches, in Spanien ohne geistliche Erlaubniß gedrucktes, schon deßhalb feindlich dünken mußte. Die schnöden Diener unwürdigen Geisteszwanges fanden allerdings Gründe genug, ein Buch zu verurtheilen, das neben dem Glauben auch Geistesfreiheit wollte, und mit manchen Satzungen der katholischen Kirche nicht übereinstimmte. Das Buch wegen Irrlehren zu verdammen, mochten sie befugt sein; allein sie wollten ihr Opfer noch von einer andern Seite her treffen, und waren des Vorwandes dazu schon habhaft. Auf den Grund einer einzigen Stelle des Reiseberichts, wo die Herzogin vielleicht zu aufrichtig, aber völlig arglos, eine Bemerkung einfließen läßt, die man freilich von Frauen nicht zu vernehmen pflegt, die aber geschrieben zu haben, nicht grade schlimmer ist, als so darüber zu lärmen, — auf diesen Grund hin erklärte die Inquisition, durch einen Spruch im Jahre 1819, das Buch nicht nur für ketzerisch, sondern auch für unsittlich und schlüpfrig! Eitle Selbstsucht und heuchlerische Gleißnerei haben zu allen Zeiten grade diese Anklage als wohlfeile und bequeme Ergänzung jeder beliebigen Gehässigkeit gebraucht. Die Herzogin konnte durch diese Verurtheilung nicht gekränkt, ja kaum berührt werden, da Spruch und Gegenstand für die Welt wie nicht vorhanden waren, sie selbst aber in ihrem freien Geiste den rohen und blinden Eifer, der schon seiner eignen Ohnmacht erlag, nur bemitleidete. Sie hatte schon zwölf Jahre vorher, gegen solche Verurtheilung, die ihr damals aber nur im Stillen begegnete, in einer Briefstelle gesagt, sie glaube nicht, daß man die Priester zu fragen habe, um den Weg der geistlichen Unterweisung zu finden, sondern einzig den wahren Lehrer, der uns nie hintergehen könne. „Die Priester, fährt sie fort, werden schreien über Gefahr, über Fanatismus, und werden selber fanatischer sein und mehr in Gefahr, als diejenigen, welche sie ablenken möchten. Weil ich so denke, verdammen sie mich; allein die Ueberzeugung ist im Grunde meiner Seele so fest, daß ich jene beklage ohne ihnen zu grollen, noch mich einen Augenblick von dem Wege abzuwenden, den ich seit beinahe zwanzig Jahren wandle; vielmehr bestärkt sich mir täglich mehr seine Vorzüglichkeit, so wie die mächtigen Hülfen, die er mir bietet, um dieses mit Schmerzen und Prüfungen angefüllte Leben zu durchwallen."

Die französische Geistlichkeit, welche die Grundsätze der Herzogin genugsam kannte, um zu wissen, daß sie in vielen Dingen mit dem von der katholischen Kirche vorgeschriebenen Glauben nicht übereinstimme, fand es der Klugheit gemäß, die ohnehin vielfachen und bedenklichen kirchlichen Händel nicht durch einen neuen zu vermehren, und eine Prinzessin des Königlichen Hauses der Ketzerei zu beschuldigen; im Gegentheil nahmen sie die stille und erbauliche Frömmigkeit derselben, welche äußerlich keinen Widerspruch gegen die Kirche zeigte, sondern sich ihr mit allem Eifer anzuschließen suchte, gern als ein erfreuliches Beispiel auf, das den Triumph des katholischen Glaubens nur mehren mußte. Sie blieb also nicht nur von aller Anfechtung frei, sondern auch im Rufe der frömmsten Andacht, der in den letzten Jahren ihres Lebens bis zur Heiligkeit gesteigert wurde.

Ohne jemals ihre Grundansichten aufzugeben, kostete es die Herzogin doch wenig Ueberwindung, dieselben, um Aergerniß und Zwiespalt zu vermeiden, immer fester im Innern zu verschließen, ihre bisweilen anstößig gewesene Munterkeit, durch Alter und Schwachheit schon gemildert, noch mehr zu beschränken, und solchergestalt mit der Kirche im Frieden zu bleiben. Auch bei ihrer feststehenden Meinung von derselben, empfand sie doch die Gaben und Tröstungen von daher als höchst wohlthätige, und hätte, besonders in den letzten Jahren, da sie schwächer und hülfsbedürftiger wurde, solche nur schmerzlich vermißt.

In Andachtsübungen und Gebet sah sie mit Freudigkeit dem Augenblick entgegen, der sie von den irdischen Banden erlösen und einer Herrlichkeit zuführen würde, deren Unterpfand sie in der Seele trug. Sie hatte oft das Loos gepriesen und ersehnt, an geheiligter Stätte betend zu verscheiden. Dieses Loos wurde ihr zu Theil, am 10. Januar 1822 in der Kirche der heiligen Genoveva.

Ihr Freund war vor ihr dahingeschieden. Sie hatte das Glück, ihn zuletzt völlig als ihr geistliches Kind annehmen zu können. Er war noch vor ihrer Wiederkehr nach Paris, nach wiederholten, tiefen Prüfungen, die auch in den Zeitereignissen mitwirkende Eindrücke fanden, hauptsächlich aber durch die Seelenpflege der Freundin, ein aufrichtiger Bekenner des Christenthums geworden. Seine letzten Jahre verlebte auch er in tiefer Frömmigkeit, und gab, als der Tod ihn früh, kaum in den Vierzigern, dahinraffte, ein hohes Beispiel gläubiger Zuversicht.

Die religiösen Ueberzeugungen sind das Eigenste des innern Lebens, und daher die Gestalten ihrer Entwicklung so mannigfach, wie das persönliche Leben überhaupt. Kein Weg, keine Hülfe ist hier auszuschließen, und jedes Gebild kann in seiner Weise wieder fruchtbar werden. Die Herzogin von Bourbon und ihr Freund geben ein merkwürdiges Beispiel, wie sich das untere Leben zum Dienste des höheren krümmt und windet, und diese Darstellung grade trifft vielleicht manchen Sinn, der Anreiz und Leitung aus ihr empfängt! Die Religiosität der Herzogin erscheint als eine wohlthätige Flamme, welche aus geringen und trüben Anlagen den hellsten Gewinn läutert. Sie ist, wie jetzt alles höhere Geistesleben in der katholischen Kirche, schon halb protestantisch, doch ohne jene Form zu brechen, noch diese anzunehmen. Wir werden sie darum nur um so freundlicher begrüßen, als eine Erscheinung mehr zu den schon vielen, welche auf eine neue Stufe religiöser Bildung hindeuten, wo jede Gestalt zugelassen, aber keine gefordert wird, nur in allen das Wesen. So weilt auch unsre Betrachtung hier nicht bei den Glaubenslehren, sondern vorzugsweise bei dem Lebensbilde; und welche Beruhigung gewährt es nicht, mitten durch die Strömungen wilder Gewalt und Zerstörung, zwischen Auf- und Niedergang der Völker und Reiche, einen Strahl stillen Friedens und höchsten Lebens wallen zu sehen! —

III.

Ueber die eigenthümliche Welt-stellung des Islam.

Von

Karl Rosenkranz.

Am 18. Januar 1838.

Am Krönungsfeste Preußens in der Königl. Deutschen Gesellschaft zu Königsberg vorgelesen.

Es ist oft behauptet worden, daß zwischen dem Orient und Occident ein Wechselverhältniß existire. Wenn aber zum Wechsel unstreitig eine Gegenseitigkeit der Wirkung gehört, so wird man jene Behauptung dahin beschränken müssen, daß allerdings der Europäische Occident sich beständig mit dem Asiatischen Orient in Zusammenhang zu erhalten gesucht, ein Gleiches aber von diesem selbst nicht gesagt werden könne, denn der Orient hat niemals ein inneres Bedürfniß gehabt, sich mit dem Occident zu befreunden. Aus dem Handel mit ihm zieht er so viel Nutzen, als er kann, und einige seiner Kaufleute besuchen deshalb sogar die Leipziger Messe; sonst ist es nur der rohe Drang einer chaotischen Gährung, welcher die Söhne des Morgenlandes epochenweise in die unbestimmte Weite auch nach dem Westen hin getrieben hat. Sie wollten erobern. Selbst die Perser hatten im Kampf mit den Hellenen kein anderes Interesse, als ihre Herrschaft zu sichern. Die Europäer dagegen haben nicht blos aus mercantilischen oder politischen, sondern auch aus rein theoretischen Absichten ein Interesse an dem Orient genommen. Eine große Reihe von Reisenden läßt sich von den Griechischen Philosophen ab nennen, welche sich die Kenntniß des Morgenlandes ganz uneigennützig nur der Belehrung wegen zum Zweck machten. Alexander der Große wollte nicht blos erobern; er wollte Griechische und Orientalische Bildung vereinen. Die Byzantinischen Kaiser hatten bei ihren Feldzügen die Erhaltung des Christenthums im Auge und bei den Kreuzzügen war eben dieselbe der Kern, wie viel anderweitige, ja unreine Motive auch sonst in die Bewegung der ungeheuren Massen ganz unvermeidlich mit eintreten mußten.

In unseren Tagen dagegen scheint es, als wenn die Abstraction des Orients vom Occident sich vermindern werde, als wenn derselbe ganz im Stillen das Gefühl bekomme, aus der Europäischen Cultur sich die Mittel aneignen zu müssen, ihrer Macht widerstehen zu können: unsere Kriegskunst und unsere Druckereien finden überall Eingang. In Persien sind schon seit längerer Zeit Modificationen des Militärs im Europäischen Sinne gemacht; bei den Seikhs ist General Allard damit beschäftigt; in Aegypten folgt sich seit einer Reihe von Jahren schon eine Kette von Europäischen Officieren, namentlich von Ingenieuren, und in der Türkei sind in diesem Augenblick Preußische Krieger mit ähnlichen Einrichtungen beschäftigt. In Bengalen geben die Brâmanen Zeitungen im Sanskrit heraus; in Kairo wie in Konstantinopel erscheinen officielle Journale. Wir stehen jetzt in der merkwürdigen Conjunctur der politischen Verhältnisse, daß in der That jede größere Veränderung innerhalb Asiens auch eine solche in Europa und umgekehrt voraussetzt. Preußen ist bis jetzt fast ohne alle maritime Bedeutung; es ist noch wesentlich Continentalmacht; dennoch ist davon die Rede, daß die Pforte in der Nordafrikanischen Frage auch seine Vermittelung ansuchen, ja, in Berlin einen Gesandten fixiren werde. Unter solchen Umständen muß der Islam als diejenige Religion, welche im nördlichen Afrika und vorderen Asien die verbreitetste und einflußreichste ist, unsere Aufmerksamkeit in erhöhetem Grade auf sich ziehen und es sollen hier einige der wichtigeren Puncte, auf welche es dabei ankommt, untersucht werden.

Zuvörderst ist wohl die ganz entgegengesetzte Ansicht zu berühren, welche über den Islam und seinen Stifter aufgestellt zu werden pflegt. Nach der einen ist der Islam nichts als das Werk eines Betrügers, der, von Herrschsucht, Habsucht und Wohllust getrieben, die Arabischen Stämme aufregte. Höchstens fügt man zu diesem harten Urtheil hinzu, daß der Betrügende allmälig sich selbst auch betrogen habe. Wir besitzen im Deutschen, so viel ich weiß, nur Eine vollständige Uebersetzung des Korân von Boysen, welche, von Wahl überarbeitet, vor einiger Zeit wieder erneuert ist. Wahl aber, ein mit dem Orient so speciell bekannter Mann, konnte sich nicht enthalten, in den Noten zum Text ein Mal über das andere Mohammed mit den ärgsten Schimpfwörtern anzufahren und jede Abweichung von der biblischen Tradition, jede der abendländischen Sitte fremde Einrichtung als

Verrath und Schändlichkeit zu bezeichnen. Unter den philosophischen Geschichtsforschern theilte Fr. v. Schlegel im Grunde dieselbe Ansicht. Sie stammt theils aus dem psychologischen Pragmatismus in der Geschichtschreibung des vorigen Jahrhunderts, der alle Thatsachen aus individuellen Lastern und Tugenden ableiten wollte und in die Aufspürung oder vielmehr nicht selten Erdichtung solcher psychologischen Motive seine Gründlichkeit setzte. Theils aber stammt sie aus einer befangenen Christlichkeit, welche einen polemischen Eifer zur Betrachtung der Geschichte mitbringt, der subjectiv recht ehrenwerth sein kann, objectiv aber die ruhige, rücksichtslose, genetische Auffassung stört. Bei Fr. v. Schlegel war in seinen letzten Lebensjahren eine solche Verstimmtheit eingetreten. Was würde er dazu gesagt haben, daß ein Oestreicher, ein Christ, Herr von Hammer-Purgstall, seine Uebersetzung der Divane Türkischer Dichter dem jetzigen Sultan gewidmet hat?

Gegen diese subjective Ansicht hat sich eine andere gestellt, welche eben so subjectiv ist, nur umgekehrt von günstigem Vorurtheil für Mohammed, wie jene von dem Verdacht des rohesten Egoismus ausgeht. Dem Princip nach kann man dieselbe also nicht höher stellen; sie betet in Mohammed das religiöse, legislatorische, militairische Genie an und will ihm deswegen das, was in seinem Leben als unleugbare Schlechtigkeit vorkommt, nicht so schwer anrechnen. Sie nöthigt zu der Anerkennung, daß ein Mann, der so wie der Stifter des Islam gestellt war, in vielen Fällen durch den Drang der Umstände zu Härten, zu Maaßlosigkeiten fortgerissen werden mußte. Oelsner hat, wenn ich nicht irre, durch seine bekannte Preisschrift über Mohammed dieser apotheosirenden Auffassung seiner Genialität besonders Bahn gebrochen. Was für dieselbe von besonderem Gewicht sein muß, ist der Unterschied, der sich in den Suren oder Capiteln des Korân findet. Es zeigt sich nämlich, daß diejenigen, welche in früheren Jahren von dem Propheten zu Mekka verfaßt sind, ein ascetisches Ringen verrathen. Diejenigen aber, welche er später von Medinah erlassen hat, den Charakter tragen, die Gemüther für die Propaganda des schon gestifteten Glaubens zu entflammen. Die Oeffentlichkeit, in die er einmal eingetreten war, zwang ihn zu manchen Inconsequenzen und officiellen Schlechtigkeiten.

Welcher von diesen beiden aus demselben Princip entspringenden, sich entgegengesetzten Ansichten man beitreten möge, jener degradirenden oder dieser potenzirenden, so haben beide den Mangel an sich, den Islam mehr als den Einfall eines Einzelnen und somit als Zufall erscheinen zu lassen, obwohl die zweite auf dem Wege ist, der Objectivität im Handeln Mohammeds Gerechtigkeit widerfahren zu lassen. In der That wird man sich immer in Verlegenheit befinden, wenn man bei der Individualität Mohammeds allein stehen bleibt und aus ihr heraus den Islam deduciren will. Zwar soll damit nicht das Umgekehrte gesagt sein, aus den objectiven Umständen eine Individualität, wie die seinige, deduciren zu wollen, denn die Respectirung der persönlichen Eigenthümlichkeit gehört eben, so zu sagen, zu den Souverainetätsrechten der Geschichtforschung, welche sie gegen speculative Willkür festzuhalten hat. Allein das begreift man leicht, daß kein Mensch für sich eine welthistorische Gestaltung, wie sie unzweifelhaft im Islam vorliegt, hervorbringen könne, sondern daß ein so großes Ereigniß eine tiefere Begründung haben, daß es, populär gesprochen, ein Werk der Vorsehung sein müsse. Zwar soll auch hiermit nicht jener rohen Weise der historischen Betrachtung Vorschub geleistet sein, welche die Extension als solche schon sich imponiren läßt. Die große Breite, in welche der Islam sich gedehnt, die lange Dauer, in welcher er sich behauptet hat, sprechen noch weiter gar nicht für ihn. Das Gesetz der Metaphysik, daß Intension und Extension Correlate sind, daß der Umfang immer auch dem Inhalt entsprechen müsse, wird durch solche Facta, daß der Islam viel mehr Bekenner zählt, als das Christenthum, nicht umgestoßen, denn in der Geschichte kommt es auf das Werden an. Es gehört Zeit zur Entfaltung eines Princips. Und da sehen wir den Islam, wie man sich ausgedrückt hat, von dem äußersten Südwesten der alten Welt, von Senegambien, bis zum äußersten Nordosten, bis Tungusien, annoch eine undurchdringliche Barriere bilden. Aber auf diese scheint er auch beschränkt, während das Christenthum mit seiner universellen Elasticität durch alle Zonen, in allen Welttheilen, auf allen bedeutenderen Inselgruppen das Zeichen des Kreuzes bereits aufgepflanzt und die Conturen seiner einstigen zuletzt auch dem Quantum der Bekenner nach überall siegreichen Weltherrschaft vorgezeichnet hat.

Was nun aber die objective Begründung des Islam anbetrifft, so liegt sie hauptsächlich in der religiösen und politischen Zerrüttung, in welcher sich das westliche Asien im sechsten Jahrhundert befand. Das Christenthum war hier zwar am Saum des Mittelmeers entstanden, hatte aber seine Strömung nach Abend zu genommen. Die Romanischen,

Germanischen Völker wurden seine Träger. Nach dem Orient zu entäußerte es sich immer seiner häretischen Elemente, die in der Entwicklung der Byzantinischen Kirche die dogmatisch bedeutendsten waren. Wie fremd erscheint nicht unserm kirchlichen Bewußtsein schon die Syrische Kirche! Hieraus erklärt sich auch bekanntlich die Corruption, in welcher die christliche Tradition im Korân auftritt. Es ist wahrscheinlich gemacht worden, daß Mohammed niemals die Neutestamentischen, ja auch nicht die Alttestamentischen Schriften gelesen, sondern nur durch Klosterlegenden hindurch sich von ihnen unterrichtet habe. Insbesondere war aber der Zustand Arabiens das bunteste Durcheinander von Religionen. Die Naturreligion des Sabäismus, der Parsische Magismus in Hira, das Judenthum, wie bei der Dynastie der Himjariden, versprengte Trümmer christlicher Secten, religiöser Skepticismus, wie bei den Zendisten im Stamm Koreisch, aus welchem der Prophet geboren wurde, standen unversöhnt neben einander und mußten einem kräftigen Verstande sich als Probleme aufdringen. Daß Mohammed Kaufmann war, begünstigte ein solches Nachsinnen, weil er auf seinen Reisen und durch seine Handelsverbindungen zur unmittelbaren Kenntniß jener verschiedenen Ueberzeugungen gelangen mußte. Der allgemeine Charakter Asiens in der Geschichte ist die Unterwerfung des Individuums unter die Einheit einer absoluten Substanz, deren Begriff selbst von den verschiedenen Religionen verschieden bestimmt wird, in Hinterasien pantheistisch, in Vorderasien dualistisch, bei den Juden als selbstbewußte Personalität. Alle Asiatischen Religionen knüpfen ihre Stiftung an bestimmte Individuen an: bei den Chinesen der nicht mit Fo zu verwechselnde Fo=

hi, der erste Opferer; späterhin Kong-fu-dsü; bei den Hindus Brama und Wishnu in ihren Incarnationen; bei den Buddhisten Buddha-Gautama; bei den Parsen Hom und Zerduscht; bei den Hebräern Moseh. Alle haben ferner Religionsbücher: die Chinesen ihre Kings, die Hindus ihre Veda's, die Buddhisten ihre Katechismen, die Parsen das Zendavesta, die Hebräer den Pentateuch. Alle diese Momente treffen wir auch im Islam wieder an. Daß Gott nur Einer ist und daß der durch Mohammed geoffenbarte Korân die authentische Darlegung seines allmächtigen Willens enthält, ist in der That der vornehmste Inhalt des ganzen Korân, der in den mannigfachsten Wendungen variirt wird.

Wir sehen also den inneren Zusammenhang des Islam mit den früheren religiösen Bildungen des Orient; allein es ist auch zu bedenken, wie sich die eben bemerklich gemachten Elemente in ihm darstellen. Der Begriff Gottes ist in ihm der eines widerstandlosen, willkürlichen Herrschers; der Gehorsam — Islam heißt Gehorsam — gegen ihn ist blinde Unterwerfung; die ganze Religion ein starrer Fatalismus, der im Handeln als Fanatismus sich ausprägt. Der Prophet ist von allem Nimbus mythischer Glorie entkleidet, eine nackt historische Person; der Mangel einer solchen Dämmerung, ihn aus dem Kreise der gewöhnlichen Beziehungen zu rücken, hat unstreitig den Anlaß zu gewaltsamen, theilweise abgeschmackten Fictionen gegeben, welche als ein Surrogat jenes unbewußt entstandenen Wunderbaren, das die anderen Religionsstifter umgibt, angesehen werden müssen. Der Korân selbst endlich zeigt überall die Spuren eines tumultuarischen, rhapsodischen, absichtlichen Hervorbringens.

Während die Religionsbücher der anderen Völker sich erst allmälig gebildet haben, während der Pentateuch selbst nur von den unwissenschaftlichsten Theologen Moseh allein zugeschrieben und ihm die successive Genesis abgeleugnet wird, während das Christenthum sich auch darin als die freieste Religion bewährt, daß es viele Jahre hindurch ohne kanonische Bücher existirte, zeichnet der Islam sich dadurch aus, daß er mit einem fundamentalen Codex, mit dogmatischen Ordonnanzen auftrat. Allerdings wurden dieselben auch gesammelt; allerdings existiren auch von ihnen verschiedene Recensionen mit den größten Differenzen; dennoch bleibt das Factum einer Untrennbarkeit Mohammeds vom Korân stehen. Wir wollen aus der ersten besten Sure ein Beispiel dieser Manier entnehmen. In der dritten zu Medinah eingegebenen Sure, das Geschlecht Amran betitelt, lautet der Eingang: „Es ist nur Ein Gott! Und das ist er, der Selige, der Selbstständige. Der hat Dir den Korân zugeschickt, ein wahrhaftes Buch, welches die ehemaligen bereits vor Deinen Tagen bekannten Offenbarungen bekräftigt. Er ist es, der das Gesetzbuch Mosis und das Evangelium Jesu den Menschen zur Unterweisung gegeben hat. Jetzt aber sendet er durch Dich den Korân. Da Gott mächtig und ein Rächer ist, so werden diejenigen gewiß eine schwere Strafe erfahren, die seine Offenbarungen verleugnen. In der That, Gott ist nichts von Allem verborgen, was auf Erden und im Himmel ist: er ist es, der euch im Mutterleibe gebildet hat nach seinem Wohlgefallen. Nur er ist Gott, der Mächtige, der Weise! Und er ist es, der Dir das Buch hat überliefern lassen u. s. w."

Der Islam muß als das letzte welthistorische Product

angesehen werden, welches der Orient hervorgebracht hat, denn nach ihm erscheint überall eine Erschöpfung desselben. Wie Rom die zerbröckelnden Völker und Dividualitäten der antiken Welt sich zu einem Scheinleben incorporirte, so ist der Islam ein Rahmen, der die äußerlich absterbenden Nationen des Orients zu einer losen Einheit in sich versammelt. Er ist die höchste Abstraction, bis zu welcher derselbe sein Princip steigern konnte. Aber in vieler Hinsicht ist er auch die oberflächlichste, weil er von Hause aus das Wesen eines Eklekticismus an sich trägt, wie er abgelebten Individuen und Völkern zusagt. Stellt man ihn mit dem Jüdischen Monotheismus zusammen, so hat er wohl eine größere Bequemlichkeit des Daseins, eine größere Leichtigkeit des Verkehrs nach Außen, eine größere Fülle des sinnlichen Genusses möglich gemacht; an Tiefe aber, an religiöser Würde steht er demselben unbedenklich nach. Das todte Glauben an Allah und Mohammed, das formelle Beten zu bestimmten Stunden, das Allmosen geben, die körperlichen Reinigungen, und, wenn es möglich ist, eine Wanderung nach der Kaaba, — wie unendlich steht dies Alles gegen die Schwere des Gesetzes zurück, unter welcher der Jude mit scrupuloser Gewissenhaftigkeit sich beugen, hinter dem Ernst der Innerlichkeit, mit welcher er die, wenn auch noch äußerlich gefaßte Sünde in sich bekämpfen muß. Der Hauch der Heiligkeit, der uns aus den Schriften des alten Testamentes anwehet, ist im Korân der Gedrücktheit eines knechtisch-stolzen Wesens gewichen, das für die Entäußerung seines eigenen Willens keine andere, als eine grob materielle Entschädigung kennt. Ohne dieselbe würde der Islam schwerlich dem versunkenen Orient eine so convulsivische Energie eingeflößt haben, als er es wirklich gethan hat. Freilich hat die Theologie der Moslemim die Verheißungen des Korân bildlich auszudeuten und so in das Mystische hinüberzuziehen versucht, allein diese Exegese ist nur die Correctur, welche der bessere Geist seiner Bekenner nothgedrungen gemacht hat und hinter welcher Wendung die Nemesis nicht ausgeblieben ist, indem nun viele erotische Dichter die Schlüpfrigkeit ihres Egoismus damit vertheidigt haben, daß sie behaupteten, es läge dem scheinbar Anstößigen ein tiefer speculativer, theologischer Sinn zu Grunde. Hafis z. B. ist so verfahren. Da dies sinnliche Element die Kehrseite des abstract-theoretischen, des unbedingten Glaubens und sich Unterwerfens an Gott ausmacht, da das Türkische Paradies sprichwörtlich geworden ist, so wollen wir zur Veranschaulichung desselben nur eine seiner mannigfachen im Korân enthaltenen Schilderungen anführen. In einer zu Mekka geoffenbarten Sure, der Unvermeidliche, die sechs und fünfzigste, heißt es, nachdem von den Schrecken des unvermeidlichen Gerichtstages die Rede gewesen und alle Sterbliche in drei Haufen getheilt sind: „Die Leute der rechten Hand, wie glücklich werden sie sein! Und die Leute zur Linken, wie unglücklich werden sie sein! Und die, welche Andern in Uebung guter Werke vorgegangen sind, sie werden auch vorangehn in die wonnevollen Gärten. Viel werden sein der alten und wenig der neuen Zeit. Auf Kissen werden sie ruhn, die mit Gold durchwirkt und mit Edelsteinen ausgeziert sind, einander gegenübersitzend. Jünglinge in ewiger Jugendblüthe werden um sie herumgehn, mit Humpen und Kannen und Bechern voll des immer zufließenden Labetranks, nach welchem ihnen weder der Kopf weh thun, noch der Verstand benebelt werden wird; und mit Früchten, die sie sich nach Gefallen aussuchen können, auch mit Fleisch von Vögeln, welches nach ihrem Geschmack ist. Rehäugige Huri's, den Perlen gleich, die noch in ihren Muscheln liegen, sollen die Vergeltung für die guten Werke sein, die sie gethan haben. Kein schlechtes Geschwätz werden sie hören und keinen Vorwurf von Sünden. Hören werden sie hingegen die süße Stimme, die ihnen Heil zuruft. — Die Leute der rechten Hand, wie glücklich werden sie sein! Wohnen werden sie bei Sidrabäumen, bei in schönster Ordnung gereiheten Talhabäumen, die einen weiten Schatten werfen, bei einem beständig fließenden Wasser, unter dem Genuß vieler Früchte, die sich nie verringern und die ungehindert genossen werden können. Auf erhöhete Ruheplätze gestreckte Lagergenossinnen haben wir fürwahr in besonderer Art geschaffen und sie zu stets unbefleckten Jungfrauen gemacht, mit immer gleich bleibenden Reizen in gleichem Alter vermählt zu sein den Männern zur rechten Hand. Aber die Leute der linken Hand, wie unselig werden sie sein, im brennenden Wind, in siedender Fluth, unter dem Schatten eines schwarzen Rauchs, der weder kühlt noch erquickt u. s. w."

Nach diesen Mittheilungen wird der Schluß einleuchten, daß die eigenthümliche Weltstellung des Islam darin besteht, für Culturstufen, welche dem Princip nach unter ihm stehen, allerdings eine Emancipation, für höhere aber eine schroffe Ausschließung zu sein. Was er dort der theoretischen Anschauung des Göttlichen an Sinnlichkeit nimmt, das gibt er im praktischen Genusse dreifach wieder, macht dadurch aber hier den schneidendsten Widerspruch gegen sich rege. Wir können uns nun erklären, weshalb er allmälig sowohl den Afrikanischen Fetischismus, als die Religionssysteme des alten Asiens, selbst, neueren Nachrichten zufolge, den Brâmanischen Hinduismus in sich auflöst; weshalb der Buddhismus, das caput mortuum des Brâmismus, ihm mit seinen weiten Abstractionen gewissermaaßen vorarbeitet; weshalb der durch Griechische Elemente schon verunreinigte Magismus des Perserreichs ihm nicht zu widerstehen vermochte und mit seinen letzten Anhängern in die Alpen Nordindiens flüchtete; denn in allen diesen Bildungen ist ein Naturelement, durch dessen Negation der Mohammedanismus sich mit Recht höher stellt und den in ihnen befangenen Nationen eine Erlösung von ihm und seinem Aberglauben bringt, wie er denn auch ganz in Uebereinstimmung mit dem alten Testament Zauberei, die einen wesentlichen Bestandtheil aller heidnischen Culte ausmacht, streng verbietet. Aber wir können uns nun auch erklären, warum das Judenthum und Christenthum für den Islam eine Grenze sind, obwohl er sich den Schein gibt, als wenn er das Wesentliche dieser ihm vorangegangenen Religionen in sich aufgenommen habe. Adam, Noah, Abraham, Moseh, David und Christus gelten bekanntlich im Korân als Mohammed untergeordnete Propheten. Selbst die Apostel gelten als Heilige, nur Paulus ausgenommen, was sehr merkwürdig ist.

Man hat schon mehrfach den Mangel des Islam in den Worten ausgedrückt, daß es ihm an Perfectibilität fehle. Fragen wir nun, wie man sich das endliche Schicksal der Nationen zu denken habe, welche von ihm ergriffen sind, so bleibt keine andere Antwort übrig, als daß sie, wie die altasiatischen Völker Hinterasiens, in sich so lange in dumpfer Stagnation fortleben müssen, bis sie entweder aus sich heraus eine neue durchgreifende Lebensform erschaffen, oder, was freilich schwer halten wird, das christliche Princip sich aneignen.

In Hinsicht des ersteren Falles walten allerdings nicht minder große Bedenken. Wir wollen dem Weltgeist nicht die Kraft absprechen, auch außerhalb des Christenthums noch ganz ungeahnte Gestalten erzeugen zu können. Sehen wir aber, daß im Islam selbst so oft schon Ansätze gemacht sind, seine Starrheit zu überwinden, der individuellen Lebendigkeit Raum zu schaffen, das tödtliche Nivellement des formellen Glaubens und einer stumpfen Werkheiligkeit zu entfernen, daß aber alle diese ohne eigentliche Resultate verschwunden sind, oder als Secten eine verkümmerte Existenz fortsetzten, so kann man ihn nicht mit dem Christenthum vergleichen, welches in der Griechischen, Römischen und Protestantischen Kirche nicht blos für die nationale Differenz der Slaven, Romanen und Germanen äußerliche Unterschiede aufstellte, sondern zugleich einen inneren Fortschritt erwarb und mit Männern, wie Athanasius, Justinian, Gregor VII. und Innocenz IV., Luther und Calvin, Leibnitz und Kant, das Abschließen bestimmter unter sich zusammenhängender Bildungsepochen bezeichnet. Im Islam ist nur ein Neben- und Nacheinander ohne Continuität der Momente. Wie der Wind der Wüste den eingetretenen Fußtapfen sogleich spurlos verwehet, so beginnt im Islam bald hier bald dort eine neue Bildung, um, wie alle übrigen, an denselben Hindernissen zu scheitern und resultatlos zu verschwinden. Propheten treten auf; Mönchsorden werden gestiftet; der Korân wird bald nach der Tradition supernaturalistisch, bald nach subjectivem Verständniß rationalistisch ausgelegt; dicke Commentare werden mit Talmudistischem Scharfsinn geschrieben. Aber Alles bleibt beim Alten; das Ganze kommt nicht einen Zoll weiter. Seitdem der Gasnevide Mahmud das nordwestliche Indien eroberte, hat der Islam beständig das Interesse gehabt, sich mit dem ihm in so vielen Puncten heterogenen Hinduismus auszugleichen. Er behandelte ihn mit der größten Toleranz, allein dies hat nicht genügt. Der Kaiser Akbar, der 1605 starb, verfiel auf den Gedanken, den Islam mit dem Parsismus und Brâmaismus in Ein System zu verschmelzen. Man hat Akbar dem Kaiser Julian verglichen; allein sein Synkretismus lag auch schon in der Grundformation des Islam, der in seinen besonderen Elementen durchaus eklektisch ist. Für den Brâmismus war Akbar durch den Dichter Fecsi gewonnen. Akbar hielt alle Freitage einen theologischen Abendcirkel, in welchem so lange über Religionsmaterien disputirt wurde, bis zuletzt Niemand mehr wußte, woran er eigentlich war. Den Sonnendienst wollte er als symbolischen Cult für den Einen Gott beibehalten, eine Menge sittenrechtlicher Reformen machen und die Glaubensformel dahin abändern: Es ist nur Ein Gott, und Akbar sein erster Priester. Von der Kenntniß des Christenthums versprach er sich anfänglich viel und schrieb sogar, seiner Urkunden vollständig habhaft zu werden, an den König von Portugal, der damals im Morgenlande ziemlich in eben so großem Ansehen stand, als im Abendlande der Priesterkönig Johannes, an welchen noch Emanuel seinerseits von Portugal aus Aufträge richtete. Allein die Geschichte Christi sagte Akbar's philosophischem Deismus nicht zu; er verwarf das Christenthum seiner thaumatischen Elemente wegen. Unter seinem Sohn Jehon, der sich mit dem Ausbau von Delhi beschäftigte, während sein Vater Agra zur prächtigsten Stadt erhoben hatte, verfielen alle diese Reformen. Eine andere Synthese des Islam und Brâmismus ward schon vor Akbar von Nanak Guru aus dem Volk heraus versucht. Aus ihr sind die Seikhs hervorgegangen, die jetzt unter dem Maha Radscha Rendschid Singh im Pendschab eine so große Rolle spielen. Aber schon daß diese Verbrüderung erst seit etwas länger als einem Menschenalter in die Geschichte mit einiger Bedeutung eingetreten ist, während ihr Stifter ihr so lange vorausging, begründet kein günstiges Vorurtheil für ihre Entwicklung, wäre nicht die Neutralisation jener Elemente an sich unmöglich und die Basis der einstweiligen Annäherung nur der materielle Egoismus, denn die Seikhs und die Maratten sind eben so continentale Raubstaaten, wie die Barbaresken maritime.

Wenn Mohammedanische Staaten sich selbst überlassen bleiben, so gerathen sie auf die Länge immer in Verfall, weil der Islam für die Entfaltung eigenthümlicher Lebendigkeit zu wenig Raum gestattet. Christliche Staaten haben dagegen das Charakteristische, daß sie progressiv aus jeder Epoche der Zerrüttung zu neuer Energie sich zusammennehmen. Nun könnte gegen diese Behauptung der Glanz der Khalifate, der Ruhm der Künste und Wissenschaften bei den Arabern angeführt werden. Um nicht zu weitläufig zu werden, wollen wir nur einige Hauptpuncte hierbei hervorheben.

Wie die allgemeine Weltstellung des Islam die ist, zwischen den Naturreligionen und der selbstbewußten Geistigkeit des Christenthums eine bewegungslose, nur in fanatischen Ausbrüchen momentan aufgährende Mitte auszumachen, so ist er auch in politischer Beziehung eine solche schlechte Mitte. Der Willkür des Despoten steht die Willkür des akephalen Pöbels gegenüber. Empörung ist die perennirende Form der Geschichte des Islam. Es existirt in ihm weder eine rein hierarchische, noch eine rein feudale oder demokratische Staatsform; am wenigsten, was den Europäischen Occident auszeichnet, ein fruchtbarer Gegensatz von Kirche und Staat. Vielmehr ist im Khalifat jedesmal die höchste kirchliche und politische Würde unmittelbar und erblich vereinigt. Ursprünglich hatte dies noch einen Sinn. Als aber nicht mehr nur Ein Khalifat bestand, als mit der Vervielfältigung desselben die Eroberung der Gewalt der Waffen das Heft der Entscheidung in die Hand gab, trat eine zwiefache Nothwendigkeit ein: erstlich mußte eine geschickte Administration für die eroberten Länder geschaffen werden; zweitens mußten stehende Heere, zunächst als Leibgarde des Khalifen, den Eroberern selbst beständigen Nachdruck geben.

In jener Beziehung haben die Mohammedaner viel geleistet; in der Municipalverwaltung, im Steuersystem, in der Polizei haben sie eine Menge kluger Einrichtungen ausgefunden, welche auch christlicher Seits in Spanien, im südlichen Frankreich, in Italien oft adoptirt sind. Es hing dies bei den Moslemim im Mittelalter mit dem blühenden Zustand ihrer Seiden-, ihrer Goldstoff- und Sammtfabriken, ihrer Metallarbeiten und schönen Steinschleifereien zusammen. — In der zweiten Beziehung aber hat sich die Geschichte aller Khalifate in einen Militärdespotismus aufgelöst, in welchem, wie immer in solchen Fällen, das stehende Heer die Macht an sich riß und den Khalifen von sich abhängig machte. Die Geschichte des Aegyptischen und Türkischen Sultanats zeigt uns einen von der Willkür der Mameluken und Janitscharen stets in Schach gehaltenen Thron und die Begünstigung des Fremdländischen hat bei Mehemet Ali wie bei Mahmud keinen andern Zweck, als sie gegen solche Willkür nach Innen zu selbstständig zu machen. An ein eigentliches politisches Leben ist unter solchen Umständen gar nicht zu denken. Der Genuß der bürgerlichen Ruhe und Bequemlichkeit, der Harem, der Spazierritt, die Pfeife, das Schachspiel, das Opium u. s. w., das sind die Freuden des Muselmanns. Die Freiheit als solche sich zum Zweck zu machen, kommt ihm nicht bei. Er hat keinen Begriff davon, daß die Verfassung eines Staates darin besteht, für die Herrschaft des Gesetzes Garantie zu geben. Die Geschichte aller Mohammedanischen Staaten hat daher eine widrige Monotonie an sich, weil man gar keine eigentliche Entwicklung darin verfolgen kann, sondern immer nur von Neuem das Schauspiel von nichtswürdigen Verschwörungen, Empörungen und blutigen Thronstreitigkeiten vor sich hat, bei welchen nur die Figuren wechseln, der Inhalt aber der nämliche bleibt.

Kunst und Wissenschaft haben sich daher nicht aus sich selbst im Islam entfaltet, sondern sind theils nur eine Unterhaltung des Luxus, theils, in ihren größten Phänomenen, imperatorische Improvisationen gewesen. Das Letztere gilt vorzüglich von den imponirenden Bauwerken in Spanien, in der Levante und in Indien. Um nicht in ein ermüdendes Detail zu gerathen, will ich nur bemerken, daß die Impulse zur Kunst bei den Mohammedanischen Völkern beständig aus ihrer Individualität oder von Außen her entsprangen, dem Korân selbst aber eine ästhetische wie scientifische Indifferenz am congruentesten ist. Ich will nur ein paar Thatsachen anführen. Vor dem Auftreten Mohammeds hatten die Araber eine theils lyrische, theils epische Volkspoesie, worin Liebe, Krieg und Gastfreundschaft das begeisternde Thema waren. Die Messe von Okkadh war der Punct, welcher die Sänger concentrirte und wo die besten Gedichte durch Preise geehrt wurden. Mohammed selbst war kein Dichter. Man hat vom Korân öfter die falsche Vorstellung, als sei er in Versen geschrieben. Dies ist nicht der Fall. Er ist ein Werk der rhetorischen Prosa; nur die Endzeilen der Suren sind Verse. Mohammed war kein Dichter und hatte selbst das Bewußtsein darüber, indem er gelegentlich aussprach, er brauche es auch nicht zu sein. Ein mit der orientalischen Literatur gründlich vertrauter Gelehrter, der sich für seinen Zweck längere Zeit in Kairo aufgehalten hat, der Dr. Weil, der treueste Uebersetzer von Schamaschari's goldenem Halsband und von Tausend und Einer Nacht, hat in einer besondern Monographie gezeigt, wie mit dem Korân die Arabische Poesie in theologischer Dialektik, in enkomiastischer Hofdichtkunst und in Schulgelehrsamkeit verkümmerte. Er stellt die Sänger der Moallakât wenigstens eben so hoch, als Herr von Hammer den Motanebbi. Auch Tausend und Eine Nacht wird oft für eine Emanation des Islam gehalten. Allein es ist nun zur Genüge eingesehen, daß im Grunde der ganze Orient Einschlagsfäden zum Auswirken dieser bunten Arabesken geliefert hat. Die in Europa am bekanntesten gewordene Redaction ist allerdings eine Arabische, muthmaßlich unter der prachtliebenden Dynastie der Mamluken in Aegypten in der zweiten Hälfte des dreizehnten Jahrhunderts verfaßte. A. W. v. Schlegel gab sogar als Fingerzeig für die Sonderung der ursprünglichen Elemente darin an, daß alle Erzählungen, in welchen Feen, Thierverwandlungen u. s. f. vorkämen, aus Indien stammten; solche, in denen leidenschaftlich zärtliche Prinzen die Hauptrolle spielten, Persisch, solche endlich, worin ein Vater den Sohn an eine Sclavin verheirathet, Arabisch wären, da natürlich eine solche Verbindung für die aristokratische Haltung der Indischen Kasten undenkbar sei. Der Korân verbietet ausdrücklich das Erzählen von Mährchen als ein loses Geschwätz und da er auch die Sculptur und Malerei auf die Bildung todter Gegenstände beschränkt, so kann man wohl mit Recht sagen, daß Alles, was sich von pantheistischem Tiefsinn in der Poesie der Persischen Secte der Ssufi's, von phantastischen Combinationen in den Mährchen, von Miniaturgemälden in den Handschriften, von Thierbildungen in der Sculptur, wie im Löwenhof der Alhambra zu Granada, vorfindet, eben so eingeschmuggelt ist, als die Heiterkeit der Persischen Weinschenken, für deren erquickende Würze der strenge Anhänger des Islam nur den leib- und seelverderblichen Genuß des Opiums besitzt.

Von der Wissenschaft wäre dasselbe zu sagen. Selbst in der Mathematik zeigen nähere Untersuchungen unserer Tage, daß die Originalität der Araber darin nicht so groß ist, als man gemeint hat. Der philosophische Eifer, mit welchem die Saracenen des Mittelalters bei den Griechen in die Schule gingen, ist längst verflogen und für die gründliche Beschreibung anderer Wissenschaften, deren Bedürfniß man in neuerer Zeit gefühlt hat, der Koran eine fast unübersteigliche Grenze. Ich führe aus Taylors Geschichte des Mohammedanismus ein interessantes Document darüber an. Mehemed Ali ließ in Paris den Scheich Refaa studiren, um nach seiner Rückkehr in Aegypten die Europäischen Wissenschaften zu lehren. Refaa beschrieb seine Reise, umging aber in derselben Alles, was ihn in den Verdacht der Ketzerei bringen könnte, mit einer Geschicklichkeit, um welche ihn, wie Taylor meint, Galilei beneidet haben würde. Refaa's eigene Worte sind: „Die Franzosen zeichnen sich am meisten in den praktischen Wissenschaften aus, sind aber auch mit den speculativen wohl vertraut. Doch haben sie gewisse philosophische Grundsätze, welche von denen aller übrigen Nationen abweichen, wissen sie jedoch mit solchen Gründen zu unterstützen, daß sie einen hohen Grad von Wahrscheinlichkeit gewinnen. In der Astronomie z. B. sind sie sehr bewandert und haben ihren Instrumenten eine Vollkommenheit gegeben, welche sie die Alten bei weitem übertreffen läßt. Hiermit verbinden sie jedoch gewisse den heiligen Büchern widerstreitende Meinungen, wie z. B. daß sich die Erde um ihre Axe drehe u. s. w. und führen dafür schwer zu beseitigende Gründe an. Ich könnte noch viele dergleichen Sonderbarkeiten anführen und mache meine Leser vielleicht später damit bekannt. Jetzt nur so viel, daß ihre wissenschaftlichen Werke voll davon sind und der Muselmann, der Französische Bücher lesen will, muß erst in Lehren des heiligen Korân ganz fest werden, sonst läuft er Gefahr, seinen Glauben einzubüßen." Mit der größten Vorsicht fährt der Scheich nach Mittheilung richtigerer Ansichten fort: „ein gelehrter Europäer habe behauptet, die Bewegung der Erde um sich selbst und ihre runde Form widerstreite der heiligen Schrift keineswegs, weil diese lediglich die moralische Bildung des Menschen bezwecke, und ihre Ausdrücke nicht nach wissenschaftlichen Bestimmungen, sondern nach den äußeren Erscheinungen wähle. Wenn es z. B. heiße, Gott habe die Sonne stehen lassen, so bedeute dies nichts anders, als, er habe das Verschwinden ihres Lichtes nur einige Zeit verschoben und deshalb die Erde in ihrer Bewegung wirklich aufgehoben. Das heilige Buch sage, die Sonne stehe still, weil es dem Auge so vorkäme, als wenn sich die Sonne bewege."

Fassen wir Alles zusammen, was uns bisher beschäftigt hat, so werden wir wohl geneigt sein, dem Urtheil eines feinen Beobachters unserer Tagesgeschichte beizustimmen, daß man in allen neuernden Reformen des Türkischen wie des Aegyptischen Sultans, welche im Orient unter dem Ausdruck Nizzam-Dschedid zusammengefaßt werden, nur von der Noth des Augenblicks aufgedrungene politische Maaßregeln, keineswegs eine Tendenz des Islam zu wahrhafter Civilisation, ein Streben über sich selbst hinauszubringen, zu sehen habe. Der Islam ist zu stolz, zu selbstgenügsam, zu denkfaul, als daß er mit der Humanität und deren progressivem Princip selbstbewußter Freiheit sich ernstlich vereinigen könnte. Das große Interesse, welches die Eroberung Algiers bei allen christlichen Nationen gefunden hat, ist unstreitig durch den Gedanken vorzüglich mitbedingt, daß damit der Anfang gemacht sei, die seit der Gründung der Khalifate in Nordafrika vorherrschende Dumpfheit des Islam zu vernichten. Was der heilige Ludwig, was Karl V. ohne dauernden Erfolg versuchten, was auch jetzt noch zweifelhaft blieb, scheint nun, seit die dreifarbige Fahne von Konstantinehs grauen Kalkfelsen wehet, zur Wirklichkeit gelangt zu sein. Die Europäische Cultur hat seit dem Untergang des Römerreichs zum zweitenmal in Nordafrika einen festen Ausgangspunct genommen. Selbst die Lage Algiers als eines der mittleren Barbareskenstaaten zwischen den größeren Reichen von Marokko und Aegypten scheint in dieser Beziehung von Wichtigkeit und es ließen sich daraus für die Veränderung der Stellung, welche die Freiheit und ihre Cultur dem Fatalismus und der Starrheit des Islam in den nächsten Decennien abzwingen wird, bedeutende Folgerungen machen, würden nicht die schönsten Perspectiven dieser Art durch das mercantilische und politische Interesse der Engländer, den Primat im Handel und zur See zu behaupten, so oft und so schnell zu ephemeren Illusionen verwandelt. Allein von einem höheren Standpunct aus sind auch solche Retardationen der Humanität nur ephemer und die göttliche Nothwendigkeit der Freiheit bricht endlich siegreich durch alle Nebel des Egoismus. Vor den milden Strahlen dieser ewig leuchtenden Sonne der Menschheit wird auch die Trübheit des Islam einst verschwinden müssen!

IV.

Der alte Zigeuner.

Eine Skizze.

Wer einen schönen stattlichen Mann sehen will, der richte sein Auge auf unsern Oberhofprediger; der nette Fuß, die pralle Wade im Seidenstrumpf, der Brutuskopf mit den tausend krausen Locken, die feinen Lippen, der Anstand und die Würde seiner Haltung, alles verräth Dir den gebildeten Weltmann, der mit sinnigem Verstande in die dumpfe Geistlichkeit etwas von moderner Eleganz hineinzutragen wußte.

Ich liebte diesen Mann; er war einer von den Geistlichen, der weltlich genug war, um auch etwas geistig zu sein. Seine unschuldige Passion waren die Weiber; er verhehlte seine Vorliebe für sie nicht, sondern sprach natürlich und offen von natürlichen Dingen.

Ich muß vorbemerken, daß die Aufmerksamkeit, die unser Freund dem schönen Geschlecht widmete, rein platonisch war, daß durchaus nichts körperliches mit unterlief, und er sich hierin gerade von einigen pietistischen Amtsbrüdern unterschied, die in ihrem dunklen Herzen gewaltige Triebe verschlossen, die sich immer abmühten, die geheime Gluth zu dämpfen, und sich nicht der geringsten Versuchung aussetzten, weil sie fühlten und fürchteten, ihr schwaches Fleisch werde unterliegen.

Mein Freund hingegen erzählte arglos, wie eine seiner christlichen Freundinnen eine besondere Vorliebe für seinen Brutuskopf empfände, wie sie es sich zur Sorge und Aufgabe ihres Lebens gemacht habe, diesen in schönster Fülle zu erhalten; er gestand frei, wie er oft der christlichen Freundin zu Füßen auf einer Fußbank sitze, sie sein Lockenhaupt zwischen ihren Händen halte und mit ihren Lilienfingern ein Löckchen nach dem andern wickele, brenne und aufs anmuthigste aufputze.

Freilich machten die Pietisten einen gewaltigen Lärm über dergleichen Dinge; sie konnten nur nach der heißen Sinnengluth ihrer Brust den Hofprediger beurtheilen und verdammten ihn ohne Weiteres, riefen Strafen und Flüche über sein Haupt herab, und hielten die Religion selbst für gefährdet.

Er hatte eine Frau und sieben erwachsene, ziemlich korpulente Töchter, also mußte jeder Verdacht schweigen. Die Wickelgeschichte geschah bei offenen Thüren, so daß alle Domestiken des Hauses als unpartheiische Zeugen seiner Tugend aufgerufen werden konnten.

An einem kalten November-Abend war ich bei ihm. Wir hatten eine Flasche Wein geleert; durch den Geist des Getränkes war unsere gegenseitige Mittheilung auch wärmer und geistvoller geworden; die hohe Astral-Lampe gab ein schönes Licht, der Kamin eine behagliche Temperatur, und der Gegenstand unseres Gesprächs uns ein wahres Vergnügen.

Die bleiche magere Frau des Predigers von ihren sieben hoffnungsvollen Töchtern gefolgt, stürzten zwischen unsere Unterhaltung und zerrissen den Faden derselben.

„Jesus Christus!“ — rief Pauker, wie ich ihn nennen will — „Weib, was geschieht, was soll geschehen?“

„Strafe von Gott!“ — seufzte die Frau; „Vater, was wir erleben!“ — zwitscherten die holdseligen fetten Mädchen durcheinander — „o, es ist schändlich, kaum zu sagen, schändlich!“

„Redet, redet, was ist's?“ donnerte der Hofprediger.

„Denke Dir, Vater“ — nahm die Frau das Wort — eine Herde braunschwarzer Heiden hat sich eingefunden und unter den Säulen der Vorhalle unserer heiligen Kirche ihr Sündenlager aufgeschlagen! Sei Gott uns gnädig, das bedeutet das nahe jüngste Gericht!“

Der Gottesmann gerieth außer sich vor Zorn, er maß mit großen Schritten die Stube, fuhr mit seiner runden blüthen=weißen Hand in die dunklen Locken und betrachtete sich im großen Spiegel, wie er sich in den Affecten der Wuth und des Zornes ausnehmen möchte.

Der Küster, der heftig eintrat, störte ihn in seiner prüfenden Selbstanschauung; der zweite Prediger folgte auf dem Fuße, stellte sich dem Hofprediger mit trotziger Gebehrde entgegen und rief mit Donnerstimme: „Da haben wir die Frucht unserer modernen Moral=Principien; das ist Gottes Hand die uns züchtigt, er sendet das Volk der Wüste gleich Heuschrecken zu uns, um die Säulen unsers Tempels zu schänden und zu benagen!“

Mein Freund maß mit großen Schritten die Stube;

er trat zum Kamin, fachte die Lohe stärker an und starrte schweigend in die Flamme.

Der Diakonus folgte ihm mit wüthenden Blicken und die Helle des Feuers und der Lampe brachte eine seltsame Beleuchtung auf seinem Gesicht hervor, das von Leidenschaft roth gefärbt, mit stark angelaufenen Adern an der Stirn die Bewegung und den Kampf seines Gemüths deutlich verrieth.

Als Alles schwieg und selbst die dicken Töchter des Oberhofpredigers, die, obgleich sie mit ihrer Zahl und ihrem körperlichen Dasein fast den ganzen Raum des Zimmers füllten, nur ganz leise, wie Grillen am Mittag, zu zirpen wagten, hob der Diakonus seine Arme hoch empor und rief mit seiner gewaltigen Stimme: „Ich sehe, es geschehen, wie zu Christi Tagen, täglich mehr Gräuel im Lande; Taubenhändler und Viehverkäufer siedeln sich an der geheiligten Stätte an; ja, nur noch einen Schritt, nur noch einen Fußbreit weiter: so siegt Heiden- und Judengeist ganz, und unsere heiligen Tempelsäulen brechen und begraben das kleine Häuflein ächter Jünger unter ihren Trümmern. Aber" — fuhr er mit erhöh'ter Stimme und geballten Fäusten fort, wobei alle sieben Mädchen sammt der Mutter mit den Augenlidern zuckten; — „so wahr ich Wolfzahn heiße, ich will Deine Säulen stützen, ich will Deinen Altar vom Gezüchte rein fegen, ich will das Vernunftlämpchen der Weibergötzen auslöschen und die Wahrhaftigkeit des Glaubens vertreten!"

Mit verhaltenem Zorn im Herzen, doch im Gesicht ein schwaches Lächeln, trat der Hofprediger zu ihm und sagte scharf: „Herr Bruder, wozu sich so sehr ereifern und mit Händen und Worten um sich schlagen! Das kann zu nichts dienen."

Der Diakonus war zu sehr erhitzt, um sich durch diese leise Weisung in seinem Texte stören zu lassen. Den festen Blick auf meinen Freund gerichtet, versetzte er: „Ich werde die Wahrheit vor aller Welt vertreten, keine menschliche Gewalt soll mich hindern so zu reden, wie ich denke und fühle! Unser ist die Schuld aller Gräuel unserer Zeit; wir haben es selbst vorbereitet; wir sind vom reinen Glauben abgewichen und haben hübsche poetische Bilderchen aus der kernigen, heiligen Schrift gewählt! Wir haben unsere Reden mit Blümchen bestreuet, um Lieblinge der Weiber zu werden und ihren Grillen und Launen nachzugeben! Anstatt von der Sonne der Wahrheit, wollen wir uns vom Lichte unseres Dünkels führen lassen! Anstatt des ewigen großen Gottes, haben wir einen Götzen ausgebildet, dem wir Weihrauch streuen! Daher die Strafen, daher der Unglaube der Zeit! Daher die Entweihung alles Heiligen, wie eben jetzt geschieht!"

„Still, stille!" — rief der Hofprediger mit Majestät und Würde — „hier in meinem Hause ist ein neuer Bußprediger nicht am rechten Orte; überhaupt aber ist kein Mensch, sondern allein Gott unser Richter, denn er ist es selbst, der im großen Weltleben neue Ideen, neue Grundsätze und Lebensansichten entwickelt; durch Fortschritt aller Künste und Wissenschaften reift der Menschengeist immer mehr seiner Vollendung entgegen und kein Fluch, kein Bannspruch kann ihn in den engen Schranken verjährter Vorurtheile einschließen. So scheint die Zeit sich auch zu nähern, wo wir mit aufgeklärtem Verstand über alle abergläubische Albernheiten lächeln werden!"

„Jetzt helfe mir Gott" — brüllte Wolfzahn mit schäumendem Munde — „Bibelwahrheiten nennt man verjährte

Vorurtheile! Schlägt nicht der Donner in das Haus und zermalmt den Wurm, der diese Lästerung gegen den Höchsten auszusprechen wagt!?"

Der Hofprediger biß sich auf die Lippen; seine sieben Töchter standen wie bleiche Marmorbilder längs der Wand, und blickten mit weinerlicher Gebehrde auf den Vater; die Frau zitterte am ganzen Leibe, und rang die Hände, wobei sie Wolfzahn mit flehenden Mienen anschaute.

Diese unheilschwangere Stimmung ward durch die Ankunft eines Boten unterbrochen, der den Diakonus aufsuchte und ihm die Meldung machte, daß sein schöner Lieblingskater Muzius von den gräulichen Heiden eingefangen, abgeschlachtet sei und jetzt am Feuer brate, um von ihnen verspeist zu werden.

Eine unaussprechliche Wuth drückte sich im ganzen Wesen des Diakonus aus; er ballte die Fäuste und stemmte sie trotzig in die Seiten, seine Stirn faltete sich in kleine Fältchen und seine Augen loderten wie Kometen in der Winternacht; er schien keines Wortes mächtig zu sein, denn der Anfang mehrerer Reden löste sich in ein unverständliches Gemurmel auf.

Zuletzt machte ein Fluch auf das sündliche Haupt der Heiden und ein Seufzer über den schmählichen Tod seines Katers seinem gepreßten Herzen Luft; er trat drei große Schritte zum Kamin, starrte in das Feuer und zerdrückte eine Thräne der Wehmuth, die sichtbar ward, in seinen Augen.

Der Oberhofprediger hatte sich jetzt gesammelt; er sagte mit sonorer Stimme: „Herr Bruder, unser Eifer führte uns ganz vom Gegenstande ab; wir müssen zu einem Entschluß schreiten, um die Kirche von dem Gesindel zu reinigen;

wäre es nicht zu spät, so würde ich aufs Schloß gehen, um den Befehl auszuwirken, daß das Regiment rother Husaren aus dem nahen Städtchen herbeordert würde; allein das kann jetzt vor Morgen nicht ins Werk gerichtet werden, und darüber bleibt das Volk die Nacht ruhig unter dem Verdache unsers Gotteshauses."

„Wir sind selbst genug, Herr Konfrater," — entgegnete der Diakonus wieder scharf und trotzig. — „Freilich, soll uns jetzt das Vernunftflämmchen erleuchten und schützen, so möchten wir erbangen und verzagen; aber hier beweist sich die Macht und Herrlichkeit unsers Gottes; seine Blitze sind unsere Diener, seine Donner unser Schild; unsre Worte werden Pfeile, die das Herz der Verbrecher durchbohren; ja, im Namen dessen der unser Herr und Vater ist, werden wir das ganze Höllenheer bändigen und verjagen."

Der Hofprediger mußte, so unlieb ihm die Geschichte war, am kalten stürmischen Herbstabend sich zur Begleitung entschließen. Er gab seiner Frau einen Wink, worauf die Sorgsame erst ein Paar dicke Wollstrümpfe herbeibrachte, welche das Eine der dicken Mädchen dem Vater über die Beine, und dieser darüber seine großen Jagdstiefeln zog, um sich auf jede Weise vor dem schädlichen Einfluß der Nässe zu schützen. Nachdem er auch einen tüchtigen Pelzmantel umgelegt und eine Pelzmütze mit Ohrklappen aufgesetzt hatte, trat er in Begleitung der beiden Männer, des Küsters und des Diakonus, den Weg nach der Kirche an. Die Mutter sammt ihren Töchtern vermochten ihre Angst nicht zu bewältigen, sie zitterten und blickten sich stumm mit großen Thränen in den Augen an, und die Jüngste, welche zuweilen an schwachen Nerven litt, wurde sogar ohnmächtig und mußte von den Schwestern, die selbst vor Angst um das Wohl des Vaters einer Ohnmacht nahe waren, zu Bette gebracht werden.

Es war in der That auch eine der stürmischsten, unfreundlichsten Herbstnächte im nördlichen Deutschland; der Himmel, schwarz wie ein Bahrtuch, legte eine gleiche Finsterniß über die Erde. Im kalten Nordost-Winde rieselte ein feiner, dichter Regen nieder, und durch die Kastanienbäume, welche die Allee bis zur Kirche bildeten, saus'te der Sturm unheimlich und wild, stöberte die alten Blätter herab und warf die stachlichten Früchte klatschend zur Erde.

Wolfzahn in Eifer über den Mord seines Katers und die Entweihung der Kirche, schritt immer eine Strecke voran, und vermochte seine Ungeduld nicht zu zügeln. Mit verbiss'nem Grimm kehrte er von Zeit zu Zeit mehre Schritte zurück, um bei seinem geistlichen Vorgesetzten zu bleiben, der langsam mit Ruhe und Anstand fortschritt und dem Küster, dem seine Frau noch eine große Laterne mitgegeben hatte, befahl, hier und dort zu den Füßen des geistlichen Herrn zu leuchten, damit nicht irgend ein Stein oder eine schlüpfrige Stelle ihn zum Falle brächte.

Der alte Mann that mit gewohntem Amtseifer seine Pflicht; sein Rückgrad, das von achtzig Jahren krumm gebogen war, beugte sich noch tiefer, um Gefahr und Mißgeschick zu meiden; seine dürre, fast nur noch mit Haut bekleidete Hand zitterte am blanken Messingringe der Laterne, und die Kniee schlotterten ihm vor Frost. Kein Wunder auch; sein schwarzer Leibrock bestand aus dünnem, abgetragenem Tuche, aus Ehrfurcht vor dem Vorgesetzten trug er seine steife Lederkappe in der linken Hand, so daß der Regen auf sein ehrwürdiges Haupt fiel, und der Sturm ihm das triefende Silberhaar um die Wange peitschte.

Sie näherten sich der Kirche und erkannten schon von Weitem eine dunkle, verworrene Masse, die unter den Säulen lagerte, und im dumpfen Geräusch sich bewegte.

Als sie nun dichter hinzutraten, fanden sie auf den Steinplatten der Vorhalle ein Feuer angezündet, das aber nur unsicher und schwach empor flackerte, da das Säulendach nicht so weit vorsprang, es gegen Wind und Nässe zu schützen.

Die Nacht lag kalt und todt über der Flur; die Bäume sausten im Sturm und der Regen klatschte von der Kirchenkuppel in stürzenden Güssen nieder. Im Hintergrunde und um das Feuer lagerten die Zigeuner in wilden grausigen Gruppen durch einander. Der Regen schlug von Zeit zu Zeit dermaßen auf das Feuer, daß tiefes Dunkel die Scene einhüllte und die Gluth zu verlöschen schien. Dann fachte ein frischer Luftzug die Flamme wieder an und warf ein zitterndes Zwielicht auf die bunte Gruppe. Hier lag ein halbbekleidetes Weib, mit Gesicht und Füßen zum Feuer gekehrt, den Säugling an der Brust; mit der einen Hand hielt sie das Kind, mit der andern einen Knochenrest, den sie begierig abnagte. Eine andere weibliche Figur streckte sich neben dieser, halb schon vom Schlafe betäubt; sie hatte das Haupt mit dem wild verworrenen Haar an eine der Tempelstufen gelehnt, und schien es nicht zu empfinden, wie der Regen ihren Kopf benäßte.

Ein paar Buben kauerten dicht daneben, und verzehrten, mit listigem Blick in den dunkeln Augen, einige Frösche, die ihnen Zufall und Glück in die Hand und jetzt in den leeren Magen führte. Männer und Weiber und Kinder lagen bunt durcheinander, und schienen noch am Reste des Mahls zu nagen, oder im Halbschlafe sich zu wiegen. Ein Greis von sehr hohem Alter schritt allein aufrecht unter den Säulen auf und nieder.

Beide Prediger sammt dem alten Küster hielten einige Augenblicke an, um das Bild zu übersehen, und suchten sich zu einer passenden Strafrede zu sammeln. Wolfzahn indeß, der überhaupt von heftigem, jähzornigen Gemüthe war, erblickte nicht so bald die Knochenreste seines Katers im Munde der Zigeuner, als Mitleid sein Herz beregte, und er mit frischer starker Stimme rief: „He, Gesindel, Volk des Teufels, und Erbe ewiger Verdammniß! wollt Ihr Euch packen und das Haus unsers Herrn und Gottes nicht länger verunreinigen und entweihen!“

Die halbentschlafenen Zigeuner erwachten; alle Köpfe richteten sich auf Wolfzahn, und ihre klaren Augen sahen ihn kalt und ruhig an.

Der Greis allein, auf dessen Stirne hundert Lenze mit Hieroglyphen-Schrift Erfahrung und Weisheit geschrieben hatten, trat einen Schritt dem Prediger entgegen und fragte mit heiserer aber kräftiger Stimme: „Warum verlangst Du das, Mann?“

„Warum?“ — rief Wolfzahn erbittert — „Warum ich das verlange, fragt ihr noch? Gesindel! weil dies der Tempel unsers Gottes ist; weil ihr ein sündiges, verfluchtes Volk seid, das mit seiner Gegenwart unser Heiligstes entheiligt!“

„Mann,“ — antwortete der Alte ruhig — „wir haben kein Steinhaus und kein Obdach, kein Bett und keine Decke, keine Kleidung und keinen Ofen; es ist eine kalte rauhe Nacht, der Regen gießt aus den Wolken — laß uns gerne hier rasten, Dein Gott gebraucht diese Nacht seinen Tempel nicht und wird uns freundlich unter dem Vordache Schutz vor Sturm und Wasser gewähren.“

„Gotteslästerer!“ — schrieen beide Prediger wie aus einem Munde — „packt euch sogleich von hinnen oder man wird euch mit Ruthen fortpeitschen!“

Kein lauter Athem ward im ganzen Kreis der Zigeuner vernommen, alle Augen blitzten nur in einer unheimlichen Gluth, der Alte blieb starr und fest wie vorhin und rief laut die Frage: „Seid ihr Christen?“

Die einfache Frage setzte Wolfzahn in die höchste Wuth, er bebte vor Zorn und vermochte sich kaum von Thätlichkeit zurück zu halten; endlich rief er donnernd: „Im Namen unserer weisen und gerechten Landesbehörde befehlen wir euch, diesen Ort zu verlassen, eure Lumpen in den Wald zu tragen und nicht mit euren Teufels- und Thiermörderhänden diesen Tempel zu besudeln!“

„Packt Euch fort“ — rief der Oberhofprediger dazwischen — „wir werden sonst Gewalt mit Gewalt vertreiben müssen.“

Der alte Zigeuner regte sich nicht, er stand über den Häuptern seines Haufens an der Säule gelehnt, und schien den Augenblick abzuwarten, wo beide Gottesmänner schwiegen; als jetzt eine Pause erfolgte, wiederholte er seine vorige Frage.

Als er schwieg, erhoben alle Zigeuner im ganzen Kreise die Stimme und riefen die Frage nach: „Seid ihr Christen?“ Die Kinder, die auf den feuchten Stufen oder im Schooß und an den Brüsten der Mütter schliefen, erschraken vor dem lauten Schrei; ihr Lallen und Wimmern hallte schaurig nach.

Den Oberhofprediger schien diese Frage in mildere Stimmung zu versetzen, er trat einen Schritt näher und sagte mit gemäßigtem Ton: „Aber, guten Leute, die Pflicht unserer Religion, die Würde unseres Standes und die Heiligkeit des Ortes erlaubt es nicht, Euch hier zu dulden; deshalb seht die Sache von der rechten Seite an, es ist weder Willkühr noch Härte, sondern das Ansehn unserer Kirche gebietet uns sie zu schützen.“

„Gut, frommer Mann“ — versetzte der Greis — „so gieb uns eine Nachtherberge und ist sie auch nur in Deinem Stalle bei Deinem Vieh.“

Der Hofprediger blickte verlegen vor sich hin, er rieb sich die weißen Hände, ohne eine Antwort zu finden, und in der Beklemmung seiner Seele richtete er seine Augen flehend auf Wolfzahn. Der Diakonus, der sich nie um eine passende Antwort verlegen fühlte, rief fast höhnisch: „Ei, wie klug ihr seid und für wie dumm ihr uns haltet! beim Vieh wollt' ihr Euch einquartieren, damit wir bei dem Anbruch des Tages ein leeres Nest fänden? Ei, ei! eine recht pfiffige Diebes-Idee, die Euch wohl behagen möchte.“

Nach diesen Worten erfolgte von beiden Seiten eine Pause; man hörte nur das Klatschen des Wassers und des Sturmes in den Bäumen; ein junges Weib, das ein Kind an der halbnackten braunen Brust wiegte, sang eintönig mit fremdem Accent: „Schlaf', Bub', der große Gott wacht über Dir, er macht Dich stark und härtet Dich ab, daß Du das Wasser aus Deinen Haaren schüttelst, wie die Schlange von der gefleckten Haut."

Der Greis war mehrere Male unruhig auf und abgeschritten, er stand zwischen den Säulen und sein ungebleichtes, nur dünne gewordenes Haar flatterte wild im Winde; mit seiner festen, tonlosen Stimme versetzte er: „Ich will Euch die Wahrheit sagen, Männer —, ihr habt einen Götzen und keinen Gott! euren Götzen verehrt ihr hier in diesen Steinhallen, denn er giebt euch Nahrung, Kleider und Ansehn."

„Hättet ihr einen Gott, so wäret ihr mild und menschlich, und Güte und Liebe wohnte in eurem Herzen und ihr achtetet den Menschen, denn Ein wahrer Gott ist unser aller Herr und Vater!"

„Aber die Götzen sind böse Teufel, sie haben, so lange die Welt steht, Leben und Blut, Glück und Gut der Menschheit gefressen; sie haben unschuldige Säuglinge zum Opfer begehrt und das Brod ganzer Völker verschlungen; sie streben allein nach Gewalt und Herrschaft und wandeln über Leichen zu ihrem Ziele."

„Seht, ihr Männer, mein Auge sah ein Jahrhundert in der Weltzeit vorüber wandeln, ich habe viel gesehen und erlebt und darf wohl ein Wörtchen reden; nie habe ich größeren Eigennutz als bei Götzen-Priestern gefunden."

Wolfzahn brüllte mit schäumendem Munde: „Am Pranger sollst Du diese Lästerung gegen unsern Herrn und Lehrer entgelten!"

„Gebehrde Dich nicht so wüthig, Mann" — strafte der Zigeuner den Diakonus mit ruhigen Worten — „ich kenne Deinen Christus besser als Du glaubst und trage seine guten weisen Lehren in meinem Herzen, darum habe ich nicht sein Wort auf den Lippen, darum stammle ich nicht gedankenlos seine Befehle nach; in mir leben sie und herrschen in meiner Brust, wie die Gottheit in der Natur."

„O Vater, strafe diesen schändlichen Lästerer, brenne mit Deinem Blitz sein Gebein zu Asche und streue sie in alle Winde" — betete der Prediger mit gefalteten Händen und fromm zum Himmel gerichteten Augen.

Der Greis stand mit einem sanften verklärten Lächeln im Gesichte; er erhub noch einmal seine laute Stimme und sagte: „Alle Güter des Lebens und der Welt habt ihr als Eigenthum in Besitz genommen; wir haben nichts wie das Leben selbst; die Lumpen, womit wir uns vor Kälte schützen, habt ihr weggeworfen, die von Euch ausgestoßenen Thiere nähren uns, jeder Bach reicht uns den Trank; aber deshalb tauschen wir doch nicht mit Euch, denn wir stehen über Euch an Erkenntniß und sehen Eure Blindheit in allen Dingen; weil ihr den Besitz an Euch gerissen habt, so verwechselt ihr das Leben mit dem Besitz, und Wahrheit mit Dünkel, Liebe mit Leidenschaft, und Leben mit Tod!"

„Aber hört noch meine letzten Worte und schreibt sie auf die Tafel Eurer Erfahrung: „Eine Religion, die nicht im Herzen des Menschen wohnt, nicht auf sein Leben und seine Handlungen wirkt, und ihn milder und nachsichtiger macht, die ist keines Tempels werth, und keines Priesters, denn sie ist nur eine Maske für die Lüge."

Die beiden Geistlichen standen schweigend, auch der Alte schwieg eine Weile, dann stieß er einen tiefen gurgelnden Laut hervor und trat unter die Horde.

In einigen Minuten gerieth der ganze Haufe in Bewegung, die Männer erhoben sich und bürdeten auf ihren Rücken die Bagage, Kinderstimmen tönten wirr durch den Ruf der Mütter und die Reste der in Asche verglimmenden Flammen beleuchteten nur schwach die dunkele Gruppe.

Nach wenigen Minuten war alles aufgeräumt; der Zug setzte sich in Bewegung und verschwand bald in der finstern Nacht.

Beide Prediger kehrten stumm zurück; Wolfzahn entfernte sich schweigend von seinem Amtsbruder und auch der alte, ganz durchnäßte Küster wurde gnädig entlassen. —

Nachdem mein Freund wieder in seinem Hause angelangt war und sich von der Strapaze erholt hatte, schien er sehr nachdenklich und von den Worten des Greises angegriffen.

Ich errieth seine Gedanken und gab ihm den Trost, daß jeder Mensch über den Stand und die Verhältnisse des Andern abspreche, ohne in seiner Stellung besser zu sein. „Setzen Sie, werther Freund," fügte ich lächelnd hinzu, „diesen Naturphilosophen in ein geistliches Amt, geben Sie ihm ein gutes Auskommen, und er wird eben so schnell seine Neigung zum Katzenfleisch, wie seine große weltbürgerliche Idee von der Religion verlieren." —

V.

Die Zerstörung von Jerusalem.

Von

M. Veit.

Als der Allheil'ge nun die Tempelstätten
Preisgeben wollte, sprach er dieses Wort:
Das Maaß ist voll, ich kann sie nicht erretten.

Doch weil, so lang' ich thron' an diesem Ort,
Der Feind nicht wagt, ihn frevelnd zu zerstören,
Wend' ich das Antlitz meiner Gnaden fort.

Und hier bei meiner Rechten will ich schwören,
Bis einst der Morgen der Erlösung tagt,
Zu meinem Tempel nicht zurückzukehren.

Zur selben Stunde stürzt in wilder Jagd
Der Feind herbei, der Tempel sinkt zusammen
Und seiner Priester Häuflein flieht verzagt.

Da wendet sich von den empörten Flammen
Aufwärts der Herr zu seinem ersten Throne,
Daraus die Engel und die Welten stammen.

Metatron aber flehte: Herr, o schone
Des eignen Heerd's und laß uns Engel weinen.
Und Gott: Gleichwie ein Mann, der seinem Sohne,

Dem Einz'gen, was ihm übrig von dem Seinen,
Die Hochzeit ausgerichtet und er stirbt,
So trag' ich Weh um die zerstiebten Meinen.

Mein Tempel ist es, der in Schutt verdirbt,
Der Heiden Schwarm, der sich durch meine Schlachten
Und Strafgerichte Preis und Ruhm erwirbt!

Ihr Engelfürsten, laßt uns jetzt betrachten,
Welch' einen Trümmerhaufen jene Heiden
Aus meiner süßen Ruhestätte machten.

So gingen sie, sich an dem Schmerz zu weiden.
Voran schritt Jeremias. Als sie kamen
Zum grausen Ort, sprach Gott mit bittrem Leiden:

Das ist mein Haus, worin sie meinen Namen
Lobpreisend sangen: Wehe sei gerufen
Um meine Kinder, meiner Treuen Samen,

Um meine Priester an des Altars Stufen,
Um meine Freunde Wehe, die erschlagen
Am Wege liegen unter Rosseshufen!

Und sprach zu Jeremias: Deine Klagen
Sind leer und hohl um mich und um die Meinen,
Drum geh', es meinen Treuen anzusagen,

Daß sie vor Gottes Angesicht erscheinen,
Die Väter meines Bund's und mein Prophet
Und Diener Moseh. Die verstehn, zu weinen.

Und Jeremias: Herr der Welt, wo geht,
Verkünde mir's, der Weg zu Moseh's Grab,
Den noch kein sterblich Auge hat erspäht?

Zu Jordan's Ufer wandre du herab
Und rufe laut: Erstehe, Amram's Sohn,
Sieh nach der Heerde, die der Herr dir gab!

Und rüstig pilgert Jeremias schon
Und kam zur Doppelhöhl', in deren Tiefen
Die Väter fanden ihrer Tugend Lohn,

Wo sie den Schlummer der Gerechten schliefen.
Erwacht, erwachet, Gott der Herr gebeut!
Und warum heute? dumpfe Stimmen riefen.

Ich weiß es nicht, sprach er mit Scheu und Leid;
Er fürchtete des Vorwurfs Stachelworte:
Ergangen ist es so in deiner Zeit.

Und ging und kam zur offnen Grabespforte,
Zu Jordans Strand und rief: Jehovah spricht:
Ersteh', mein Knecht, von deinem Schlummerorte!

Und warum heut? Doch er: Ich weiß es nicht.
Als Moseh nun sich aus dem Fluthbett wandte,
So wie ein Strahl durch dunkle Wolken bricht,

Da ging er zu den Engeln, die er kannte
Vom Sinai, und rief: was ist geschehen,
Daß Gottes Zorn so sichtbarlich entbrannte?

Und sie: Hast du im Geiste nicht gesehen
Des Volkes Trübsal und des Tempels Brand?
Und er zerriß sein Kleid in Schmerzeswehen,

Und pilgert mit den Vätern Hand in Hand,
Bis er zur Stätte der Zerstörung kam,
Wo Gott der Herr mit seinen Schaaren stand.

Vor den Allheil'gen stellte Abraham
Sich klagend hin: Warum, o Herr der Welt,
Erkorst du mich zu solchem bittern Gram?

Und weinend bald hat sich ihm zugesellt
Der Engel Schaar, zu der Jehovah spricht:
Um wen seid ihr zum Klagen aufgestellt?

Um Abraham. Du aber hörst ihn nicht. —
Seitdem mein Liebling ruht in dunkler Klause,
Erschien er nicht vor mir im Himmelslicht,

Und nun, was will mein Freund in meinem Hause?
Da rief der Alte: Herr der Welt, warum
Ersahst du mich zu nie erlebtem Grause,

Und tilgst in Flammengluth dein Heiligthum?
Gedenkst du nicht, daß ich auf diesem Hügel
Den Sohn dir opfern wollte, dir zum Ruhm,

Und siegelst nicht mit deinem Gnadensiegel?
Doch Gott: Gesündiget hat Israel,
Zerrissen treulos des Gesetzes Zügel.

„Und wer, o Herr, bezeugt den sünd'gen Fehl?"
Zur Zeugin ist die Thora dort bereit.
Und sieh, die Thora zeugte sonder Hehl.

O, meine Tochter, denkst du nicht der Zeit,
Sprach Abraham, als Gott den Völkern allen
Dich vorgeführt, mit heißer Dankbarkeit?

Sie hatten nicht an deinem Joch Gefallen,
Da kam mein Volk aus seinem Bann zurück
Und nahm dich gastlich auf in seine Hallen,

Und ehrte dich. Und jetzt, da sein Geschick
Sich nun erfüllt, jetzt willst du es verklagen?
Da wandte sich die Thora, Scham im Blick.

Und Isaak sprach: Als ich den Vater sagen
Die Worte hörte: Gott hat sich erkoren
Das Lamm zum Opfer, sahst du mich verzagen?

Und Jakob sprach: O, wär' ich nie geboren!
Denn meine Kinder, die ich groß gezogen,
Wie junge Brut, sind ganz und gar verloren.

Viel Sorg' um sie hab' ich im Geist' erwogen,
Und nun erweckst du mich, ich muß sie sehen
Vom Strudel rettungslos hinabgezogen.

Und Moseh trat herzu, vor Gott zu stehen.
Er lallte nicht mehr; seine Rede floß
Ihm von den Lippen, stark wie Sturmeswehen:

Vor allem Volk, ein unermüdet Roß,
Lief ich voran, wohl vierzig Jahre lang,
Wo ich des Fluch's, des Segens nicht genoß.

Und als ich nun der Sehnsucht Ziel errang
An unsres Landes mir verschloßnen Thüren,
Da war's, wo ich verscheidend niedersank. —

Noch einmal will ich fort, sie heimzuführen!
Ich will doch sehen, wer sie halten kann,
Wenn sie die Kraft des alten Führers spüren.

Du, Jeremias, ebne mir die Bahn!
Und er: Der Weg ist angefüllt mit Leichen.
Doch Moseh rief: Was thut's, geh mir voran!

So gingen sie, die Stätte zu erreichen
An Babels Bächen, wo zu Schmach und Hohn
Das Volk erlag grausamen Ruthenstreichen,

Wohl Mancher sprach zum andern: Amram's Sohn
Erstand aus seinem Grab' und lös't den Fluch!
Doch eine Stimme kam vom Himmelsthron:

Von Gott dem Herrn ergangen ist der Spruch.
Und Moseh sprach: Er wird den Schmerz euch lindern,
Begnad' euch Gott, der euch in Fesseln schlug!

Den höchsten Willen konnt' er nicht verhindern
Und als er wieder zu den Vätern kam,
Da fragten sie: Wie geht es unsern Kindern!

Und Moseh weinte laut vor tiefer Scham.
Glücklich die Todten! Doch die übrig blieben,
Die einst so trotzten, sind nun scheu und zahm.

Sie wagen nicht, zu hassen und zu lieben.
Sie liegen nackt, dem Hunger preisgegeben,
Erfüllt ist Alles, wie ich's aufgeschrieben.

Die Ketten rasseln, feige Glieder beben
Vor Hitz und Frost. In kümmerlichen Sorgen
Verzehrt sich ihr ohnmächtig Sklavenleben.

Fluch dir, o Sonne, daß du nicht verborgen
Dein Antlitz, daß dir lüstete, zu tagen
Des Tempelbrandes schmachvoll blut'gem Morgen!

Die Sonne aber sprach: Wie magst du sagen
So böses Wort? Mann Gottes, weißt du nicht,
Daß ich, von sechzig Ruthen wund geschlagen,

Dem grausen Jammer leuchten ließ mein Licht?
Und wieder rief, von neuem Zorn durchdrungen,
Der hehre Greis: Herr, deine Lehre spricht:

So Rind als Schaf, das Thier mit seinen Jungen
Sollt ihr nicht schlachten beid' an Einem Tag.
Und sieh, der Feind, hat er nicht gar verschlungen

Den Säugling, der am Mutterbusen lag,
Zusammt der Mutter? Herr, mein Gott, und du,
Du schweigst von solcher offenkund'gen Schmach?

Da aus der Engel Mitte trat herzu
Rahel, die mütterlichste aller Frauen,
Und sprach des Herrn empörtes Herz in Ruh:

Als Jakob um mich warb, da mußt' ich's schauen,
Daß Laban ihm die Schwester zuerkannte;
Grausam getäuscht war Hoffen und Vertrauen.

Und weil mein Herz nach meinem Freunde brannte,
Gab ich ein Zeichen ihm, mich zu erkennen,
Daß uns des Vaters List nicht übermannte.

Doch ich bezwang die Gluthen, die wie Brennen
Der Eifersucht mir um die Seele schleichen
Und wohl den Menschen tief verwunden können.

Der Schwester übergab ich jene Zeichen,
Ja, in der Nähe hielt' ich mich verborgen
Und sprach für sie, das Herz ihm zu erweichen.

Ich führte Spott und kummerschwere Sorgen
Wie Wolken leicht ob ihrem Haupte hin;
Deß ward ich froh an ihrem Hochzeitmorgen.

So that ich, Allerbarmer, und ich bin
Ein sterblich Weib. Doch um die hohlen Götzen
Erglüht in Eifersucht, o Herr, dein Sinn?

Du ließest meine Kinder mir zerfetzen
Vom wilden Feind, auf unbetretnem Wege,
An ihrer Angst den Siegeshohn zu wetzen!

Da ward die Liebe des Allheil'gen rege.
Hör' auf, so sprach er, fernerhin zu trauern
Um deine Kinder, die ich lieb' und hege

Um deinetwillen. Meinen Geist durchschauern
Gesichte mir von einem späten Glück;
Mein Racheschwur, er wird nicht ewig dauern,
Und deine Kinder führ' ich dir zurück!

VI.

Literaturblätter.

1.

Niebuhriana*).

1.

Friedrich August Wolf, gefragt, was er denn von Niebuhr's römischer Geschichte halte, und besonders von der Behauptung, daß in den ersten Büchern des Livius ein altrömisches Epos stecke? antwortete in seiner kaustischen Weise: „Das altrömische Epos wird wohl ein moderner Roman sein." —

Ein andermal meinte Wolf, die Sachen, mit denen sich Niebuhr so abquäle, hingen an ganz andern Fäden, als der in Händen habe! —

---

*) Aus Anlaß des großen Interesse's, das der Name Niebuhr durch die bei Perthes erschienenen Lebensnachrichten und Briefe des großen Geschichtforschers neuerdings in der Literatur erweckt hat, stellen wir hier einige Anekdoten und Urtheile zusammen, die als charakteristische gelten können. Die Briefstellen am Schlusse bezeugen dieselbe unparteiische Anerkennung, die sich auch in einer bekannten Rezension ausgesprochen, und zwar einigen posthumen Ansprüchen nicht genügt hat, dagegen vielen wohlkundigen Männern, und darunter mehreren preußischen hohen Staatsbeamten, fast als ein Uebermaß von Gunst erschienen ist. Eine Anzahl merkwürdiger Briefe von Niebuhr selbst dürften wir in der Folge noch mittheilen.

2.

Niebuhr's römische Geschichte.

Neue, veränderte Auflage.

Neue Fratzen, statt der alten,
Die man sonst für wahr gehalten!
Gebt die alt- und neuen Fratzen,
Die den Hunden, die den Katzen!

A. W. von Schlegel.

3.

Niebuhr wollte die ganz neue Entdeckung gemacht haben, der heilige, im gemeinen Leben nicht erlaubte, aber doch wohlbekannte Namen der Stadt Rom sei Quirium gewesen, daher die Römer denn auch Quiriten genannt und diese abgeleitete Benennung allgemein üblich geworden, der Stadtname aber stets verpönt geblieben. Auf diese unhaltbare, durch nichts zu erweisende und auch unfruchtbare Hypothese hat A. W. von Schlegel ein komisches Lied gemacht, dessen Refrain:

„In Quirium, in Quirium,
Tra lirum, larum, lirium"

von ungemeiner Wirkung ist, und das den besten Chansons der Franzosen an die Seite gestellt werden kann. —

4.

Doppel-Anekdote von Niebuhr und Caraccioli.

Als Niebuhr in Rom preußischer Gesandter war, hatte er eines Tages einen Fürsten zu Gast, gegen den er in Ehrfurcht und Aufmerksamkeit beflissen war. Die Rede kam auf Palestrina, und der erlauchte Fremde richtet an Niebuhr die Frage, wer das sei? Niebuhr stutzt verwundert, und ruft dann lebhaft aus: „Palestrina?“ — Ja, wenn ich recht gehört habe, Palestrina. — „Palestrina, Ew. Durchlaucht? wer Palestrina ist?“ — Und so wiederholte er mehrmals mit zweifelndem Staunen, daß jemand das nicht wisse, sein fragendes „Palestrina“? Bis endlich der gütige Fürst ihm lächelnd sagte: „Ich sehe wohl, ich verrathe meine Unkunde, aber ich weiß es doch nun einmal nicht, wer Palestrina ist, also sagen Sie mir's nur lieber!“ Diese Anekdote, für den Diplomaten und Weltmann ganz karakteristisch, wurde in Rom und dann auch in Deutschland berühmt, und in Bonn war niemand, dem sie nicht mit dem Namen Niebuhr zusammengehörte. Einige Freunde verabredeten in heitrer Stunde, daß jene Anekdote fernerhin nie allein, sondern immer in Verbindung mit dem glänzenden Gegenstücke erzählt werden solle, das einst der Marquis Caraccioli dazu geliefert hatte. Dieser lebhafte und gewandte Italiäner lebte als neapolitanischer Botschafter in Paris, und war durch seinen raschen Witz und sichre Geistesgegenwart berühmt. Um ihn in Verlegenheit zu setzen, oder auch aus Zerstreuung, fragte Ludwig XV. ihn eines Tages: „Combien sont-ils au Conseil des Dix à Venise?“ Und ohne eine Miene zu verziehen: „Sire, quarante," antwortete Caraccioli mit tiefer Verbeugung. Die Antwort gab der Frage den Anschein der Richtigkeit, und Caraccioli zog sich als Meister aus der Sache. In dieser Doppelanekdote sind nun die heterogensten Menschen-Exemplare, Caraccioli und Niebuhr, für immer unauflöslich zusammengefügt! —

5.

Eines der größten Verdienste Niebuhr's ist, daß er Hegel's Berufung nach Berlin veranlaßt und betrieben hat. Seine Freunde, die zum Theil durch Hegel's Wirken in Berlin große Niederlagen erlitten und aus angemaßten Rollen (z. B. Schleiermacher aus der spekulativen) hinausgedrängt worden, haben ihm dieses Verdienst aber am wenigsten angerechnet, ja noch jetzt kaum vergeben. Ueberhaupt muß bei denen, die sich jetzt als Niebuhr's Freunde geben, wohl unterschieden werden, wer wirklich ein Freund der Person war; Manche sind es nur des Namens. Wir kennen von den Letztern einen und den andern, der sich, als Niebuhr lebte, in bittern Reden über ihn erging, ihn belächelte oder verlachte. Nicht alles ist vergessen, was man vergessen wünschte! —

6

Im Jahre 1810 war Niebuhr einer der Kommissarien für die preußischen Kriegszahlungen an Frankreich, und die damaligen Verwickelungen und traurigen Aussichten wirkten so niederschlagend auf ihn, daß er ganz, wie man sagt, den Kopf verlor, und im Schrecken die seltsamsten Aeußerungen vorbrachte. So machte er unter andern in einer Denkschrift, die noch vorhanden ist, den abenteuerlichen Vorschlag, um dem französischen Kaiser jedes Mißtrauen zu nehmen und ihm freundliche Gesinnungen einzuflößen, solle Preußen alle seine noch übrigen Festungen schleifen! Zum Glück trat niemand dieser Ansicht bei! —

7.

Februar 1821.

Es war von Niebuhr die Rede: „Ach, der möchte jetzt selber am liebsten die Schmalzische Schrift, gegen die er ehemals gewüthet, schreiben!"

8.

Niebuhr hat in Rom an des Staatskanzlers Fürsten von Hardenberg Tafel gesagt, wenn Decazes gebraten würde, so möchte er sich ein Stückchen von ihm zum Verspeisen ausbitten. Derselbe hat einmal im Enthusiasmus für den Minister vom Stein zu einem Freunde gesagt: „Wenn Stein mir sagt, ich solle morden, so morde ich!" Seine natürliche Weichheit und Zagheit hätten ihn gegen die Ausführung solcher Gräßlichkeiten übergenug geschützt!

(Von Bartholdy erzählt.)

9.

Aus Briefen.

Bonn, März 1829.

— „Von 7 bis gegen 9 Uhr war ich bei Niebuhr. Zwischen mir und ihm war alles auf einem guten Fuß, keine böse Anspielung, alles mild und sogar zutraulich, er gab mir mancherlei Auskunft über Dinge, die mir wichtig sind. Er ist eine Mischung von Schleiermacher, Voß, Achim von Arnim und Oelsner. —"

*

— „Niebuhr erzählte aus dem Hochtory-Journal die Drohungen dieser Partei gegen Georg IV., daß die Nation, falls er die Katholiken zu emancipiren beharre, das Recht habe, ihn bei Seite zu setzen, und den nächsten Prinzen zum Könige zu machen; ob nicht diese Faktion, fragte er, sobald man ihr nicht allen Willen thut, die ärgsten Jakobiner wären? — Zuletzt verknitterte sich Niebuhr mit Professor von Walther in ein Allein- und Kleinigkeitsgespräch über einige baierische Adelseinrichtungen, die Wirthin blieb aus Artigkeit sitzen, überlang, ein Lächeln war kaum zu unterdrücken! Niebuhr, ohne alles Arg, brachte immer neue und ganz unerhebliche Redensarten, als wäre es die Aufgabe, nicht abzubrechen, sondern fortzusetzen, — genug, die Wirthin mußte doch endlich Gewalt brauchen; aber auch hierin gefällt mir ihre Nachsicht, und eben so die Arglosigkeit Niebuhr's." —

*

— „Wilhelm von Schlegel hat sich hier vor ein paar Jahren, in einer Mittagsgesellschaft von hiesigen Gelehrten, herausgenommen, gradezu auf Goethe zu schimpfen, es sei erbärmliches Zeug, was der jetzt mache, das könne man im Schlaf, er selbst wolle gleich so hintereinander fortreden, wie jener schreibe, und dergleichen mehr. Man nahm ihn beim Wort, er fing an, und blamirte sich völlig, die ganze Gesellschaft zischte, scharrte mit den Füßen, und so weiter. Schlegel sagte zu seinem Tischnachbar Niebuhr: „Ich glaube, Herr Geheimer Staatsrath, Sie scharren nun auch?" — Ja freilich! erwiederte dieser, ich habe gleich zuerst mit angefangen." —

*

— „Heute Mittag war Niebuhr höchst gescheidt und angenehm; — und Abends besuchte ich ihn wieder. — Seine unerschöpfliche Naivetät und jedesmalige Aufrichtigkeit macht gar leicht wieder gut, was er mit überscharfer Bitterkeit oft seltsam ausdrückt; es ist wahr, es kostet ihn gar nichts, von jemandem, den er hassen zu müssen glaubt, ganz gelinde zu sagen: „Wenn ich nur Einmal das Glück hätte, ihm in's Gesicht speien zu können, ihn mit Füßen zu treten!" Aber im Grunde ist's nicht mehr, als eine ausdrucksvolle Redensart." —

*

— „Mit Niebuhr habe ich noch ein recht schönes Gespräch gehabt; er ist doch, alles wohl erwogen, der erste Mann in Bonn. —"

2.

Lebenserinnerungen von Münch.

Die „Erinnerungen, Lebensbilder und Studien von Ernst Münch“ sind schon an mehreren Orten kritisch besprochen und auch im Allgemeinen nach Verdienst und Werth anerkannt worden. Das Buch stellt ein tüchtiges Stück Leben vor Augen, deutsches Leben, und zwar aus einer Gegend von Deutschland, die sich, ungeachtet bedeutender von dort ausgegangener Erscheinungen, bisher im Einzelnen immer sehr abgeschlossen gehalten hat. Wenn die Münch'schen Denkwürdigkeiten nicht mit noch größerem Beifall und entschiednerem Eindruck aufgenommen werden, als bis jetzt geschehen, so liegt das wohl theils daran, daß viele deutsche Leser an der politischen Laufbahn und Denkart des Verfassers — doch gewiß mit Unrecht — irr geworden waren, theils an der großen Ungleichheit, mit der das Buch geschrieben ist. Unläugbar hat dasselbe hellere und dunklere Parthieen, sowohl in Betreff des Inhalts, als der Darstellung; die letztere verfällt manchmal in kleinliche, nicht genug verarbeitete und an allgemeinere Interessen herangeführte Züge, zuweilen auch in einen Ton, der nicht angenehm ist. Dies aber darf nicht hindern, die ausgezeichneten und glänzenden Parthieen in ihrem vollen Werth anzuerkennen. Hin und wieder ist dies auch geschehen; allein die deutsche Kritik ist darin sonderbar, daß sie in manchen Fällen grade das Beste vorübergeht; und sich an Mitt- leres hält. So erinnern wir uns nicht, daß irgendwo ge- bührend erwähnt worden sei, was wir für das Meisterhaf- teste in dem ganzen Buche halten, was uns glänzend über- rascht und in wahren Enthusiasmus versetzt hat: die Schil- derung des berühmten Theologen Hug in Freiburg, eine Schilderung, die wir zu dem Gelungensten rechnen, was in dieser Art je geliefert worden. So viel Markiges und Duf- tiges, Pathetisches und Ironisches, Schlagendes und Spie- lendes, ist hier vereinigt, wieder auseinander gezogen, durch- kreuzt, so viel Bewunderung und Strenge, Hellung und Schatten, Milde und Gewalt, in dasselbe Gemählde zu har- monischer Wirkung zusammengebracht, daß man Stunden lang mit erhöhtem Vergnügen im Anschauen verweilt! Und damit das Bild noch höheren Werth empfinge, ist es gleich ein zwiefaches, und neben Hug haben wir auch Erasmus von Rotterdam in sprechender Wahrheit erschaut! — Auf diese preiswürdige Schilderung wollten wir doch aufmerk- sam machen! —

3.

Görres und die katholische Weltanschauung.

Nachdem die katholische Partei, welche, wie bekannt, in Baiern besonders durch Convertiten und Ueberläufer der Revolution sich vertritt, vergebens bemüht war, der cölner Katastrophe ein religiöses und volksthümliches Interesse einzublasen, sucht die von Philips und G. Görres neugegründete Zeitschrift für das katholische Deutschland uns die „historisch-politischen" Standpuncte in dieser Angelegenheit vor Augen zu rücken, und beginnt in ihrem Sinne mit einer Auseinandersetzung der allgemeinen Weltlage, die, wenn man will, als eine Manifestation katholischer Weltansicht überhaupt in Anspruch genommen werden kann. Es giebt aber heutzutage ebenso wenig eine ächte katholische, als es auf der andern Seite eine ächte protestantische Weltanschauung giebt, sondern die Einheit beider, nach der sie in der Zukunft hinzustreben haben, liegt fern von ihnen auf einer dunklen Höhe, die kaum noch durch ein leises Blitzen der Morgensonne am Zeithorizonte bezeichnet wird. Es wäre komisch, wenn der mit protestantisch-berlinischen Bildungsstoffen geschwängerte Philips, der durch einen frühern protestantischen Demagogen, seinen Schwager Jarcke gesellig zum Katholizismus gebracht wurde, uns nun plötzlich als wahrhafter Repräsentant der ausschließlichen Kirche vollgültig erscheinen sollte. Ebenso komisch wäre es, alsob man in den neulutherischen Bekenntnissen von Scheibel und Steffens den wahren Protestantismus hätte auffangen wollen, oder alsob man in der Evangelischen Kirchenzeitung, die ein protestantischer Theologieprofessor in Berlin herausgiebt, den Kryptokatholizismus zu verkennen so blöde wäre! Die oppositionellen und staatsgefährlichen Elemente, welche das neue Lutherthum in schlesischen Dörfern und auf einigen versteckten berliner Böden vorübergehend gezeigt, hat Steffens nun letzthin in seinem Roman von der Revolution sattsam und offenkundig abgebüßt, und so können wir Euch auf unserer Seite die mit der Revolution versöhnte Reformation aufweisen, Ihr da drüben, die Ihr uns die „aufgeklärte Meute" scheltet! Das bemooste gothische Haupt des alten Görres hat uns dies Wort zugesprochen, und indem wir staunend in seinem Athanasius den letzten Durchgang dieses alten Revolutionnairs durch den Katholizismus mitansahen, haben wir geglaubt klarer als je die heutige Weltlage zu verstehen. Zugleich hat Görres dort im Zusammenhange Das entwikkelt, was er die „katholisch-christliche Weltanschauung" nennt (Athanasius, 2. Aufl. S. 92—94), dieselbe unter Andern folgendermaßen umschreibend: „Freiheit und Gebundenheit, Herrschaft und Dienstbarkeit, Vorrechte und Leistungen im politischen; Berechtigungen und Pflichten, selbstständige Unabhängigkeit und gesetzliche Verbindlichkeit, Eigenwille und Unterwerfung im rechtlichen Gebiete; Anspruch der Gesammtheit und des Individuums, öffentliches Eigenthumsrecht und besonders ein Besitzstand: das Alles konnte vermöge des Prinzipes in so glücklicher Mischung in dieser Ordnung sich verbinden, daß das Ganze in freiester Bewegung, und doch auf gewiesenen Wegen in seinem Kreise sich bewegen mochte, ohne gegenseitig sich zu stören und zu irren; und Alles zwischen gemüthlicher Anhänglichkeit an die Gewohnheit des Herkömmlichen und vorstrebender, keck ausholender Kraft, innerhalb eines bestimmten rhythmischen Maaßes festgehalten, auch nach Außen in seinen historischen Bahnen mit gemacher Eile vorschreiten konnte."

Dies Glück mittelalterlicher und katholischer Weltanschauung, wie es Görres zurücksehnt und neu erhofft, ist aber eine Phantasmagorie, es ist die Phantasmagorie einer Staatseinheit in katholischen und feudalen Elementen, die von der Geschichte selbst niemals in diesem Maße verwirklicht gewesen, und zu deren Verwirklichung auf solchem Grunde sie auch in der Zukunft jede Aussicht abgeschnitten, indem diese Elemente von der historischen Fortentwickelungslinie abgefallen sind. In unserer Zeit ist ein Prinzip gewaltiger geworden als die beiden Mächte des Mittelalters, Kirche und Staat, es jemals waren, dies ist das Prinzip der Individualität, in deren Bereich auch die Religion immer mehr und mehr versinkt, nicht nur um sich dadurch unabhängig zu machen von kirchlichen wie weltlichen Einwirkungen, sondern auch über die traditionnell gewordenen Schranken der Confessionen sich wahrhaft geistig zu erheben. Einen Schritt zur Anerkennung der Individualität im Gebiete des Religiösen hat Preußen schon vor Jahren durch die Union der protestantischen Kirche gethan, unbewußt dazu getrieben durch den Beruf einer voranschreitenden modernen Macht, welchen die Geschichte diesem ihrem jugendkräftigsten Staat ausersehen. Es war natürlich, daß damals die neuen Lutheraner, denen es um den Buchstaben der christlichen Seligkeit streng zu thun war, eine allgemeine Erschütterung des kirchlichen Lebens oder schon die Aufhebung der Kirche selbst befürchteten und beklagten, und daß sie die unirte Kirche für keine Kirche mehr gelten lassen wollten. Sie erhoben gegen die laxe Observanz namentlich bei der Ertheilung und Auffassung des Abendmahls auf die nämliche Weise ihre Oppositionsstimme, wie jetzt es die stabilen und revolutionnairen Katholiken gegen die in den preußischen Landen üblich gewordene laxe Observanz bei den gemischten Ehen gethan. Es ist bemerkenswerth, daß die neuesten religiösen Wirren der modernen Menschheit gerade an den beiden christl. Sacramenten, Abendmahl und Ehe, welche am tiefsten in das Prinzip der Individualität eingreifen, zum Ausbruch gekommen sind. Durch die größere Freigebung dieser Sacramente an die Individualität und deren eigenthümliches Bedürfniß mag sich allerdings der sacramentale Charakter wenigstens in dem kirchlichen Sinne verwischen und wie die Union beim Abendmahl die religiöse Deutung der Persönlichkeit überläßt, so hat es hinsichtlich der Ehe ursprünglich im Gedanken der protestantischen Kirche gelegen, dieselbe als ein individuelles menschliches Band zwar heilig zu sprechen durch den Segen der Kirche, aber nicht die Individualität der Ehe in die allgemeine typische Nothwendigkeit des Sacraments aufzulösen.

Die harmonische Ineinsbildung der lebendigen Individualität mit den allgemeinen Mächten des Staats und der Kirche hat allerdings auch den verhüllten Kern katholischer Weltanschauung im Mittelalter gebildet, nur mit dem Unterschiede, daß die Individualität zu der liebevollen Freiwilligkeit, mit der sie sich damals in die allgemeinen und vorgefundenen Begriffe auflöste, gewissermaßen gezwungen wurde durch die Hinweisung auf ewige Verdammniß oder Belohnung. Dagegen will in einer neuen Bildungsepoche der Menschheit die Individualität selbständig und frei aus sich die allgemeinen Zustände erzeugen, in denen sie ruhen und sich bewegen soll, oder sie will die Vernunft der Persönlichkeit in der Vernunft der Weltordnung wiederfinden und mit derselben im Einklang stehen nicht um jenseitigen Lohnes willen, sondern um das Reich Gottes in einer in sich selbst befriedigten und gesunden Realität auf Erden zu verwirklichen. Die harmonische Verwirklichung des Reiches Gottes auf Erden hat durch die katholische Weltanschauung nicht zu Stande gebracht werden können, weil dieselbe des freien Prinzips der Individualität ermangelte. In der katholischen Kirche war ein Gottesfrieden der Persönlichkeit gegeben, der unendlich viel Erquickung ausathmete, aber dieser Frieden war um Verlust der Freiheit gekauft und die Minneinbrunst, mit welcher die Individualität ihre Rechte hinopferte, gab doch nicht den vollen Genuß, dadurch an der allgemeinen Substanz der göttlichen Idee selbst sich zu ernähren. Der Katholizismus hat die vernünftige Harmonie und Durchdringung mit den weltlichen Lebenselementen nicht zu erreichen vermocht und darum war es ein falscher Frieden der Persönlichkeit, ein trügerischer Legitimismus, der aus dem Gedanken dieser Kirche hervorging, um die Gemüther mit formeller Beschwichtigung über den verflüchtigten Besitz der realen Lebensgüter zu trösten. Der Gottesfrieden der Persönlichkeit in der katholischen Kirche zerschellte auch wieder an den historischen und bürgerlichen Trennungen, welche das beständig zweifelhafte und angefochtene Verhältniß von Kirche und Staat hervorrief. Görres empfiehlt uns freilich mit nachdrücklichen Worten das mittelalterliche Benehmen zwischen Papst und Kaiser als Muster, indem er im Athanasius S. 30 flgd. sagt: „Auf der Synode (von Chalcedon) wurde als Norm und Regel anerkannt, gegen die canonischen Verfügungen dürfe kein weltliches Gesetz gelten; die kaiserlichen Beamten hatten dem ihre Zustimmung gegeben und demgemäß hatte Marcian alle kaiserlichen Gesetze, die mit den Canonen im Widerspruch ständen, für erschlichen und ungültig erklärt. Wenn in der Folge in einzelnen Fällen die Kaiser Gesetze über disciplinarische Gegenstände erließen, dann erklärten sie ausdrücklich, wie sie nur in der Eigenschaft als Schirmherren der Kirche und Handhaber der alten Kirchenordnung solches sich erlaubten. Aus diesem Grunde waren daher auch Berufungen von Verfügungen der geistlichen Gewalt in solchen Angelegenheiten an die weltliche der Kaiser nicht gestattet; ein Synodalbeschluß aus der ersten Hälfte des vierten Jahrhunderts verordnet ausdrücklich, daß ein Geistlicher oder Bischof, der von seiner kirchlichen Behörde abgesetzt, sich noch an den Kaiser wende, nie wieder seine Stelle erlangen solle und den Kaisern fiel nicht ein, dagegen Einspruch zu thun, sondern sie handhabten die Kirche in diesem ihrem unbestreitbaren Rechte. Das sind Thatsachen, zu denen jede Kirchengeschichte die Belege liefert, und die, welche in solcher Weise die Autorität der Kirche innerhalb ihres Gebietes, im Gefühle, daß ihre eigene mit ihr stehe und falle, willig anerkannt, waren Gebieter, denen drei Welttheile gehorchten, und die, wenn sie nicht sich selbst bezwangen, und ihren Willen unter eine höhere Macht über ihren Häuptern beugten, durch keine menschliche Gewalt gezwungen werden konnten."

Es fällt in die Augen, daß der katholischen Weltansicht ein Mechanismus zum Grunde liegt, der vergebens in der Geschichte danach gestrebt hat, organisch zu werden. Denn organisch kann man nicht nennen ein Verhältniß von Staat und Kirche, das, obwohl sophistisch ineinander überspielend, doch kaum zu einer illusorischen Einheit einen Moment lang gedeiht, jede Einheit in ihrem Schooße aber nur durch das Märtyrerthum der freien Persönlichkeit zu Stande bringt. Nachdem die Reformation der Individualität die Fesseln der Kirche abgenommen, erwachten auch auf dem politischen Gebiete die ersten Lebenszeichen der Revolution, denn die Reformation war bei weitem mehr ein politisches als ein religiöses Ereigniß. Es bildete sich eine protestantische Weltanschauung, in der sich der ganze Gesichtspunct der bisherigen Weltordnung nicht nur geistig sondern selbst physikalisch veränderte. Die Erde selber hatte eine andere Stellung zum Himmel angenommen durch Kopernikus und Keppler, die Sonne war in den Mittelpunct des Weltsystems getreten, und die Ideen der Menschheit, die traditionnellen sowohl wie die neu sich entwickelnden, trachteten ebenfalls nach Organisirung im vernünftigen Selbstbewußtsein. Wo die katholische Weltansicht zu mechanisiren gesucht, begann jetzt die protestantische das Organisiren, das aber, vermöge der Reactionen der kleinlichen menschlichen Natur, nicht rein und frei aus sich selbst zu Werke gehen konnte, sondern seinen Durchgang nehmen mußte durch die Revolution, die das Triebrad der neuen gesellschaftlichen Entwickelung wurde. Der Protestantismus, indem er das schwankende Verhältniß zwischen Staat und Kirche völlig auflöste, gab den ersten Anstoß, die organischen Ideen im Staatsleben zu gestalten, und in diese gleichberechtigte Gliederung des Lebensganzen sollte auch die Kirche eintreten, mit Verlust ihrer hierarchischen Gewaltstellung. Man muß daher von der Annahme abstehen, daß die katholische Kirche innerhalb eines protestantischen Staats, in den sie unter Bedingungen und Concordaten eingetreten, noch die ächte katholische Kirche sei, wogegen den Katholischen auf der andern Seite die Behauptung überlassen bleiben mag, daß das Bürgerlichwerden der Kirche im Protestantismus gar keine Kirche mehr sei. Wenn aber auch die protestantische Weltansicht ihre Organisationsbestrebungen keineswegs vollendet und siegreich durchgeführt hat, so läßt doch ihre ursprüngliche organische Tendenz nicht mehr ein mechanisches Nebeneinanderbestehen von Kirche und Staat zu, in der Weise, wie etwa Görres (Athanasius S. 34) meint, daß die Kirche ihre eigene Sphäre gegen den Staat habe und darin schalten und walten könne wie sie wolle, wenn sie nur die Gränzen des Staats nicht berühre. Diese Ansicht ist durch und durch eine illusorische und wird nirgend mehr von den factischen Verhältnissen unsrer Zeit anerkannt. Sobald die Kirche sich in den Staat hat hineinleben müssen, ist sie auch mit demselben in einen gemeinsamen Ideenverkehr getreten, sie vermag individuellen und nationellen Beziehungen sich nicht zu entwinden, und selbst ihr Dogma kann den Einfluß eines socialen und politischen Begriffes gewinnen, weshalb es dem Staat nichts weniger als gleichgültig bleibt. Wäre es aber möglich, daß es in demselben politischen Verbande statt eines organischen Verhältnisses von Kirche und Staat ein bloß nachbarliches geben könnte, so bedingt doch auch die bloße Nachbarschaft unter Umständen, wo gewaltsame Erschütterungen auf dem einen Gebiet vorgehen, ein Interventionsrecht. Die Kirche ist aber keineswegs etwas Ursprüngliches und Primaires gegen den Staat, wie die katholische Weltansicht sich gern überreden möchte und worauf Görres seine großartigen theokratischen Mucken stützt. Die Kirche als solche ist vielmehr aus den socialen Bedürfnissen hervorgegangen und hat die Anfänge in der Gesellschaft gemeinsam mit dem Staat.

Diejenigen, welche die Erneuerung der katholischen und protestantischen Gegenstreite in unsern Tagen aus einem religiösen Gesichtspunct ansehen, handeln gewiß ebenso unredlich als unrichtig daran; unredlich, weil sie eine Aufregung hervorbringen wollen, deren unsere Zeit in Sachen der Religion nicht mehr fähig ist, und unrichtig, weil sie dadurch die bedeutsameren weltlichen und politischen Interessen übersehen, welche an diesen Conflict der protestantischen Macht mit dem Katholizismus sich knüpfen. Nur ein alter verbrauchter Fanatismus, wie ihn Görres und die andern baierischen Klopffechter in die Schranken stellen, kann dieser Angelegenheit ein Interesse der Glaubensconfession aufnöthigen, während für den, welcher unbefangen nur die Bewegung einer Zeitfrage darin sieht, nicht die geringste religiöse Bedeutung damit verbunden sein kann. Der höhere Standpunct bei diesen Wirren ist daher keineswegs der confessionnelle, sondern der rein historische, der hier für den Katholizismus sowohl wie für den Protestantismus eine schneidende und ironische Warnung erkennt. Der Katholizismus hat schon längst die Zuchtruthe der Geschichte empfinden müssen. Ist es wahr, was selbst Görres von einer Entwickelbarkeit der katholischen Kirche redet, so ist nicht einzusehen, warum es sie so schwer ankommt, Zugeständnisse an den historischen und socialen Fortschritt der Völker zu machen, und warum sie rationale Bewegungen auf ihrem eignen Gebiet, wie die von Hermes, so unnachsichtig verketzert. Da aber doch der wesentliche Charakter des Katholizismus in der Nichtentwickelbarkeit besteht, so könnte der gegenwärtige Conflict allerdings große Gefahren für die römisch-katholische Kirche darbieten, die aber der Papst wohl noch zur rechten Zeit abwenden wird, um einen erträglichen status quo aufrecht zu erhalten. Nach der zweifelhaften Weltstellung, welche einmal die Geschichte dem Katholizismus gegeben, lassen sich seine Ansprüche inmitten der modernen Staaten nicht anders als durch ein diplomatisches Hinundherwenden befriedigen, und in diesem Sinne kann die Spiegel-Bunsensche Convention hinsichtlich der Praxis bei den gemischten Ehen keinem gerechten Tadel unterliegen. Diese Convention, auf welche bei der Cölner Streitfrage Alles ankommt, ist allerdings nichts Anderes als eine diplomatische Ausbeutung des Breve's vom Papste Pius VIII., aber dies Breve scheint auch eigens dazu abgefaßt, um sich diplomatisch ausbeuten zu lassen, denn trotz des vielen Jammerns und Klagens, welches es darüber enthält, daß die katholische Kirche nun an die alleräußersten Gränzen ihrer Zugeständnisse geführt sei, gestatten die allgemeinen Redensarten darin den freiesten Spielraum der Anwendung.

Die empfindlichste Warnung aber empfängt in dieser Sache der Protestantismus, der in der letzten Zeit Richtungen hervorgerufen hatte, durch welche er fast die Rolle mit dem alten Katholizismus umtauschte. Der Protestantismus war nach einer Seite hin reactionnair geworden und hatte die historischen Entwickelungskeime der modernen Welt, welche die Geschichte in ihn gepflanzt, in einem offenbar katholizisirenden Pietismus verschlammt. Der Protestantismus hatte sich in Reactionsbestrebungen verloren, ohne doch den Muth zu haben, sich geradezu und mit offener Tapferkeit dazu zu bekennen, wie es einst der Katholizismus in der Blüthenperiode seiner Gewaltäußerungen gethan. Es läßt sich nicht läugnen, daß durch gewisse Ausartungen des Protestantismus, wie durch Pietismus, Muckerthum und theologischen Verfolgungsgeist, auf unserer Seite eben so große Scandale vorgefallen und eben so heftige Uebel angerichtet worden sind, als jemals durch Clerus, Jesuitismus und Hierarchie auf der katholischen Seite. Es hat in unserer Zeit sogenannte evangelische Bestrebungen gegeben, die den besten Willen hatten, wahre Verheerungen in der von der Menschheit erworbenen Cultur anzurichten. Kunst und Poesie, die im Katholizismus Pflege fanden, wurden durch diesen Protestantismus als Sünden gegen den heiligen Geist angefochten, und Gewissensfreiheit und Denkfreiheit, auf welche sich ursprünglich die protestantische Weltansicht gegründet, wurden, wie es hieß, um der Religion und der Legitimität willen untergraben. Durch den pietistischen Schleim die auflösenden Grundprinzipien des Protestantismus zu consolidiren, war eine vergebliche Illusion, die zu einer ebenso vergeblichen Heuchelei hingeführt hat. Wie nun aber in manchen Perioden die tolle Geschichte Alles auf den Kopf stellt, als könnte sie nur dadurch die Welt auf die Füße bringen, so gebärdet sich dem Protestantismus gegenüber in diesem Augenblick der Katholizismus als revolutionnair, indem er die abstracten Formen des heutigen Staates annagt, wie Görres im Athanasius mit seiner alten bewunderns-würdigen Virtuosität und Schlagfertigkeit der Sprache und Ironie gethan. Es kann aber nicht zweifelhaft sein, welche Stellung eine Regierung in diesen Wirren einzunehmen habe, um das weltliche und staatliche Element siegreich geltend zu machen gegen den ebenso verderblichen als unnützen Conflict der religiösen Confessionen. Dies ist der höhere historische Standpunct, zu dem man sich aufschwingen muß, da der katholische sowohl wie der protestantische Gesichtspunct jeder für sich allein nicht ausreichen eine Entscheidung zu liefern. Die Nichtigkeit des traditionnellen katholischen wie des abstracten protestantischen Standpunctes thut sich hier dar, und fordert auf, in dieser Angelegenheit nur im Interesse des allgemeinen Fortschrittes der Geschichte zu handeln, wo dann Ehre und Sieg nicht ausbleiben werden. Die protestantische Macht gewinnt hier noch den Vortheil, daß ihre Weltansicht in diesem Streit sich reinigt und läutert von den falschen Bestandtheilen, um verjüngt die rein geschichtliche Bahn zu betreten.

Wir haben gesehen, wie in dem gegenwärtigen Moment auf keiner Seite eine reine und ungetrübte Weltanschauung besteht, sondern die ehemals schneidendsten Gegensätze waren vielmehr bisjetzt im Begriff fast tumultuarisch in einander überzulaufen. Will man sich am Haß gegen den Protestantismus laben, so mische man sich unter die geheimkatholischen Protestanten, deren es selbst in den Reihen, die jetzt tapfer und einträchtig geschaart stehen sollten, eine große Anzahl giebt. Will man das Feuer gegen den Katholizismus geschürt sehen, so folge man, in den Systemen der neukatholischen Philosophen, der speculativen Bewegungslinie, welche Geister, die sich dem ursprünglichen fortschreitenden und protestantischen Leben nicht entziehen konnten, mitten in den Schooß der alleinseligmachenden Kirche hineingeleitet haben. Es bleibt nichts übrig, als daß eine energische und fruchtbare Staatsbewegung diese beiden zweideutig gewordenen Elemente neu zusammenfasse, um sie im nationellen und volksthümlichen Element des Staates als in ihrer höheren Einheit aufzulösen. Diese Einheit zu verwirklichen ist das eigentliche Ziel der neueren Geschichte, in dessen Erlangung ihr aber hinderlich sind sowohl die verwickelte Vielthuerei ihrer Bestrebungen als die selbst im befreundeten Lager unter tausend Formen sich einschleichende Intrigue der Reaction. In der Zeit liegen jetzt lauter leblose Conglomerate und Gruppen umher, Elemente genug, aus denen sich etwas bilden ließe, aber so erstarrt wie sie sind durch inneren Unfrieden oder durch äußere Lähmung, dienen sie gleich unverdaulichen Stoffen nur zur Beschwer des Entwickelungsprozesses. In allen Stücken herrscht eine Koketterie der Gegensätze, die polypenartig nach einander haschen. Hier hat der Pietismus den Aristokratismus an sich gezogen und beide handeln vereinigt gegen die Freiheit, trotzdem, daß sie revolutionnair wirken aus legitimen Absichten. Hier im Osten bringt die Aristokratie das Muckerthum zur Welt, während sie im Westen neue Majoratsprivilegien empfängt. Hier macht der Pietismus das auf den Fortschritt angewiesene Volk stabil, indem er ihm den jenseitigen Himmel als das wahre Vaterland predigt, und dort macht er den auf die Stabilität angewiesenen Aristokratismus revolutionnair und jesuitisch zugleich. Mit dem Christenthum hat das neuerwachte Judenthum zu wetteifern angefangen, und sich deshalb mit dem Liberalismus verbündet, der sonst zu den ächt jüdischen Principien als der allerfremdartigste Gegensatz sich verhält. Auf der andern Seite sieht man demokratische Richtungen, die mit einer katholischen Grundlage sich versetzt haben und in dieser Zwittergestalt auf dem politischen wie auf dem religiösen Gebiete das Unheil der Verwirrung ausbreiten. Auf diese Weise schlägt der Katholizismus auch in den Materialismus und Industrialismus hinein, indem er volksthümlich zu werden sucht durch Anschließung an die bürgerlichen und socialen Interessen und durch ein fromm satanisches Liebäugeln mit der Armenfrage. Anderswo wechselt sich ein schöngeistischer Pantheismus mit materialistischer Weltansicht ab und der Spiritualismus verbrüdert sich mit dem Sensualismus durch einen geistreichen Sprung. In allem diesem unruhigen Herüberundhinüberbewegen hat die Wahrheit der Zeit ihr unendliches Leben zertheilt und preisgegeben, aber man weiß noch nicht, welche Richtung den Ausschlag geben wird, um dies große Chaos der neuen Weltepoche zur einigen Gestalt festzubilden. Vor allen Dingen müssen wir anfangen wieder einfacher zu werden, denn ein Einfaches ist es, das wir erstreben, die organische Einheit unserer Zustände. Jemehr man das Ziel seiner Angriffe und Eroberungen vereinfacht, desto leichter und vollständiger kann der Sieg werden.

Daß man in Berlin dem Katholizismus als solchem einen Todesstoß beabsichtige, ist eine schreiende Unkenntniß der Dinge, die sich Görres im Athanasius zu Schulden kommen läßt, wie er denn überhaupt in den preußischen Verhältnissen, selbst in den allgemeinen staatsrechtlichen, auffallenderweise sich ganz fremd und unwissend zeigt. Vielmehr ist gerade an den Stellen, die Görres angreift, so viel Hinneigung für das Katholische, daß er dort klügere Insinuationen hätte versuchen können, um anzuknüpfen statt herauszufordern, wenn nicht bei aller schneidenden Schärfe des Athanasius doch auch so viel hierarchische Dummheit sich eingenistet hätte. Auf der andern Seite sind in Preußen, sowohl durch die Wissenschaft gestählt, als in der Gesinnung der Bevölkerung getragen, ächt protestantische Elemente vorhanden, die mit Leichtigkeit auf den Standpunct der edelsten und freiesten modernen Weltanschauung erhoben werden können. Im Allgemeinen aber muß man von Deutschland sagen, daß überall durch die wissenschaftlichen Interessen und durch die Literatur ein überwiegend protestantischer Geist des Lebens und der Anschauung sich erzeugt hat. Die deutsche Literatur ist vorherrschend protestantisch geworden, und die pantheistischen Elemente, mit denen sie seit der Reformation häufig versetzt erscheint, haben doch immer mehr die protestantische als die katholische Weltanschauung gefördert und gezeitigt. Der Katholizismus hatte mehr Neigung, eine lateinische Poesie in Deutschland hervorzubringen als eine deutsche, aber an der Wiege der neuhochdeutschen Sprache selbst stand der Protestantismus, für die neue Gedankenrichtung auch ein neues Ausdrucksorgan erschaffend. Die katholischen Sympathieen der modernen deutschen Literatur sind immer nur vorübergehende Anflüge gewesen oder haben blos durch die damit verbundene Erneuerung romantischer und äußerlicher Formen augenblicklich auf dem allgemeinen Literaturgebiet gegolten. Die Schule „neuer Blut- und Koth-Romantik" aber, mit welchem Namen Görres die lächerliche Kategorie des sogenannten jungen Deutschlands variirt, hat, wie sich jetzt an dessen eigener literarischen Verendung zeigt, genug schlechte, aus individueller Fäulniß und moralisch verwahrlostem Gemüth zusammengesetzte Stoffe in sich gehabt, um in religiösen Dingen mit Recht von beiden Parteien desavouirt zu werden. —

Th. Mundt.

4.

Die Verhältnisse der Protestanten in Ungarn.

Bei dem Widerstreit protestantischer und katholischer Elemente auf einem und demselben Staatsgebiet hat man in letzterer Zeit vom religiösen Parteipunct aus besonders auf die Benachtheiligungen der katholischen Bevölkerung im protestantischen Staat vorwurfsvoll hingewiesen. Und doch ist eine bekannte Thatsache, die sogar aus den innern und dogmatischen Verhältnissen selbst entspringt, daß die Katholiken in protestantischen Staaten unter Rechten und Zugeständnissen leben, welche die Protestanten ihrerseits niemals in einem Staatsverbande, dessen herrschendes Bekenntniß das katholische ist, erlangt haben und dem Prinzip des Katholizismus nach erlangen können. Den Protestantismus hat seine wissenschaftliche Natur sogar soweit verlockt, katholische Facultäten auf protestantischen Universitäten zu gründen, während er von der ausschließlich kirchlichen Natur des Katholizismus niemals die eigentliche Anerkenntniß einer ebenbürtigen und berechtigten protestantischen Kirche erlangen konnte. Es ist von den Verhältnissen der Protestanten in Baiern kürzlich in den öffentlichen Blättern die Rede gewesen. Noch schneidender und in ihrer Negativität gewissermaßen normabgebend treten dieselben in einem Lande wie Ungarn hervor, wo der dritte Theil der ganzen Bevölkerung protestantischen Bekenntnisses ist. Trotz aller Anstrengungen, welche die Protestanten und die Katholiken von der liberalen Opposition auf dem Reichstage vom Jahre 1833 machten, hat es dort nicht gelingen wollen, auch nur die allerbilligste Emancipation der Protestanten zu Stande zu bringen, und zwar aus Gründen, die ebenfalls charakteristisch sind für die politische Zusammensetzung moderner Staaten. Recht zur Zeit ist jetzt eine Geschichte dieses merkwürdigen Reichstages der Ungarn, die in dieser Sache gepflogenen Verhandlungen mittheilend, erschienen, unter dem Titel: „Die Religionsbeschwerden der Protestanten in Ungarn, von Elias Tibiscanus" (Leipzig, W. Einhorn), woraus wir Stoff und Veranlassung zu einem kurzen Artikel entnehmen wollen.

Der ungarische Nationalcharakter beruht ursprünglich auf einem tiefwurzelnden religiösen Element, das aber bei der damit verbundenen Heftigkeit eines noch ungezügelten und zwistigen Naturlebens um so leichter in einen flammenden Fanatismus aufschlug, der gegen Andersgläubige nicht anders als in Haß entbrannte. Durch die auch in das Gesetzbuch eingetragenen Friedensschlüsse von Wien und Linz in der ersten Hälfte des siebzehnten Jahrhunderts war zwar den Protestanten vollkommene Religionsfreiheit zugesichert worden, aber nichts destoweniger begannen die empfindlichsten Verfolgungen derselben schon unter Leopold I. und wurden unter seinen Nachfolgern rücksichtslos fortgesetzt. Es half den Protestanten sehr wenig, daß Joseph II. für die gesammten kaiserlichen Staaten das Toleranzedict erließ, da dasselbe kein verbindliches Gesetz war, und selbst die ihnen gesetzlich gemachten Freiheiten durch den bekannten 26. Artikel vom

Jahre 1791 unter Leopold II. wurden ihnen durch spätere kaiserliche Resolutionen wieder verkümmert, oder man verstieß in der Praxis gegen den Sinn der ihnen eingeräumten Rechte. Die Beschwerden der Protestanten in Ungarn betreffen aber im Wesentlichen folgende Puncte. Zuerst erschien im Jahr 1793 ein königliches Rundschreiben an die Behörden, wonach in gemischten Ehen der protestantische Mann vor der Tauung aufgefordert werden sollte, einen Revers von sich zu geben, daß alle Kinder in der katholischen Religion erzogen würden. Doch sollte hiebei kein Zwang angewendet werden. Obwohl dies Rundschreiben auf die Beschwerden des protestantischen Korpus in Ungarn wieder zurückgenommen wurde, so dauern doch jene Aufforderungen unter Drohung des Nichtcopulirens noch bis heut an sehr vielen Orten fort, und die ausgestellten Reverse werden als verbindend angenommen. Ferner ist der Uebertritt zur evangelischen Religion dermaßen erschwert, daß jeder Uebertretende sich erst bei einem katholischen Geistlichen einem sechswöchentlichen Unterricht unterwerfen mußte und erst nach diesem und nach der alsdann erfolgten Erlaubniß des Königs ihm gestattet war sein Bekenntniß zu wechseln. Aber die größte Last war, bemerkt hier Tibiscanus, daß es bei den sechs Wochen fast nie verblieb, sondern wer beim Uebertritt beharrte, nach den jemaligen sechs Wochen immer wieder für unbedacht und leichtsinnig erklärt wurde, so daß sich dieser Unterricht jahrelang verzog und es Fälle gab, wo der Jüngling unterdessen zum Greise geworden war. Ein solcher lebte dann gleichsam unter dem Kirchenbanne, konnte nicht getraut werden, indem er keiner Kirche angehörte, und starb er, so hatte er kein kirchliches Begräbniß zu erwarten.

Andere Beschwerden betrafen ferner das Verbot, Katholiken den Zutritt zu dem protestantischen Gottesdienst zu gestatten, was sonst in Ungarn häufig zu geschehen pflegte, den protestantischen Predigern aber unter Androhung von Strafe untersagt wurde. Dann auch durften protestantische Lehrer und Erzieher in keiner katholischen Familie angenommen werden, und den evangelischen Theologen ist nicht erlaubt, ausländische Universitäten zu besuchen, mit einziger Ausnahme der berliner. Ferner herrscht der obwohl durch kein Gesetz begründete Gebrauch, ein Ehepaar gemischter Confession, wenn es aus irgend einem Grunde schon durch einen evangelischen Geistlichen copulirt worden, durch den katholischen Priester nochmals zu verbinden oder zu recopuliren, folglich die protestantische Trauung schlechthin für ungültig anzusehen. Auch ist nach Scheidung von einer gemischten Ehe dem protestantischen Theil verboten, wieder zu heirathen. Ferner werden bei Errichtung evangelischer Elementarschulen den Protestanten Hindernisse in den Weg gelegt, und obwohl man nach dem bekannten 26. Artikel von 1791 den Protestanten gestattet hatte, Konsistorien zu errichten und Synoden zu halten, so liegen doch seit 1792 die betreffenden Acten zur Errichtung eines Konsistoriums unbeantwortet in Wien, so daß es für Ungarn keine geistliche Behörde und kein kirchliches Recht bisher giebt. Die vier Superintendenzen augsburgischer und helvetischer Confession hatten zwar jede ihre Distrikts- und allgemeinen Konvente, aber sie haben keine executive Macht, die politischen Behörden sind nicht verpflichtet sie ihnen zu leisten, und die oberste Berufung geschieht immer zur Statthalterei, welche daher auch das einzige Gubernium der Religionsangelegenheit der

Protestanten ist. Ferner bestehen für die Protestanten an mehreren Orten drückende Verpflichtungen, zur Erhaltung der katholischen Kirche beizutragen, und von neu erkauften Bauernsitzen die kirchlichen Lasten ihres katholischen Vorgängers zu tragen. Demungeachtet sind die Protestanten doch an manchen Orten Ungarns vom Ankauf von Grundstücken und von der Ausübung der Gewerbe ausgeschlossen, sowie von der Beerdigung auf katholischen Friedhöfen. Bei den Regimentern werden durchaus keine protestantischen Geistlichen angestellt, und in den Königreichen Kroazien und Slavonien können die Protestanten nicht einmal das Bürgerrecht erlangen.

Dieser unterdrückte Zustand eines so umfassenden Theils der Bevölkerung, nachdem er lange Jahre im Stillen und zum Theil im Widerspruch mit dem eigentlichen Landesgesetz gelitten, fand endlich auf dem Reichstage von 1833 bei der Ständetafel ein Organ, das die Anforderungen der Gerechtigkeit dagegen erhob, und darauf antrug, die ungarischen Protestanten auf einen gesetzmäßigen und ebenbürtigen Fuß mit den Katholiken zu stellen. Es bildete sich auch unter den Ständen, die sich in einem rühmlichen Geiste als Vertreter eines edlen Nationalbewußtseins zeigten, eine liberale Mehrheit, die fast für alle oben angeführte Religionsbeschwerden der Protestanten eine zur Hervorbringung eines rechtlichen und dem ursprünglichen Landesgesetz gemäßen Zustandes geeignete Abhülfe beschloß. Aber diese günstige Beschlußnahme der Stände fand bei den Magnaten einen Widerstand, der vorauszusehen gewesen war, und es erhoben sich an dieser Tafel, an der sich das starre aristokratische und katholische Element des Landes repräsentirt, unübersteigliche

Schwierigkeiten, an welchen die ganze Angelegenheit wieder zerschellen mußte. Zuerst standen im Magnatensaal alle Bischöfe gegen die Berathung überhaupt auf, indem sie die Ungesetzlichkeit des Zustandes der Protestanten in Abrede stellten, und auf die schlechtesten, obwohl zum Theil ächt katholischen Prinzipien gestützt, behaupteten, daß den Protestanten in einem katholischen Staat keine größere Selbständigkeit eingeräumt werden könne. Unter dem Torysmus Ungarns konnte aber ebenfalls keine liberale Mehrheit für die Sache der Protestanten zu Stande gebracht werden. Nach energischen Gegenvorstellungen der Stände gelangte man jedoch mit Mühe an der Magnatentafel dahin, eine punktweise Aufnahme der ständischen Vorschläge zu beschließen und eine Deputation zur Ausarbeitung der Klagepunkte zu ernennen. Bei der Berathung selbst aber mußte die geringe liberale Opposition, die sich noch im Schooße der Magnaten geregt, immer mehr zurücktreten, und die Zugeständnisse, welche den Protestanten gemacht wurden, betrafen meistens nur Kleinigkeiten, als da sind, daß Evangelische und Katholische fortan auch auf einem und demselben Friedhof begraben werden dürften, daß man auch evangelische Kapläne bei den Regimentern anstellen wolle und daß die Evangelischen in der Beziehung auswärtiger Universitäten nicht gehindert werden sollten. Eine Mehrheit stimmte bei den Magnaten freilich auch für die Abschaffung der Reversalien, durch welche bisher bei gemischten Ehen der protestantische Theil Verpflichtungen zur katholischen Erziehung der Kinder eingehen mußte, aber sie stimmten unter der Bedingung, daß die in der Vergangenheit abgeschlossenen Reversalien ihre bindende Gültigkeit behalten sollten. Unter den Bischöfen, welche an der Magnatentafel saßen, befand sich auch ein deutscher Dichter, Pyrker, Erzbischof von Erlau, der ebenfalls im nicht liberalen Sinne seine Stimme gab und sogar für die absolute Beibehaltung der Reversalien sich erklärte. Pyrker erzählte auch in dieser Sitzung zur Beruhigung der katholischen Gemüther, daß in seiner Diözese jährlich 100 Protestanten zur katholischen Religion überträten und ein entgegengesetzter Fall fast unerhört sei. Was dagegen den freien Uebertritt zur evangelischen Religion anbetrifft, so beharrte man an der Magnatentafel dabei, denselben so sehr als nur irgend möglich auch ferner zu erschweren und deshalb den unter den Beschwerden der Protestanten erwähnten sechswöchentlichen Unterricht fortbestehen zu lassen, indem die Erleichterung des Uebertritts als gegen das Dogma der katholischen Kirche streitend angesehen wurde. Weil also die Zugeständnisse der Magnaten für die Protestanten gar nichts bedeuten konnten, so sahen sich dadurch die Stände mit ihren freisinnigen Beschlüssen so gut wie paralysirt. Ein heftiger Widerstreit beider Staatskörper erhob sich und die schneidende Trennung der aristokratischen und volksthümlichen Elemente der ungarischen Verfassung offenbarte sich bei dieser Gelegenheit in aller ihrer Schroffheit. Die Nachtheile des aristokratischen Uebergewichts einer Verfassung auch für die Religion machten sich an diesem Beispiel bitter geltend, und es zeigte sich im Lauf dieser Verhandlungen nicht nur, mit wie festen Banden sich Aristokratismus und Katholizismus überall umschlungen halten, sondern auch, wie es in den katholischen Principien gelegen ist, zu ihrer Aufrechterhaltung eher zur Verletzung gesetzlicher und verfassungsmäßiger Staatselemente zu schreiten, als von sich selbst zu lassen. Die ungarischen Stände aber ließen mit einer energischen und indignirten Erklärung an die Magnaten die ganze Sache fallen, um die Protestanten in Ungarn lieber ganz in dem bisherigen Zustande zu lassen, als ihnen durch halbe und noch schädlichere Gesetze noch mehr zu schaden. —

5.

Immanuel Kant's sämmtliche Werke. Herausgegeben von Karl Rosenkranz und Friedr. Wilh. Schubert. Erster Theil: Kleine Logisch-Metaphysische Schriften. Herausgegeben von Karl Rosenkranz. Neunter Theil: Metaphysik der Sitten und Pädagogik. Herausgegeben von F. W. Schubert. Leipzig. Leopold Voß. 1838.

Unsre Zeit hat ein Janusgesicht, mit dem einen Antlitz kehrt sie sich nach der Vergangenheit, und sucht mit festem Blick die Erscheinungen derselben in ihrem innersten Wesen zu fixiren, mit dem andern richtet sie ihr Auge auf die Zukunft, und versenkt sich sehnsüchtig-träumerisch in die Erwartung des Heils, das von ihr kommen soll. Die Gegenwart aber erbaut sich provisorisch aus beiden als ein Werden und geheimnißvolles Schaffen, als ein innerer Kampf der geistigen Elemente. Wie die politische Geschichte in der Organisirung der Staaten, so zeigt uns die Kulturgeschichte in der Wissenschaft, der Poesie, der Kunst dasselbe Schauspiel. Ein Genügen ist nur in der Vergangenheit, das Werdende aber hat noch keine feste Stätte gefunden. So schmerzvoll dieser Zustand für die ist, welche dem Dienste der Zukunft sich geweiht, so viel Gutes schließt er jedoch für die Masse der Nation, und namentlich für die deutsche in sich. Diese gewöhnt sich, das historische Leben der Vergangenheit in sich aufzunehmen, die Gestalten derselben treten ihr in immer deutlichern Umrissen entgegen, ihre Helden, Dichter und Künstler sprechen zu ihr in vernehmbarer Sprache, und es bildet sich auf diese Weise ein festes Nationalbewußtsein heran, das allmälig sich auch in der Gegenwart orientiren lernt.

Zu den wichtigsten und bedeutendsten Erscheinungen nach dieser Richtung hin gehört auch das Streben, die philosophische Literatur der nächsten Vergangenheit dem Sinn der Nation näher zu bringen, und die Empfänglichkeit für dieses eigenthümliche Produkt des deutschen Geistes der Masse zu erschließen. Seit dem Erscheinen von Hegel's Werken scheint hierzu die Bahn geöffnet zu sein, wir haben in kurzer Zeit Fichte's, Krause's, Schleiermacher's Nachlaß an das Licht treten sehn, Guhrauer hat Leibnitz's deutsche Schriften gesammelt, Lachmann redigirt eine neue Edition von Lessing's Werken, und Rosenkranz und Schubert endlich haben die vorliegende erste Gesammtausgabe von Kant's Werken begonnen. Es ist erfreulich zu sehn, wie thätig und lebendig sich der Sinn für diese Unternehmungen erweist. Kaum hatte Rosenkranz in dem zweiten Band der Dioscuren in seinem Aufsatz „über die Gesammtausgabe der Kantischen Schriften" den Wunsch nach einer solchen ausgesprochen, so trat auch sogleich der Buchhändler Hr. L. Voß zu dem Unternehmen, und Schubert, der auf die Herausgabe mehrerer zu Kant's Nachlaß gehöriger Schriften, welche die Königsberger Bibliothek besitzt, bedacht war, gesellte sich gleichfalls zu diesem. Auf die Bedeutung und Wichtigkeit einer solchen Gesammtausgabe hat Rosenkranz in jenem Aufsatz mit so vortrefflichen Worten hingewiesen, daß ich mich nicht enthalten kann, Einiges daraus hier zu wiederholen. „Bei solchen Geistern, sagt er, welche nicht nur ihren Namen, sondern ihre Werke der Zukunft überliefern, ist die Anschauung ihrer gesammten Leistungen etwas Nothwendiges, weil wir ihrer fortdauernden Erneuerung bedürfen, uns unsre Gegenwart zu erklären, und der Zukunft nicht rathlos entgegenzugehn. Eine Gesammtausgabe zwingt uns gleichsam, uns um Alles zu bekümmern, was sie hervorgebracht haben. Wir können dann nicht, dem Zufall überlassen, bei dieser oder jener Leistung stillstehn, sondern werden unwillkührlich genöthigt, das einzelne Werk im Zusammenhange mit allen übrigen zu betrachten, das eine aus allen, alle aus einem zu entwickeln." Wenn diese Hinweisung auf die Nothwendigkeit einer Gesammtanschauung der Produktionen des Genie's bei Dichtern und Schriftstellern schon im Allgemeinen eine hohe Geltung hat, so muß sie eine noch tiefere Bedeutung bei den Werken der Philosophen gewinnen. Denn hier ist es die Nothwendigkeit der fortschreitenden Bewegung des Denkens, welche den Mittelpunkt ihres Strebens, und somit auch den Mittelpunkt des über sie Forschenden ausmacht, die Individuen sind in der Philosophie, wie dies ein philosophischer Schriftsteller ausspricht *), „nichts Anderes, als die bloßen Formthätigkeiten, durch welche sich der Inhalt der Wahrheit zum Bewußtsein des Geistes erhebt." Deutschland bietet in dieser Beziehung ein gleiches, ja noch consequenteres Bild der Entwickelung dar, wie Griechenland; wie die Glieder einer Kette reihen sich die schöpferischen Philosophen an einander, einer den Andern ergänzend und überflügelnd. Sie selbst aber haben Jeder

*) S. Michelet, Geschichte der letzten Systeme der Philosophie in Deutschland von Kant bis Hegel. Berlin, 1837.

auf eine ihm eigenthümliche Weise in dem System die Nothwendigkeit ihres Denkens auszuprägen gesucht.

Der Eckstein des Baues aber, den die deutschen Philosophen aufgeführt haben, ist Immanuel Kant, und von ihm werden wir daher auch immer zu beginnen haben, wo von Philosophie die Rede ist. Er ist der Heros, der es zuerst unternahm, der Vernunfterkenntniß die freie Fahrt auf dem weiten Ocean des Denkens zu eröffnen, indem er die seichte Küste des Dogmatismus und das Klippengestrüpp des Skepticismus im Rücken ließ. Wie ein andrer Kolumbus ragt er aus den Gestalten seiner Zeit hervor, der den kühnen Muth hatte, zu dem neuen Welttheil der freien Erkenntniß den Weg zu suchen und die Bahn zu eröffnen. Mehr ist ihm freilich nicht vergönnt gewesen, er theilt mit jenem Helden des Meeres ein gleiches Schicksal, denn es war ihm nur bestimmt, die Vorhalle des neuen Landes zu betreten, der Genuß seines Reichthums sollte ihm nicht werden. Die Kleinheit der Welt, in die er gestellt war, nöthigte ihm diesen Mangel auf. So kühn Kant bei seinem Entdeckungsunternehmen der theoretischen Vernunft zu Werke ging, so zaghaft erscheint er, indem er das Gebiet der praktischen Vernunft betritt. Hier ist ihm die Erfahrung das allein Entscheidende, die aprioristische Erkenntniß hat hier keine Geltung mehr. Der Geist liegt ihm in der Sinnenwelt eingeschlossen. Wie hätte er es auch wagen sollen, dem kaum im Denken erstarkten Geist die Schranken der Wirklichkeit zu eröffnen, revolutionnär umbildend hätte er sich in das Leben ergießen müssen, und er würde hier ebenso zerstörend gewirkt haben, wie die Volksmacht in Frankreich, welche die Freiheit zur Willkühr stempelte. Erst als das Gebiet der

Philosophie durch Kant umrissen war, durfte der kühnere Fichte den Sturmschritt des Genie's wagen, und das Selbstbewußtsein, das „Ich" zur entscheidenden Macht des Denkens erheben, um die Freiheit des Erkennens darzustellen, bis darauf wieder Schelling und Hegel in der Realität die Tiefe der Idealität darstellten, und die Harmonie zwischen Denken und Sein vollkommen enthüllten. In Kant's System herrscht noch der Dualismus dieser beiden Elemente, aber ihre Geschiedenheit war nothwendig, um die Einigung der darin beruhenden Gegensätze hervorzubringen, und Kant's Schriften werden für uns immer die Schule bleiben, die wir durchmachen müssen, um zu dem endlichen Resultat zu gelangen.

Die Herausgeber der Kantischen Schriften haben nun eine vortreffliche Anordnung für diese getroffen, indem sie dieselben nach den beiden großen Abtheilungen der theoretischen und der praktischen Vernunft geschieden, innerhalb dieser aber eine Vereinigung in gleicher Befriedigung des chronologischen und systematischen Interesses erstrebt haben. Der erste Theil der Werke, welchen Rosenkranz edirt hat, enthält die kleineren Abhandlungen Kant's, welche als vorbereitende Arbeiten zur Kritik der reinen Vernunft angesehen werden können, und sämmtlich einen metaphysischen Inhalt haben. Dahin gehören: Der Versuch einiger Betrachtungen über den Optimismus, über die Fortschritte der Metaphysik seit Leibnitz und Wolf, die falsche Spitzfindigkeit der vier syllogistischen Figuren, Untersuchung über die Deutlichkeit der Grundsätze der Theologie und Moral, die Beweise für das Dasein Gottes, Versuch den Begriff der negativen Größen in die Philosophie einzuführen, zwei lateinische

Dissertationen ꝛc. An diese Schriften reihen sich dann die populären Aufsätze Kant's aus der Berliner Monatsschrift und den kleineren Schriften „was heißt, sich im Denken orientiren? über Philosophie überhaupt, Nachricht von der Einrichtung seiner Vorlesungen, von dem vornehmen Ton in der Philosophie, Verkündigung des nahen Abschlusses eines Tractats zum ewigen Frieden in der Philosophie," u. a. Diese populären Aufsätze werden die Aufmerksamkeit der Gegenwart vorzüglich erregen. Denn hier wird das Publikum daran erinnert werden, daß es eine Zeit gab, wo die philosophische Literatur in Reihe und Glied mit den übrigen Literaturgattungen stand, und wo die Philosophen zugleich als Schriftsteller Geltung hatten. Auch unsern Gelehrten kann eine solche Mahnung nur nützlich sein, denn sie haben ihrerseits eben so viel beigetragen, die Menge von sich durch wissenschaftlichen Rigorismus zu entfernen, als es diese verschuldet hat, daß sie durch die leichtsinnigeren Literaturelemente sich hat zerstreuen lassen. Die Kultur einer Nation beruht in der modernen Zeit auf der Bildung des tiers-état, diesen für die höheren Interessen der Literatur wiederzugewinnen, muß daher das Hauptstreben der Gegenwart sein. Es ist dies aber nur möglich, wenn die wissenschaftliche und künstlerische Kultur sich in vollem Maaße der Nation hingiebt. Kant nun erscheint in seiner Popularität ungemein liebenswürdig. Er ist nur darauf bedacht, dem Leser die Wege eben zu machen, er räumt alle Schwere der Scholastik bei Seite, und die Gedanken schmiegen sich eben und schön an einander. Man kann sich hieraus entnehmen, wie vortrefflich Kant's populäre Vorlesungen gewirkt haben müssen. Es tritt uns hier überhaupt eine Seite der Betrachtung entgegen, die bei unsern Philosophen noch lange nicht genug hervorgehoben worden ist, die Frage, wieviel ihre individuelle Bildung zur Gestaltung ihres Systems beigetragen hat. Denn wenn auch im Ganzen die Richtigkeit jenes obenangeführten Satzes „daß die philosophischen Individuen nur Formthätigkeiten des denkenden Geistes seien," anzuerkennen ist, so bleibt doch immer die Bedeutung ihrer angebornen Individualität als entscheidend für die Richtung ihres Geistes und somit auch ihres Systems daneben geltend bestehn, und es löst sich erst in der Vereinigung des Individuellen und Allgemeinen die Starrheit, von welcher die Geschichte der Philosophie gewöhnlich ergriffen ist. In Hegel z. B. ist das Derbe und zugleich Gemüthliche seiner Schwabennatur wesentlich herauszuerkennen. Und bei Kant muß man doch auch fortwährend an den zierlichen Königsberger Professor denken, der zugleich ein philosophischer Revolutionnär und zugleich ein gehorsamer Staatsbürger war, der um Alles seiner Regierung keinen Anstoß geben mochte, und der in Uebereinstimmung mit der Moralrichtung seiner Zeit, die Tugend des bürgerlichen Lebens über Alles setzte, und zu dieser hinzuführen für seine Hauptaufgabe hielt. In der Metaphysik der Sitten, welche in den drei Abtheilungen der Rechtslehre, der Tugendlehre und der Erziehungslehre den neunten von Schubert herausgegebenen Band füllt, erscheint diese Richtung Kant's auf ihrem Kulminationspunkt. Es ist höchst interessant, diesem Moralstreben zu folgen, die Mühen zu beobachten, die das Denken macht, den Erscheinungen der Wirklichkeit conform zu werden, und das Tugendhafte und Moralische überall als höchste Spitze des Erkennens zu setzen. Aber es will nicht immer damit gelingen, hinter den schönsten Demonstrationen kommen die casuistischen Fragen als hinkender Teufel hinterdrein, schneiden ein Mephisto-Gesicht, und lassen den armen moralischen Leser ganz verdutzt stehn. Kant's Rechtslehre erhebt sich für den jetzigen Standpunkt der Rechtsphilosophie wenig über die gewöhnlichsten empirischen Theorien, und seine Staatslehre schmachtet in den Fesseln der absolutistisch-monarchischen Ideen, für den damaligen Zustand der Wissenschaften ist indessen verhältnißmäßig auch hier das Außerordentlichste geleistet. Merkwürdig sind Kant's Urtheile über die französische Revolution, die Schubert daraus in dem Aufsatz „über Kant's Stellung zur Politik in der letzten Hälfte des 18ten Jahrhunderts" in Raumer's historischem Taschenbuch für 1838 zusammengestellt hat, worin er zugleich das Verhältniß der Kantischen Rechtsphilosophie zu den Rechtslehrern seiner Zeit schildert. Von dem Wesen des Völkerlebens in seiner modernen Gestaltung hatte Kant noch keinen Begriff, und er konnte ihn vermöge seiner beschränkten Zeitverhältnisse nicht haben. Die Pädagogik, welche den Beschluß der Metaphysik macht, ist wieder sehr interessant, weil sie mit den populären Schriften correspondirt, sie ist aus Vorlesungen entstanden. Kant's Hingebung an das Einzelne, seine Liebe des Wirkens tritt hier wieder auf das herrlichste hervor. Es ist ordentlich rührend, den tiefsinnigen Metaphysiker darüber verhandeln zu hören, ob dem Kinde an der Stelle der Muttermilch auch thierische Milch gereicht werden dürfe. Eines weiteren Eingehns in den Inhalt dieser Kantischen Werke enthalten wir uns billig, da über jedes derselben in vortrefflichen Büchern zur Genüge geschrieben worden ist, und unser Zweck in dieser Anzeige nur auf die Hinweisung der Bedeutsamkeit der neuen Ausgabe für die

Gegenwart gerichtet war. Was über Kant noch fehlte, eine ausführlichere Biographie desselben, sowie eine Geschichte seiner Werke, das haben Rosenkranz und Schubert, welche sich durch ihre Ausgabe ein bleibendes Verdienst um Kant für die Zukunft erwerben werden, ebenfalls zu geben versprochen. Nach dem Erscheinen dieser Arbeiten sowie der noch übrigen Bände seiner Schriften wird es an der Zeit sein, ein kulturhistorisches Bild von Kant's Gesammtwirksamkeit zu entwerfen.

Dr. E. Meyen.

6.

Beiträge zu der neuen Ausgabe von Lessing's Werken.

1.

Folgendes Sinngedicht von Lessing fehlt in der neuen Ausgabe, doch wär' es der Aufmerksamkeit wohl werth gewesen.

Daß Beifall dich nicht stolz, nicht Tadel furchtsam mache!
Des Künstlers Schätzung ist nicht jeden Fühlers Sache:
Denn auch den Blinden brennt das Licht:
Und wer dich fühlt, o Freund! versteht dich darum nicht.

Hamburg, den 20. Oktober 780. G. E. Lessing.

Diese Zeilen schrieb Lessing bei seinem letzten Aufenthalte in Hamburg — kurze Zeit vor seinem Tode — in das Stammbuch des großen Schauspielers Schröder.

Aus Mangel an Raum brechen wir die Mittheilungen, die wir diesem Ort bestimmt hatten, hier ab, und werden in den folgenden Heften fortfahren, Beiträge dieser Art zur Vervollständigung der Lessing'schen Werke zu liefern, wozu der Redaction ein Heft von Handschriften des großen Autors vorliegt.

VII.

Correspondenzblätter.

*** **St. Petersburg,** Ende März 1838. — Das Buch des Hrn. Koenig hat den Blick der Deutschen in eine Region geleitet, die ihnen bisher fast ganz unbekannt war, und wir hören von ihnen manchen Ausdruck der Verwunderung über den Reichthum und die Mannigfaltigkeit der geistigen Arbeiten und Bestrebungen, die sich in der neueren russischen Literatur hervorthun. Mehr aber, als in Deutschland, mußte das Buch hier bei uns Aufsehen und Glück machen, wo der Gegenstand uns vor Augen und nach Gebühr bekannt ist. Daß Hr. von Melgunoff, ein geschätzter Literator aus Moskau, großentheils den Stoff des Buches dargeboten, giebt diesem die feste Grundlage von sichrer Kenntniß und scharfem Urtheil, und daß die Auffassung und der Ausdruck durch einen Deutschen durchgegangen, gewährt wieder andre Vorzüge, auf die ein russischer Autor zum Theil hätte verzichten müssen. Genug, das Buch findet hier großen Beifall, gilt für ein wahrheitgemäßes, lebenvolles Bild der jetzigen Culturstufe des literarischen Rußlands, und nur wenige Widersacher wagen gegen die darin ausgesprochenen Urtheile und Ansichten laut zu werden. Man bereitet eine russische Uebersetzung vor, bei der einige Auslassungen und Zusätze doch nöthig werden könnten. Besonders erwartet man eine Verstärkung des polemischen Theils gegen die oberflächliche, hohle, aber sich breitmachende, unnationale Schriftstellerei, worin der ächte Sinn und Geist der Russen nicht zu finden ist.

Nach dem zwiefachen Verlust, den wir seit kurzem in der russischen Literatur erlitten, durch Puschkin's und Marlinsky's Tod, ist einiger Stillstand in den dichterischen Erzeugnissen eingetreten, aber der Antheil und Eifer für die Literatur hat sich nur vermehrt. Das große Beispiel des Kaisers, der die Herausgabe der Werke Puschkin's mit Kaiserlicher Freigebigkeit ausgestattet hat, und überall das hervortretende wahre Talent begünstigt, wirkt in den höheren Klassen günstig fort, und außerordentliche Kräfte können in dieser Richtung wirksam werden, wenn das tiefere Interesse der Nation sich ihr zugewendet. —

In manchen höheren Kreisen ist es freilich mehr Sache der Mode, als eines wahren Antheils, von Zeit zu Zeit ein russisches Buch zu lesen, besonders wenn der Autor berühmt ist, und sein Namen allgemein genannt wird. Allein in allen Klassen giebt es schon Einzelne und Gruppen genug, für welche die Literatur eine Sache wahren Ernstes und hoher Begeisterung ist. Daß uns eigentliche Literatoren und Schriftsteller vom Fache größtentheils noch fehlen, ist vielleicht ein Vortheil. Unsre Schriftsteller sind dies meist nur nebenher; sie verfolgen die Laufbahn des Staatsdienstes, in der Verwaltung, im Kriegsheer, sie leben in der großen Welt oder auf ihren Gütern; was dadurch ihren Werken an strenger Form, an Glätte und Richtigkeit der Sprache, an geübter Tüchtigkeit abgeht, ersetzt sich andrerseits durch die Natürlichkeit und Frische, die von Pedanterei und Handwerkerei fern bleibt. Manche Schriften kommen daher auch erst sehr verspätet in Druck, weil es ihren Verfassern an Beeiferung fehlt, und kein Verleger sie drängt. Dabei ist die handschriftliche Verbreitung oft nicht geringer, als die gedruckte sein könnte. Manche Gedichte von Puschkin, ehe sie im Druck erschienen, waren jahrelang in tausend Abschriften durch ganz Rußland bekannt, auswendig gewußt, mit Begeisterung hergesagt und angehört, dasselbe gilt von einem Lustspiele von Gribojedoff, welches jedermann kannte, ehe es zur Aufführung gelangen konnte. An dieser Lässigkeit hinsichtlich des Drucks und diesem Eifer im Abschreiben und Auswendiglernen hat aber vielleicht auch die Schwierigkeit der Censur einigen Antheil. Das russische Censurgesetz ist an sich ohne Zweifel eines der liberalsten; nur über die häufige Unkunde und Bedenklichkeit untergeordneter Censoren wird geklagt, und nicht jeder Autor hat das Glück, wie Puschkin, von des Kaisers eigner hohen Hand ein Imprimatur zu empfangen, das großartig und freisinnig über niedre Rücksichten hinweggeht.

Seit Puschkin's Tod, der eine ungeheure Lücke verursacht hat, in welche noch kein andres Talent vorzutreten wagt, ist ohne Zweifel Gogol als der bedeutendste unsrer Schriftsteller zu nennen; sein Talent ist eines der größten, und vielleicht das originalste aller, die wir je gehabt haben. Er hat einige Novellen und kleine Romane geschrieben, die meisterhaft sind, und das russische Leben in seiner tiefsten Wahrheit darstellen; sein letztes Werk war ein Lustspiel, das auf der St. Petersburger Bühne mit großem Erfolg aufgeführt worden. Seitdem hat er eine Reise in's Ausland unternommen, und lebt schon ein paar Jahre in Rom, ohne daß eine Arbeit von ihm bekannt geworden.

Doch die Poesie ist darum noch nicht verwaist. Shukoffsky hat seine reizende Erzählung „Undine" herausgegeben, deren Inhalt er von Fouqué entlehnt, aber mit dem Zauber seiner harmonievollen Verse ausgestattet hat, die niemand außer ihm so wunderbar zu bilden versteht! In lyrischen Gedichten strahlt jetzt auch eine Dichterin, die junge Gräfin Rastoptschin, geborne Suschkoff, deren Gesänge durch Zartheit der Empfindung und Wohllaut der Sprache sich besonders auszeichnen. Deßgleichen hat Benediktoff durch einen zweiten Band vermischter Gedichte auf's neue die allgemeine Gunst angesprochen, die schon dem ersten Bande von allen Seiten zu Theil geworden. Ein junger Dichter Lukian Jakubowitsch ist mit einer kleinen Sammlung von lyrischen Gedichten aufgetreten, welchen viel Eigenthümliches, Anmuthiges inwohnt; besonders ist er in Auffassung des Volksmäßigen und Oertlichen sehr glücklich. Durch volksthümlichen Humor und einfache Lieblichkeit zeichnen sich die Lieder eines sogenannten Naturdichters aus, des Bauers Kolzoff aus Woronesh, der kaum lesen und schreiben kann, aber die mannigfachsten Tonarten besitzt, und in seiner naiven Ausdrucksweise oft biblisch erhaben ist. Der sächsische Gesandte Hr. von Lützerode hat mehrere dieser merkwürdigen Gedichte in's Deutsche übersetzt, und es wäre sehr zu wünschen, daß diese Uebertragung veröffentlicht würde.

Im dramatischen Fache ist Kukolnik, der schon mehrere Dramen aus der russischen Geschichte und aus dem Leben italiänischer Mahler und Dichter bearbeitet hat, mit zwei neuen Schauspielen hervorgetreten, deren eines Peter den Großen zum Gegenstande hat; und Timotheјeff, ein fleißiger und fruchtbarer Autor, hat ein großes dramatisches Gedicht „Rom und Karthago" geliefert. Auch Bernette — der jüngere Shukoffsky — hat sich in dieser Gattung versucht. Als das Ausgezeichnetste müssen wir aber den Grafen Ugolino von Polewoi bezeichnen; der Dichter hat die berühmte Episode des Dante bearbeitet, aber fast alles ist seine eigne Erfindung. Auf der Bühne von St. Petersburg hat dieses Werk im vergangenen Winter den größten Erfolg erlebt, und allgemeinen Enthusiasmus erzeugt.

Den größten Antheil und Beifall erwecken in diesem Augenblicke die Dichtungen von Sokoloffsky, der früher ein Gedicht „die Schöpfung" und einen mittelmäßigen Roman geschrieben, dann, während einiger Jahre in gezwungener Einsamkeit, durch das Studium der Bibel und der hebräischen Sprache zu einem mystischen Gedicht „Alma" begeistert worden, welches, ungeachtet seiner düstern, eintönigen und ermüdenden Gattung, durch den Aufschwung der Gedanken, durch die Fülle und Kühnheit der Bilder, durch die Macht, Frische und Sonderbarkeit des Ausdrucks, zur Bewunderung hinreißt. Ein andrer beliebter Schriftsteller, Weltmann, hat sich mit Vorliebe und großem Erfolg in das altrussische Leben versenkt, das er in allen seinen Verzweigungen gründlich erforscht hat, und in genauen, lebendigen Zügen wiederzugeben versteht.

Ein junger Dichter Namens Huber, hat den ersten Theil des Faust von Goethe in russische sehr wohlklingende Verse übersetzt, und wer diese Uebersetzung vorlesen hört und sie mit dem Original zu vergleichen fähig ist, erklärt sie für ein

Meisterstück. Wir hoffen dieses Werk, welches eine wahre Bereicherung der russischen Literatur sein wird, bald im Druck erscheinen zu sehen, wofür freilich das Imprimatur von höherer Hand zu erbitten wäre, da die gewöhnlichen Censoren an dem bloßen Stoffe schon Anstoß nehmen könnten. Aber würde denn auch in Deutschland nicht manche Censur, wenn der Goethische Faust jetzt als das Werk eines jungen, noch nicht namhaften Autors erschiene, ihre argen Zweifel haben? — Ein andrer geistvoller Literator, Bakunin, hat die Uebersetzung der Briefe Bettina's unternommen, und man versichert, daß dieselbe schon weit vorgeschritten sei und bald auch im Druck fertig sein werde.

Wir gedenken hier nur des Neusten dieser Art. Verdiente, ruhmvolle Namen zählt Rußlands Literatur noch in Menge; Krüloff, Wäsemsky, und viele andre, — aber sie gaben in der letzten Zeit keine neuen Erzeugnisse, wie denn überhaupt eine fortgesetzte, gleichmäßige Fruchtbarkeit hier selten ist. —

Eine sehr löbliche Beeiferung ist für die russische Geschichtschreibung und Geschichtforschung bemerkbar, und der Kaiser selbst begünstigt diese schätzbare, für die russische Nationalität gewiß höchst ersprießliche Thätigkeit, welche sowohl die ältesten als die neuesten Zeiten umfaßt. Von Schriften über neuere Geschichtsereignisse führen wir die Kriegsdenkwürdigkeiten des Generals von Danileffsky an, die in ächt russischem Sinn und dabei sehr freimüthig geschrieben sind. Turgeneff, der würdige, geistvolle und menschenfreundliche Staatsmann, setzt im Auslande seine ergiebigen Forschungen für die russische Geschichte in Archiven und Bibliotheken fort; zwei jüngere Gelehrte, voll Eifer und

Kenntniß, Neweroff und Strojeff, haben die gleiche Bahn betreten, und sind kürzlich wegen ihrer Leistungen von der Staatsbehörde öffentlich belobt worden. Wer sich der großen Aufgabe unterziehen wird, Puschkin's Geschichtsarbeiten fortzusetzen, dürfte wohl sobald noch nicht anzugeben sein!

In der Literatur der Zeitschriften, der Kritik u. s. w. haben wir die Namen Polewoi, Schewüreff und Melgunoff als die Vertreter des Bessern und Höhern bestens zu rühmen. Schewüreff hat über den Dante und über den zweiten Theil des Faust beachtungswerthe Aufsätze geliefert, auch eine allgemeine Geschichte der Poesie begonnen, deren Fortsetzung nicht unterbleiben möge!

Eine große Thätigkeit ist sichtbar in allen Zweigen der gemeinnützigen, belehrend=unterhaltenden Literatur, die sich in Encyklopädieen, Wörter= und Handbüchern, mahlerischen und technischen Bilderwerken, bald volksmäßig und wohlfeil, bald vornehm und prachtvoll dargestellt. Die große russische Encyklopädie ist besonders bemerkenswerth. Seit drei Jahren ist sie nur bis zum vierten Buchstaben des Alphabet's gediehen, aber beträgt doch schon zwölf starke Quartbände. Auf die neueren französischen, deutschen und englischen Werke dieser Art gestützt, nimmt die russische Encyklopädie dennoch einen ihr eigengehörigen Rang unter ihnen, und verdient auch im Auslande die größte Beachtung; denn alle Artikel über Rußland, seine Geschichte, Sprache, Literatur, Länder= und Völkerkunde, werden von den kundigsten und bewährtesten Gelehrten verfaßt, mit größter Sorgfalt und Ausführlichkeit, mit allen Hülfsmitteln, welche nur dieses Reich in solcher Ausdehnung darbieten kann; so daß man sagen darf, nicht nur Rußland wird dadurch in einer ganz neuen Gestalt bekannt werden, sondern auch das gesammte Asien mit seinen noch dunklen Ländern, Völkern, Sprachen und Alterthümern wird von dorther eine ganz neue Beleuchtung empfangen. Außer dieser großen Encyklopädie erscheinen noch einige andre, die militairische unter der Aufsicht mehrerer gelehrten Generale, die Handels-Encyklopädie, die der mathematischen Wissenschaften bearbeitet von dem ausgezeichneten Mathematiker Benjakoffsky. Hier ist auch des Werkes zu gedenken, das zu Moskau unter dem Titel: „Mahlerisches Umhersehen" von Polewoi herausgegeben wird, und Bilder und Erzählungen aus der russischen Geschichte enthält.

Ueber die Leistungen der Russen in den schönen Künsten, Musik, Mahlerei, Bildhauerei u. s. w. behalten wir uns künftige Mittheilung vor. —

□ **Paris.** Anfang April. — Der Frühling kommt mit allmähligen Schritten herangezogen und der Tuilerieengarten hat schon die Thore weit für ihn aufgemacht, obschon Mr. le Prince (der mit Ludwig's XIV. Blut benetzte Baum, der dadurch, wie Sie wissen, eine größere Kraft des Wachsthums gewonnen hat) diesmal später als sonst seine ungeheuern Knospen treibt. Ab und zu haben wir auch wieder das abscheuliche Regenwetter, das einen Frühjahrsaufenthalt in Paris zuweilen zu einer wahren Hölle machen kann und das für den besonderen Auftrag, den ich Ihnen in meinem diesmaligen Schreiben erfüllen soll, um so ungünstiger einwirkte, als es einen sehr großen Theil der Bilder auf dem Salon so gut wie unsichtbar machte. Die nachtheilige Beschaffenheit des Locals, in welchem die hiesige Kunstausstellung alljährlich stattfindet, ist Ihnen aus eigener Leidenserfahrung gewiß noch erinnerlich, und wie es jedes Jahr wieder in Anregung kommt, eine Aenderung darin geschehen zu lassen, so ist auch letzten Sonnabend eine Petition vor die Deputirtenkammer gelangt, einen neuen, zweckmäßig gebauten Saal für die Expositionen, wie dies schon für die Industrieausstellungen geschehen, anzuweisen oder einzurichten. Die Petition ist auch an den Minister des Innern überwiesen worden, aber diese Formalitäten versüßen uns nicht die Qual, die wir unterdeß noch immer in den engen und lichtwidrigen Sälen des Louvre auszustehen haben.

Der Salon ist jetzt seit vier Wochen dem Publikum geöffnet und der hochgespannten Erwartung, mit der man sogleich den Bildern zuströmte, folgte zu Anfang eine fast allgemeine Unzufriedenheit und die Klage über getäuschte Hoffnungen. Diese Stimmung dauerte die ersten Wochen an und war sehr begreiflich, da es in der That auf dem diesjährigen Salon an Leistungen gebricht, die mit höherer Kunstgewalt hervorstrahlen und wie eine siegreiche Sonne sich auf den ersten Blick geltend machen; nach und nach aber wurden allerdings eine Anzahl sehr vortrefflicher Bilder, unter sehr viel mittelmäßigen und gleichgültig lassenden, bemerklich, obwohl mit der vorjährigen außerordentlich gediegenen und werthvollen Ausstellung in keiner Hinsicht der Vergleich gezogen werden kann. Der Catalog weist von Gemälden 1807 Nummern nach, von denen ein großer Theil, und darunter besonders die Schlachtgemälde aus verschiedenen Jahrhunderten, auf Bestellung des Königs entstanden und für Versailles bestimmt sind: viele religiöse Bil=

der sind im Auftrage des Ministers des Innern, besonders für Kirchen, gefertigt, andere haben ihr Dasein den Bestellungen des Präfecten der Seine zu danken. Im Allgemeinen kann man wohl sagen, daß der tüchtige und gediegene Geist der neuesten französischen Malerschule, der durch geniale Technik, frische Naturkraft und gesunde Realität sich charakterisirt, auch diesmal würdige Vertreter in den Salon gesandt hat; aber man ist auch heuer wieder sehr unzufrieden mit der Jury, gegen deren auswahlbestimmendes Urtheil große Beschwerden sehr heftig laut geworden sind. Bemerkenswerth ist in dieser Hinsicht ein sehr einsichtsvoller Artikel, welchen der Bildhauer David im National über die Expositionen veröffentlicht hat. Dieser geniale Künstler dringt darauf, die Jury abzuschaffen, aus dem Grunde, weil kein Künstler, wie er meint, Fähigkeit und Recht habe, über das Werk seines Collegen in der Kunst zu urtheilen. Alsdann verlangt er, daß die Ausstellung eines Bildes nicht mehr für eine Ehre, sondern vielmehr für eine absolute Berechtigung seines Urhebers angesehen werden solle. Zugleich hat David in seinem sehr energievoll geschriebenen Artikel auf ein besonderes Local für die Ausstellung gedrungen, damit die Studien der Gemäldegallerie des Louvre nicht immer so lange unterbrochen würden.

Ich will Ihnen nun einige der erwähnenswerthesten Bilder nennen, die in dem diesjährigen Salon entweder der öffentlichen Meinung oder dem Ideal der Kunst am meisten genuggethan haben. Ein allgemeiner Ueberblick über die Leistungen ist überhaupt für jetzt nur möglich, da zu einer zusammenfassenden und übersichtlichen Beurtheilung noch durch längeres Sehen Stoff und Anhalt gewonnen werden muß. Die hiesigen Journale haben freilich schon mit vollen Backen zu loben und zu tadeln angefangen, aber ein unbefangener Beschauer wird sich mit ihren Urtheilen nicht selten in Widerspruch gesetzt sehen. So hat man hier ein historisches Bild, das ich zu den vollendetsten in jeder Rücksicht zähle, die Clotilde des Eugène Devéria (desselben, der das schöne Bild mariage des paysans bretons gemacht) unter die mittelmäßigen oder von falschem Geschmack zeugenden Leistungen geworfen, während es meines Erachtens gerade von einem hohen Streben zeugt. Die beiden Söhne des Clodomir, von ihren Oheimen ermordet, liegen auf dem Bett, in königlichem Kleide. Die Geistlichkeit feiert das Todtenamt,. Krieger und Leute des Hauses assistiren, und Clotilde, die Großmutter der beiden Todten, steht weinend und reuig vor ihren Leichnamen da. Die Aufgabe, bei der dem Künstler einige Verse aus der Chronique de France der Madame Tastu vorgeschwebt, bildet gewissermaßen ein Gegenstück zu unseres Hildebrand's vielberühmtem Bilde von den „Söhnen Eduard's," aber es ist ein größeres Tableau, das die sehr mannigfaltigen Figuren in herrlicher Composition zusammenfaßt. Es ist in derjenigen Ruhe und Gediegenheit gehalten, welche der tragisch-feierliche Moment erfordert; das Colorit ist lebendig und wahr, und über das Ganze ist ein anziehender Hauch ausgegossen. Ferner hat in der historischen Malerei Delacroix wieder manches Vorzügliche geliefert. Unter seinen Bildern macht das größte Aufsehen eine Medée furieuse. Sie ist verfolgt, sitzt in mattbeleuchteter Höhle auf einem Felsen, und hebt den Dolch, die beiden Kinder zu durchbohren. Man begegnet auf diesem Bilde einem trefflichen und überraschenden Ausdruck der Leidenschaften und es ist immer von einem Haufen bewundernder Beschauer belagert. Minder interessant, doch voll historischer und natürlicher Wahrheit sind desselben Künstlers **Convulsionaires de Tanger**, eine fanatische Sekte (Yssaouis), die wie verrückt durch die Straßen ziehen. Eines der größten historischen Bilder aber, das von der vorjährigen Ausstellung durch die Jury zurückgewiesen wurde und daher diesmal die besondere Aufmerksamkeit erregt, ist von Gigoux, Antonius und Cleopatra nach der Schlacht von Actium vorstellend, treu nach der Erzählung des Plutarch im Leben des Antonius. Antonius und Cleopatra, im königlichen Pallaste sitzend, versuchen das Gift an den Sclaven und Sclavinnen, die sterbend und leidend umherliegen. Cleopatra wählt die Natter. Man kann bedeutendes Studium und eine große Naturwahrheit in diesem Bilde nicht verkennen, doch läßt es im Ganzen kalt, wozu aber auch der Umstand nicht wenig beiträgt, daß es im Saal eine unangemessene Aufstellung erhalten, indem es gegen das Licht hängt. Biard lieferte ein Bild, das viel Effect macht, die Opferung einer Braminenwitwe darstellend. Die Witwe, eine reizende Gestalt, von einem ganz durchsichtigen Schleier bedeckt, ist im Begriff, in den feurigen Abgrund zu springen, in welchen Priester Oel zu gießen beschäftigt sind. Auf Costüm und Vegetation hat der Maler viel Fleiß verwendet, aber das Ganze ist unlieblich und macht wenigstens auf mich keinen angenehmen Eindruck. Unter mehreren Genrebildern desselben Künstlers betrachtet man mit Vergnügen die **Distribution de prix dans une école allemande**, worin der Charakter und das Temperament der Kinder, meist aus Mädchen bestehend, sehr gut aufgefaßt ist. Viel Aufmerksamkeit erregt ein Bild mittler Größe von Jacquand: Le jeune Gaston, dit l'Ange de Foix, nach einer Stelle in den Chroniques de Froissard; der junge Gaston hatte von seinem Oheim Charles l'empoisonneur, roi de Navarre, ein Gift angenommen, als ein Mittel, die gestörte Eintracht zwischen seinen Eltern herzustellen; er wurde überrascht von seinem Vater, als er, ohne Ahnung was er that, das Pulver in das Essen streuen wollte; verurtheilt zu vieljährigem Gefängniß stirbt er freiwilligen Hungertod, und dieser Moment ist vom Maler zur Darstellung gewählt. Gaston sitzt ganz ermattet auf seinem Lager, der Majordomus bietet ihm auf den Knieen vergeblich einen Teller mit schönen Früchten an, die er mit der Hand von sich stößt; am Fuße des Bettes steht ein Page, eine anziehende Figur, auf die ein besonderer Fleiß gewendet ist, auf einem Krystallteller Wasser und Wein darreichend. Als ein Bild von großem Verdienst und außerordentlicher Wirkung ist auch Ziegler's Prophet Daniel zu nennen, nach Daniel Cap. 6. entworfen. Daniel verweilt noch am Rande der Grube und seine ganze erhabene Gestalt spricht Dank, Andacht und Erhebung aus, während unter ihm der Engel knieend die murrenden Löwen beschwört. Die Farben sind glänzend und harmonisch, Manche wollen jedoch Correctheit in der Zeichnung vermissen. Ein großes Tableau von Charles Louis Müller, Martyre de Saint-Barthelemy stößt zurück durch den krassen Naturalismus, womit der Henker, der übrigens die beste Figur im ganzen Bilde ist, dem Märtyrer das Fleisch herausschneidet. Ein großer Aufwand von Studium läßt sich sonst in den einzelnen Theilen nicht verkennen. Sehr originell in der Composition und interessant durch die Ausführung ist ein Bild von Ferret: Jesus en Egypte. Jesus steht sinnend auf den Ruinen von Theben, über welche ein tiefer Schatten sich ausbreitet; er denkt das Christenthum. Zur Rechten sitzt ein ägyptischer Priester und dechiffrirt Hieroglyphen, während neben ihm seine Tochter, eine jungfräuliche Priesterin der Isis, ihren Blick zu Christus hinwendet. Vater und Tochter bilden eine schöne Gruppe. Steinheil, ein Deutscher, hat die sonderbare Idee gehabt, die sieben Todsünden nach einer Stelle im Neuen Testament darzustellen. Einen angenehmeren Eindruck macht Christus, die Kinder segnend, von Théophile Lacaze. Etwas theatralisch ist ein anderer Christus von Monvoisin; die Versöhnung wird vollzogen, Himmel und Erde sind in Aufruhr. Die vielen Schlachtengemälde, deren größter Theil für Versailles bestimmt sind, erlassen Sie mir wohl näher anzugeben. Die werthvollsten darunter haben geliefert Eugène Devéria, Steuben, Hippolyte Bellangé, Eugène Lami (ein Schüler von Horaz Vernet), Philippoteaux, besonders aber Decaisne. Der Triumph des diesjährigen Salons besteht aber vielleicht in der Menge höchst vortrefflicher Landschaften und in mehreren Seestücken, worin die ausgezeichnete Naturauffassung der Franzosen sich am vollendetsten offenbart. Ein höchst reizendes Thalbild von Louis Cabat, eine Herbstlandschaft von Paul Huet, zwei Winterlandschaften von Watelet, viele andere Naturansichten von Marilhat, Storelli, Schirmer, Pernot, Mercey; von Louis Lerois, eine Berglandschaft, wo der Schäfer Phorbas das Kind Oedipus findet; die Sündfluth, zwei Bilder von Alex. Leblanc, dürften, soviel ich bis jetzt davon übersehe, die wichtigsten Leistungen in diesem Genre sein. Von den Seestücken nenne ich folgende: Le naufragé, von Th. Gudin, das Meer voll außerordentlichen Effects, wie Alles, was Gudin in dieser Weise malt, aber die Figur hat, für mich wenigstens, viel Widerwärtiges; bemerkenswerth ist von Deboisricheux eine Scene bretonne, Gottesdienst auf der See, wohin die Priester mit den Landleuten flüchten. Der Brand des englischen Schiffes Devonshire von Aug. Meyer, sowie eine Schiffbruchscene von Casati finden ebenfalls großen Beifall. — Eine sehr reichhaltige Lese ist noch übrig an den Genrebildern und kleinen historischen Stücken, welche mittlere Gattung den eigentlichen Augenschmaus des sogenannten größeren Publikums bildet. Der kleine Rahmen, der piquante, begränzte Gegenstand machen solche Bilder besonders faßlich und genießbar für die Anschauung. Ein großer Theil derselben ist auch in der That von entschiedenem Kunstwerth. Xavier Duprèz hat neapolitanische Pilger auf dem Wege nach Rom gemalt. Die Tochter faßt die ohnmächtig umsinkende Mutter, während der Sohn an einer Quelle Wasser schöpft: ein Bild von ergreifender Wirkung. Ein reizendes Bild hat A. Debacq gemalt, die Kindheit des Montaigne; es ist die bekannte Geschichte, wo der Vater das Kind durch Musik aus dem Schlafe wecken läßt. Von Mlle. Blanchard sieht man griechische Frauen, die, von den Türken verfolgt, sich mit ihren Kindern vom Felsen ins Meer stürzen. Jules Dehaussy zeigt den geizigen Rembrand, wie er sterbend noch einmal seinen Schatz zu sehen verlangt. Ein komisches Bild hat Jules Boilly gemacht. Der Maler Ranc, ein Schüler von Rigaud, mußte sich vergebens bemühen, es einer Familie mit dem Portrait einer Person recht zu machen. Er schneidet endlich ein Loch in die Leinwand und die Person steckt den Kopf hindurch. Possirlich nimmt sich nun die Bestürzung und Beschämung der Familie aus. Ein Lieblingsbild aller Beschauer ist Camille Roqueplan's Vandyck à Londres. Vandyck hat Gäste vom Hofe zum Essen und läßt Musik machen. Madame Desnos hat eine sehr schöne Darstellung der La Vallière gegeben, die, im Begriff, ins Kloster zu gehn, sich der Königin zu Füßen wirft. Der herrlichste Humor belebt zwei Bilder von Henri Decosne, die unter einander zusammenhängen, Une tournée pastorale, wo der Mr. le Curé eine Runde durch das Dorf macht, um den Zehnten zu erheben. Bald aber hätte ich vergessen, Ihnen ein Lieblingsbild der Pariser zu nennen, von Eduard Pingret, das nichts Geringeres darstellt als: Le Roi Louis-Philippe I. accordant à la veuve Meunier la grâce de son fils. Interessant ist der Ausdruck der Königin, die sich ebenfalls im Bilde befindet. Der König aber hebt die Frau auf, mit den Worten: „Votre fils s'est repenti, je veux qu'il vive!“ Die Scene ist nach einem Bericht in dem Journal des Débats gemalt, ein Beweis, daß man auch Journalartikel malen kann. Alphonse Roehn fils hat als allerliebste Burleske ein Urtheil des Paris gegeben, auf dem drei Dienstmädchen vor dem Portier, welcher den Apfel hält, ihre Waden zeigen. Eine anmuthige Idylle ist Roqueplan's les plaisirs du soir. Sehr hübsch ist von Haudebourt-Lescot eine affectirte vornehme Dame, welche ihr Kind säugt, während der Mann in Rousseau's Emil liest. —

Ich höre für diesmal von diesen Gegenständen auf, um einer späteren zusammenfassenden Beurtheilung der pariser Kunstausstellung nicht zu viele Einzelnheiten vorwegzunehmen. Was literarische Neuigkeiten anbetrifft, so weiß ich davon wenig zu erzählen, da die Erscheinungen der letzten Zeit weder mir noch Andern eine erhebliche Aufmerksamkeit abgewonnen haben. Die französische Literatur ist jetzt in eine gewisse Stagnation gerathen, die feurige Lava, welche von den letzten Nationalerschütterungen ausgeströmt, ist erkaltet, und weiß der Himmel, was die Geister und Zustände wieder aus der Lethargie erwecken wird, in die jetzt Alles versunken scheint. Interessant und inhaltreich sind die vor einiger Zeit erschienenen beiden ersten Bände von des Marquis von Custine Werk über Spanien, aber es gehört gewissermaßen mehr der Vergangenheit als der Gegenwart des französischen Tageslebens an. Mir fiel darin unter Anderm eine merkwürdige Stelle auf, von der ich Ihnen etwas schreiben will. Bei Gelegenheit der Eindrücke der Kathedrale von Cordova, welche Herr von Custine in seiner geistreichen und sinnigen Weise wiedergiebt, schreibt er auch einen feindlichen Ausfall gegen die Poeten, gegen die hommes à imagination, die uns berücken und verführen, und zuletzt nur in trostloser Oede lassen. Aber nachdem er seinem Herzen diese dichterische Befriedigung gegeben, hält er inne, und wirft sich selber die Frage auf: „Doch die gewöhnlichen Menschen, haben sie nicht alle Fehler der außerordentlichen, und nur den Genius weniger?“ Und hierauf wendet er sich eifrig an die Empfängerin seines Briefes: „Lieben Sie denn, verehren Sie einen Byron, wenn Sie so unglücklich oder so glücklich sind einem zu begegnen, und ich, ich will Sappho oder Frau von Staël lieben; denn die Furcht wird mich nie von dem Kultus des Genies abhalten. Ich würde der Diener Rousseau's, der Sklave Byron's gewesen sein, und für ihre beleidigenden Launen hätte es mir genugsame Schadloshaltung gewährt, wenn ich sie hätte fühlen lassen, daß sie von mir verstanden würden, wie von keinem andern." Dies Bekenntniß, auffallend in dem Munde eines französischen, aristokratisch und katholisch gesinnten Marquis, gereicht ihm desto mehr zur Ehre, als hier in der größten Demuth die edelste Gemüthskraft hervorbricht. —

Eine kleine Denkschrift, welche Hr. Dr. Guhrauer über das Memoire Leibnitzen's verfaßte, das der große Philosoph zur Erörterung seines Plans zur Eroberung Aegyptens bekanntlich Ludwig dem XIV. vorlegte, ist durch Cousin in der Académie des sciences morales et politiques vorgelesen worden und hat vielen Beifall gefunden. Guhrauer hat die Negociation hier zuerst im Archiv aufgefunden und er bereitet über diesen Gegenstand eine ausführlichere Druckmittheilung, mit Beifügung der neuen Documente, vor. —

γ **Muskau.** So will ich denn auch in den Freihafen einlaufen mit meinem kleinen Briefbote und mein Schiff- und Log-Buch vorlegen. Ich habe freilich nur einen kleinen Kutter — eigentlich mehr für's Freibeuterhandwerk geschickt — auch hab' ich nur kleine Ladung und weiß nicht einmal, ob es auch richtiges Kaufmannsgut sein wird und gäng und gebe ist im Handel.

Ich komme aber von einem gar seltsamen Eilande — Muskau ist mitten im Sandmeere der Lausitz ein Binnenland, eine Oase, als wenn im wüsten Arabien ein Phönix sein Nest gebaut hätte — vielleicht aber ist's auch ein Greif.

Jedes Stückchen guten Landes beinahe mußte erst aufgefahren werden, und der große Park ist wie ein großer Zuckerkuchen — unten ein dicker, sandiger, dürrer Semmelteig — und darüber nur eine dünne, saftige, süße, wohlschmeckende Kruste; — oder auch wie der Marmor Berlins, wo eine dünne Marmorschale wie ein dünn Seidenkleid die groben wollnen Gewänder der unteren Backstein- oder Holzwände beschleiert.

Muskau liegt, wie das kleine schöne Kapri neben Italien — so von Berlin getrennt durch das Sandmeer der Lausitz und Mark. Aber von diesem Kapri aus ergehn, wie weiland von dem römischen — zwar nicht die Heischungen eines Blut — und Gewalt-Herrschers Tiberius — aber es sitzen da still waltend zwei, drei — oder mehre andre Fürsten im großen deutschen Reiche des Geistes, die von hier aus mit ihren Bekanntmachungen das genannte Reich erfreuen — Friedenfürsten, aber keine spanischen — obwohl vielleicht in spanischen Schlössern. —

Die Berliner wundern sich, daß Männer, wie Leopold Schefer, Seidel, hier nicht blos gedeihen und wachsen — sondern auch grünen und blühen und süße Frucht haben und sich freuen am eignen Wuchern — darüber, sag' ich, wundern sich die Berliner, und begreifen kaum, wie einer ihre langen, graden Straßen (die krummen nebenbei) und ihre großen acht- und vier- und kein-eckigen Plätze nicht vorziehen sollte einem Städtchen, wo kaum ein und ein halber Platz und so viel Häuser sind, als in Berlin Straßen.

Aber in kleinen Nestern sitzt sichs warm, und Singvögel sind selten groß und bauen sich gern kleine, trauliche Nester — legt auch manchmal der Teufel sein Gukukei hinein — Hofvögel dagegen, die größer sind — als wie Hühner, Enten, Gänse — bauen freilich auch größre Nester — aber wie oft brüten sie? laufen sie nicht vom Neste, kaum daß sie das Ei gelegt, ohne zu brüten?

In Muskau sitzt ja einer der schönsten, lieblichsten und liebevollsten Sänger Deutschlands — ein rechter starker Sprosser in diesem Zauberhaine.

Gleich wenn Ihr von Berlin nach Muskau hineinkommt, sehr Ihr rechts einen Gasthof, dann Scheunen, dann ein halbes Haus, wieder Scheunen — und dann auf Etwas, was man Berg nennt, ein niedliches Häuslein mit gothischen Fenstern, die sehr groß sind — es ist ein kleiner Erdzwerg mit großen Augen — eine großartige Kleinigkeit. Beinahe scheint's wie irgend ein Pfefferkuchenhäuschen irgend eines deutschen Ammen- und Volksmährchens — so traulich und süß und würzig.

Wenn Sommer ist, so schaut sichs von da gar hübsch in ein Gärtchen hinein, das auf Abstufungen mit seinen Bäumchen und Blumen und Gemüsen sich um das Häuslein herumlegt, wie die Außenblätter um den sonderbar schönen Kelch und Heerd irgend einer Wunderblume. Das ist natürlich Leopold Schefer's Wohnung — und darin sitzt dieser Blumengeist, elfartig, zaubervoll, sinnig, neckisch, lieblich, mitunter fast koboldartig, wenn er aus seinem Kelche herausschimpft und neckt — er ist immerhin von den Geistern, die mehr wissen als Erddinge. Es ist

„Der, der die ganze Stimme der Natur
Heraushört, ihm ward sie zur Harmonie.
Hier nah vor seinen Füßen weint ein Kind —
Und rings im Grünen singen hundert Vögel,
Dort morschet eine alt bejahrte Eiche,
Und drunten nicken junge Blüthenbäume
Sich freundlich zu; dort schallen Grabgesänge
Vom Schlafgemach der Todten — und vom Walde
Her seh' ich eine lust'ge Hochzeit schweben." u. s. w.

denn freilich möcht' ich immer weiter abschreiben aus seinem „Gebetbüchlein" — so nannte er mir's selbst. — Es ist Alles grade so, wie er's hier hingeschrieben, er hat die Natur abgeschrieben — ihm gleich liegt Kirchhof und Straße; und er sitzt oben warm in der Natur auf seinem Nestlein und brütet und singt in die Sonnenwelt hinaus für seine Brut,

„Geht fleißig um mit seinen Kindern, hat
Sie Tag und Nacht um sich und liebet sie,
Und läßt sich lieben einzig schöne Jahre."

Seine Kinder aber solltet ihr sehen! — Die Bildlein von ihnen liegen in seinem Gebetbüchlein als Heiligenbilderchen — er hat sie ja abgemalt in allen seinen lieben Kinderschilderungen. Ebenso die Mutter. Sie waltet schlicht und still darinnen und hat ihren großen Kinder- und ihren kleinen Viehstand. —

Die Muskauer nennen Schefer ihren Einsiedler — er ist ein Zweisiedler mit seinem Weibe. Die Muskauer denken, der Einsiedler solle zu ihnen kommen und etwa betteln — sie sind nicht rechtgläubig (katholisch), sonst wüßten sie, daß die Einsiedler von jeher ihr Glöcklein wohl allein geläutet und fromme Beichtkinder und Verehrer (die sie und ihnen verehrten) zu sich beschieden haben. —

Die Muskauer sind ein glückliches Völklein — und haben sie nicht Alles? ich meine, haben sie nicht einen Fürsten, einen Hof, ein Schloß, Schloßgarten, Schauspiel, Bad, Hofbeamte, Schriftsteller, Dichter und Buchbinder — ja sogar ein Berlin — nämlich eine Stadt Berlin, den Gasthof? — haben sie in Muskau nicht ein Rathhaus, $1\frac{1}{2}$ Kirchen — übrigens auch Trümmer von Pflaster — die ihr grünbehartes Haupt aus dem Strome der Zeit und Vergangenheit — wie alte Karpfen — hervorstrecken? — Die Muskauer Schloßgasse ist doch wenigstens so lang, als ein Durchgang des Berliner Schlosses — und nun können wir eigentlich gleich in den Garten eintreten — — . . .

. . . Geehrtester Herr, ich muß aber hier um Entschuldigung bitten; ich hab' es nun freilich gemacht wie weiland die spanischen und andere Amerikafahrer, und habe als Ballast und Rückfracht von dem seltsamen Eilande meinen Kiel mit Sandelholz, Mahagoni u. dgl. gefüllt. Als ich aber meine dazu aufgespeicherten Vorräthe musterte, fand ich mit Schrecken — daß Sie mir einen zu kleinen Schiffraum gestattet — so daß ich Vieles zurücklassen mußte. Jetzt nun, da ich auspackte, zeigt es sich, daß es grade das Holz (materia) gewesen ist, das im Muskauer Garten steht — das hab' ich über Bord werfen müssen und so blieb in meinem Briefschiffe nichts übrig vom Parke.

Auch stößt uns, wenn wir zum Gartenthore einrücken, gleich das Amthaus auf. Da wohnt nun Jemand, von dem sich freilich auch Manche — wenn auch nicht grade Berliner, — gewundert haben, daß er hier wohnt — so abgeschieden von der eleganten Welt. — Aber es ist wenig zu verwundern, daß er sich hierher gesetzt hat; mehr, daß sie ihn hierher gesetzt haben. Nun hängt er hier wie ein ausländischer Vogel unter den einheimischen des Gartens, wie im Käfig; und er kann hier nun freilich nicht mehr grad aufsteigen mit seinem Sange, wie eine Lerche — aber sie haben ihm doch auch oben eine weiche Decke gemacht, daß er sich nicht gleich den Kopf einstößt, wenn er's versucht. Auch haben sie sein Weibchen zu ihm gelassen und seinen Jungen, — wenn's nicht ein Mädchen ist.

Auch ist er ein gewaltiger Jäger geworden — wenn auch nicht vor dem Herrn — wie Nimrod. Doch, wer weiß? — Und seine Frau geht eben auch nicht anders aus, als mit dem zierlichen Gewehr auf der Schulter. Uebrigens geht's Beiden wohl und sie können das künstliche Kanariennest, das man ihnen schon fertig hingegeben, ja auch noch mit eignen goldnen Federn putzen und ausstatten. — Ich meine, sie wohnen recht zierlich und fein, und vornehm und bequem.

Laube kam von Berlin und der große Backenbart hing ihm noch voll von Berliner wohlriechender Seife, mit der man ihn eingeseift hatte. — Manche haben ihn auch am Bart gezupft. Da kann er sich denn freilich noch nicht drein schicken, daß die lieben Muskauer nicht solche savon de Provence oder dgl. haben — er zieht sich vornehm zurück und ist sich, wie in der Literatur jetzt — so auch in Muskau, selber genug, schreibt eine Literaturgeschichte, kommt alle vier Wochen einmal zu Schefer, schießt Böcke — und wenn das wird vorbei sein, so sagt ein gewisser Mensch, er werde sich auf den Fischfang legen, und unter Andrem habe er schon dem Hrn. Engelmann in Leipzig den Vorschlag gemacht, er solle ihm einige Hundert Krebse schicken — er will diese jungen Europäer auch in der krebsarmen Neißgegend verbreiten. Das geht mich — und manchen Andren — aber eigentlich Alles sehr wenig an, und ich wünsche ganz von Herzen, daß Hrn. Laube in der Versteigerung der Hinterlassenschaft des verstorbnen, durch seinen Herrn rühmlichst bekannten Forstmeisters einige gute Gewehre werden vor den Kauf gekommen sein — daß er sich wehren kann, denn er wird freilich zu viel angefochten sowohl, als angefochten, d. h. angebettelt.

Mehr ein Mann des Volkes — oder vielmehr des Stadtadels von Muskau ist der hiesige Bühnendichter Seidel — ein Fünfzigender, stößig, brünstig — aber immerhin ein Edelhirsch. Freilich wollen ihn die armen Bauern seines vielen Wildschadens wegen nicht recht loben, aber der Fürst hält ihn doch fest und warm. Früher war er, glaub' ich, Vorsteher des Liebhaberschauspiels, und es soll gut gewesen sein. Leute dazu hat er an den vielen fürstlichen Beamten, die diese Herrschaft von neun Geviertmeilen bearbeiten — daß die Bauern schwarz werden — ich meine vom Kohlenbrennen in der großen Haide.

Neulich sind die arabischen Pferde des Fürsten angekommen — schöne, prächtige Thiere. Ihr Herr aber wird vor 1839 schwerlich zurückkehren — wenn ihn, den Schußfesten, nicht etwa gar ein gar heimlicher aber gewaltiger Herrscher zum Tode verurtheilt und ihm einen schwarzen Fleck auf's Herz gemalt hat als Ziel — die Pest. — Sie haben sehr lange keine Nachricht von ihm. —

Uebrigens, wenn wir nun herausgehn, so nehmen wir schon schnell den Weg durch einen Theil des Parks.

Er ist seltsam anzuschaun — er liegt da, hier und dort

noch mit Schnee belegt — wie ein junges Weib nach der Brautnacht, und dehnt sich wollüstig, die Frucht zu hegen, und schwellen und hervorgrünen zu lassen — Es ist wahr, der Garten streckt sich ordentlich, wie im Schlaftrunke, nachdem ihn die hereinscheinende Sonne aus süßem Traume geweckt. — Die Wasserleitung, an der der gewundene Gang hingeht, ist geschwollen, wie eine lebhafter schlagende Ader — noch wenige Wochen und diese Sträucher haben sich zu Lauben verschlungen für die Liebespärchen der Nachtigallen — und dann kommt nur selber hin und seht Euch das Weitere näher an. — v. Tr.

† **Aus Süddeutschland.** — Es war wohl eine harte Zeit, als der schwere Scepter Napoleons auf Deutschland lastete; aber es ist kein Unglück das nicht auch sein Gutes hätte. — Das gemeinsame Unglück und Uebel war ein mächtiges Versöhnungsmittel und gerade in jener furchtbaren Zeit schloß sich der Bund der Deutschen enger, als je vorher. Eine religiöse Duldung wurde herrschend, wie seit der Reformation nie gewesen. Man vergaß den langgenährten Haß, Deutsche schlossen sich an Deutsche und betrachteten sich nur als Christen, als Brüder eines Blutes, einer Sitte und Zunge. — Ihr Vertrauen auf Gott wuchs gerade damals, wie die Eiche im Sturme sich kräftiget, und eine wahrhaft religiöse Begeisterung durchdrang die Gemüther. — Dieses zeigte sich während des langen Druckes im festen Ausharren, dieses zeigte sich dann im allgemein erwachten Freiheitskampfe in freudiger Aufopferung und Hingabe aller irdischen Güter. — Es zeigte sich im Kampfe selbst, und was seit Jahrhunderten nicht mehr geschehen war, als die Kriege meist blos der Eroberung für einzelne Geschlechter

galten, das sah man in jenen furchtbaren Schlachten; wie von einer unsichtbaren Gewalt hingerissen, knieten Kaiser und Könige mit dem Volke vor dem Kampfe nieder, erhoben sich freudig, schlugen und siegten, und dankten dem Herrn der Heerschaaren für den Sieg. — Betrachtet man, welche Umwälzung der religiösen Ansichten in jener Zeit geschah, so wird man mit Freude gewahr, wie gerade in jenen Stürmen sich das reine Christenthum, jene thätige, aufopfernde Bruderliebe, der felsenfeste Glaube an Gott, herrlich entwickelte und eine schöne Vereinigung der lange getrennten Deutschen hervorbrachte. Die Fürsten gingen mit ihrem Beispiele voran, katholische Könige vermählten sich (was, seit Jesuiten herrschten und die allmächtigen Beichtväter waren, nie geschehen durfte, und geschehen war), mit protestantischen Fürstentöchtern, oft wahrhaft zum Segen ihres Hauses und Landes — und ihnen folgte das Volk und die Priester beider Confessionen segneten den Bund. — Was die größten Reformatoren nicht vermocht hatten, was alles Hindeuten auf die Schrift nicht bewirkte, das bewirkte das Machtgebot Napoleons; — die Bischöfe hörten auf, weltliche Fürsten zu sein, die Kirche sollte wirklich nur eine geistliche Macht sein, die mittelalterlichen Anstalten, Klöster und Klosterähnliche Institute gingen zu Grabe, unbetrauert, denn sie hatten in der letzten Zeit ohnehin ihr sieches Leben nur mit Mühe hingeschleppt, und weder die Fürsten noch das Volk beklagten den Untergang derselben. — Damals war es nahe daran, eine deutsche christliche Kirche aufzurichten und die verschiedenen christlichen Bekenntnisse zu vereinen, was die größten Gelehrten und Menschenfreunde, selbst Leibnitz, vergebens angestrebt hatten. Aber gerade der Friede sollte das schöne Band wieder zerreißen, Deutsche von Deutschen wieder trennen und den Krieg der Meinungen wieder anfachen?! — Daß es so geschehen, liegt jetzt wohl klar vor Aller Augen. Man braucht nur den wüthenden Ton zu betrachten, der in den Artikeln so vieler Convertiten herrscht, die durch ihren Uebertritt zur allein seligmachenden Kirche hohe Staatswürden, Domprä-benden, Professuren, Erbschaften oder reiche Heirathen erschnappten. — Die Mönche Don Miguels und Don Carlos könnten nicht intoleranter und aufhetzender sprechen. —

Als nach langem Sturme, der alle bisherigen Grundfesten erschüttert und ein neues Geschlecht unter Kriegsgeschrei und Leiden aller Art geboren und groß gezogen hatte, die Fürsten von ganz Europa sich beriethen, um einen dauerhaften Frieden auf religiöse und sittliche Grundsätze zu gründen; da gab es doch Mächtige, welche die Zeit, die Gott gesandt hatte, rückwärts drehen wollten, welche sich vermaßen zu thun, als hätte die Menschheit unterdessen geschlafen!? Rom verlangte nun geradezu die Wiederaufrichtung des alten Deutschlands vom Jahre 1790, Herstellung aller Bischöfe mit ihren Gütern. — Es war dasselbe Ansinnen, welches sich schon vor, in und nach dem dreißigjährigen Kriege gezeigt hatte; aber es gelang auch diesesmal nicht, zum Zeichen, daß die Ereignisse, welche der Himmel sendet, doch gewaltiger seien, als die Schlüssel desjenigen, der Alles binden zu können glaubt. — Wie er ehemals (durch dreißig Jahre der Gräuel noch nicht ersättiget,) dem westphälischen Frieden gefluchtet, erließ der heilige Vater auch gegen die Beschlüsse des Wiener Congresses eine Protestation, auf welche Niemand achtete. — Aber darauf begann der denkwürdige Kampf, nicht mit dem Schwerte, sondern mit geheimen Unterhandlungen, Werben und Locken durch mancherlei Künste, und was nicht mit einem Male gelungen war, suchte man allmählig und durch einzelne Verträge zu erreichen. Der Orden der Jesuiten wurde wieder erweckt, die Bibelgesellschaften, welche der heilige Vater eine Pest der menschlichen Gesellschaft zu nennen beliebte, verdammt, und es begannen die Jahre lang andauernden unermüdet fortgeführten Unterhandlungen wegen der Konkordate. Der Abschluß des Bairischen, über dessen Anfang, Mitte und Ende noch geheimnißvolles Dunkel liegt, so wie die Betreibung des Konkordates mit Würtemberg, Baden u. s. w. Diese Unterhandlungen und die Verfolgung des biederen freisinnigen Wessenberg zeigten deutlich: Rom hat von seinen Grundsätzen nichts aufgegeben und wird nichts aufgeben; es weicht der Zeit für Augenblicke und strebt, bei erster günstiger Gelegenheit, seine alte Herrlichkeit wieder geltend zu machen. Es will eine irdische Macht und Herrlichkeit, nicht eine geistige, und wie die Juden, erwartet es fort und fort seinen Messias, der ihm den alten Glanz zurückbringe. — Rom will herrschen, Fürsten gleich, aber nicht im Reiche der Geister durch Fortschreiten, Entwickeln und Fördern allgemeiner menschlicher Interessen, wie es in der alten Zeit das Monopol der Intelligenz hatte und die republikanische Freiheit wider Kaiser und Könige verfocht. — Jener Zweck und Plan liegt schon deutlich ausgesprochen in dem Bairischen Konkordate; wer nur immer tiefer blickt, wird es erkennen. — Um zu seinem Ziele zu gelangen, sucht Rom: 1) liegende Güter, festen Grund und Boden, um dem Adel und den Fürsten gleich und ebenbürtig zu sein; 2) Klöster für das Volk, um auf dieses durch die herablassende gutmüthige Einfältigkeit der Bettelmönche zu wirken; 3) den Unterricht der Jugend durch andere Orden, um das neue Geschlecht nach seinen Ansichten zu seinen Absichten zu ergreifen, damit es sich geduldig in die geistige und körperliche Knechtschaft füge. Dieses sind die Elemente der römischen Herrschaft gewesen und sind es noch; ja sein ganzes Leben und Bestehen ist fest an sie geknüpft, und werden ihr diese entzogen, so muß Rom nothwendig zu Grunde gehen; darum strebt es instinktartig nach diesem Lebens-Elemente.

In Frankreich begannen mit der Restauration auch die Plane der katholischen Kirche sich wieder zu entwickeln; Missionskreuze wurden aufgerichtet, es geschahen Wunder und Zeichen; die Jesuiten wurden wieder eingebürgert, sollten sie auch unter einem andern Namen vorkommen, die Güter der Kirche im Stillen durch Ankäufe und Schenkungen vermehrt. Sonderbar ist es freilich, daß sie, die sich rühmt ganz allein den wahren Geist der christlichen Lehre gefaßt zu haben, ohne weltliches Besitzthum nicht bestehen zu können glaubt, da doch das Reich des Herrn nicht von dieser Welt war und ist! Der Streit um liegende Güter zur Ausstattung der neu errichteten Bisthümer verzögerte, wie man ziemlich zuverlässig weiß, die Vollziehung der schon seit Jahren abgeschlossenen Konkordate. Da Rom in diesem Puncte nicht durchdringen konnte, begnügte es sich einstweilen damit, daß der Kirche der Besitz und die nachmalige Erwerbung von Gütern gestattet ward. Am wichtigsten erschien aber den Freunden Roms, die Erziehung der Jugend wieder ganz allein oder doch größtentheils zu erhalten; so wichtig däuchte ihnen dieses, daß der Nunzius in München bald nach seiner Ankunft ziemlich unbehutsam äußerte: „so lange diese Lehrer und solche Vorstände an ihrer Spitze wirken, ist für uns kein Heil. Diese muß man zuerst entfernen.“ — Und was ist seit dem Jahre 1820, vorzüglich aber seit 1826 nicht geschehen? Will man einzelne Beispiele von Jahrelanger Verfolgung? Exempla sunt odiosa, und doch muß ich Einiges, nur Einiges berühren. Man verdächtigte die ausgezeichnetsten Männer bei der Regierung, weil sie nicht römischen Grundsätzen huldigten, weil sie nicht im Geiste Roms lehrten, und dazu beitragen wollten, Jugend und Volk planmäßig dumm zu machen. Wer erinnert sich nicht der vielen Lehrplane in einem bedeutenden süddeutschen Staate, von welchen einer den andern verdrängte und verdrängen mußte, weil sie einer gewissen Parthei nicht gefielen? Sie wollten geflissentlich Alles verwirren, damit es am Ende deutlich schiene: Seht, es ist kein Heil mit eurer Erziehung, bis ihr die Schulen wieder in die Hände der Geistlichen, nicht der Geistlichen, sondern der Mönche gebt! — Lange sträubte man sich; man erinnert sich, daß ein finsterer Bund, deren vorzüglichste Glieder als Mitarbeiter einer süddeutschen Zeitschrift bekannt waren, offen darauf ausging, mystischen Unsinn unter frömmelnden Sprüchen zu verbreiten, um das Volk zu locken; man weiß auch, daß der Bund plötzlich sich das allerhöchste Mißfallen zugezogen und wie eingeschüchtert eine Zeitlang stille gesessen habe. — Aber er ruhte nicht und die Tollheiten der Ultraliberalen und manche andere extravagante Bestrebungen auf der andern Seite brachten jene Parthei wieder empor. Wer kennt nicht die letzten verhängnißvollen Jahre, ihre Versprechen und ihre Früchte? Diese Unsinnigen trugen am meisten dazu bei, Deutschland in die Fesseln Roms zurückzuführen, wenn es ja noch irgend möglich ist! Jetzt verkündeten die Römlinge offen: Uebergebt uns die Schulen, wir erziehen euch die Jugend zu ruhigen gesitteten Bürgern! und jetzt war ihr Antrag willkommen! Heißt es doch, die Jesuiten hätten sich schon erboten, die Mittelschulen in den größten Städten eines süddeutschen Staates unentgeldlich zu übernehmen, damit desto mehr Fonds übrig blieben zu endlosen Bauten und für Kunstschätze?? Zwar die Jesuiten wollte man noch nicht, aber doch Mönche, und welch ein Unterschied wird wohl zwischen Mönchen und Mönchen sein? Sie müssen ja für das Interesse Roms wirken, und wohin dieses ziele, ist nicht mehr zweifelhaft. Von da an begann ein wahrer Zwiespalt zwischen der Lehre und dem Leben sich zu offenbaren; die Jugend soll nicht mehr nach den Grundsätzen der Aeltern erzogen werden; was diese sagen, die eine Zeit voll Bedrängnisse glücklich zurückgelegt haben, wird in der Schule als Gottlosigkeit und Irrthum verdammt. — Ein junger Priester sagte und lehrte offen, als ein Gewitter die Feldfrüchte am Gebirge hin zusammen schlug: das ist die Strafe für jenen Pfarrherrn, welcher bei dem Gewitter nicht läuten läßt. — Der dem Feldbau und der Sittlichkeit gleich schädliche Unfug der Kirchweihen, der abgebrachten Feiertage, der entfernten Wallfahrten wird von vielen Geistlichen aus allen Kräften gehegt und gepflegt. Ein neu angekaufter, protestantischer Gutsherr brachte durch Bauten und neue Einrichtungen viel Geld im Umlauf, aber wie gewonnen, so zerronnen! Die katholischen Bauern murrten: es sei offenbar kein Segen bei all dem großen Verdienst, weil halt der Baron ein Lutheraner sei! — Was sollen nun die Aeltern zu solchen Lehren, welche ihre Söhne aus der Schule heimbringen, sagen? Sollen sie die Achtung gegen den Lehrer aus dem Herzen ihres Sohnes tilgen und Zweifel säen! Sie müssen schweigen aus mehr als einem Grunde und das Unkraut wuchert üppig fort. Glaube man es nur, schon kommen wieder Fälle vor, daß der Priester von einer armen Tagelöhners Wittwe die letzten Groschen nimmt und eine Messe zu lesen verspricht für ihr Kind, das erst ein Jahr alt starb, damit es ja in den Himmel komme, daß er den letzten Groschen nimmt, um die verherte Kuh zu exorcisiren, die Blut statt Milch giebt. — Im Isar- und Unterdonaukreis, sollen unter den Mendikanten unnatürliche Laster im Schwange gehen. — Das ist dann frommer christlicher Sinn. — Unter dem Vorwande, daß die Religion nicht entweiht und gelästert werde, hat man glücklich erlangt, daß nichts mehr über die Geistlichen in öffentlichen Blättern geschrieben werden darf, was ihren Einfluß bei dem Volke vermindern könnte. Es ist etwas über ein Jahr, als in einer großen, berühmten Stadt eine sonderbare Geschichte von seltsamer Schatzgräberei von Mund zu Mund ging, wie dabei schändlicher Betrug vorfiel und der geweihte Schatzgräber, der einem neuerweckten Orden angehörte, silberner Schaufel und Zangen bedurfte, den Schatz zu heben, was ihm jedoch nicht gelang, sondern ein Unhold entwendete sogar das aufgewendete Silber. Man brachte den Mann von der Flucht zurück und Jedermann erwartete nun, die Sache in öffentlichen Blättern wenigstens in allgemeinen Ausdrücken besprochen zu lesen, damit andere Leichtgläubige nicht auch betrogen würden; aber man las nichts, vielmehr verlautete, der Gensdarme, welcher den Verdächtigen und Beschuldigten öffentlich einbrachte, habe deßwegen einen Verweis erhalten. — Macht aber irgend ein altes Mütterchen eine Schenkung an die Kirche, wird eine Capelle errichtet, schnell berichten es preisend alle Blätter, und welche Lobsprüche werden nicht erst öffentlich gespendet, wenn eine fromme Frau mehrere Tausende als ein ewiges Capital anlegt, von dessen Zinsen ein Mann bequem leben kann, der dagegen nur die Verpflichtung hat täglich eine, oder wöchentlich ein paar Messen für die Seele der Wohlthäterin zu lesen. Solche Stiftungen werden gepriesen und andern als Muster vorgehalten: thut darnach und ihr werdet den Himmel euch zum Danke verpflichten. So ist es denn dahin gekommen, daß der katholische Priesterstand auf dem geraden und ebenen Wege ist, sein voriges Ansehn, Macht und Reichthümer wieder zu erlangen; zwar werden noch mehrere Jahre verfließen, bis er alles vereinigt, aber er hat doch die Hoffnung. Wie viel die Geistlichen, wie viel die Ordinariate, jetzt schon vermögen, weiß Jeder zu berichten; es ist ihnen aber vorzüglich um die Erziehung oder vielmehr Verziehung zu thun. Weil der Priesterstand als das Eldorado unserer Zeit und aller Stände wieder angesehn wird, drängen sich ungemein viele zu demselben, nicht gerade die fähigsten Köpfe, welche man mißtrauisch beobachtet, sondern die Geduldigen, Frommen. Manche sagen freilich, vorzüglich die Armen am Geiste: Wer hat seit langer Zeit gehört, daß der Sohn eines Ministers sich dem Priesterstande widmete? Jetzt haben wir ein Beispiel; die Bischofmützen und die angenehmen Sinekurstellen in einer Domherrn-Anstalt tragen wohl vieles dazu bei und locken gar lieblich an. Man weiß, daß Männer von mehr als dreißig Jahren, die vorher einem Handwerke lebten, plötzlich von einer unwiderstehlichen Begierde ergriffen wurden und werden, Geistliche zu werden. Man dressirt sie ein Paar Jahre, daß sie zur Noth lateinisch lesen und einige Formeln verstehen lernen, schickt sie an eine milde Anstalt, um dort die Abiturientenprüfung zu machen, dispensirt sie vom Griechischen und der Mathematik, und sie können an die Universität oder an ein Lyceum, werden nach wenigen Jahren Priester und sind als solche auch sogleich die gemachten Vorsteher der Elementarschulen. — Zwar der Schullehrer übersieht sie weit, aber sie begegnen ihm stolz, er ist ein Freigeist und man weiß sich durch Erzählen von Legenden und Austheilen von Bildchen und Rosenkränzen die Zuneigung der Jugend zu gewinnen. Stand doch vor etwa sechszehn Monden in einem Blatte: — „Wozu braucht man die theuren Schulen mit den hochmüthigen Schulmeistern, die dem Geistlichen meist nur widerstreben? Der Bauer hat genug, wenn er Religion und etwas rechnen kann, dieses lehrt der Geistliche. Was ist denn mit all' dem Kostenaufwande geleistet worden?" — Dieses sind die Ansichten, welche man zu verbreiten sucht in unseren Tagen, da ringsum Alles mit Riesenschritten sich vorwärts bewegt. Stillstand heißt bei dieser Partei — so darf man sie wahrhaft nennen — das große Wort, und sie will nicht erkennen, daß kein Stillstand in der Natur ist.

Bereits haben die Mönche einige Mittelschulen in Süddeutschland, die neu errichteten Klöster sollen zugleich die Pflanzstätten der künftigen Lehrer werden, durch welche nach und nach nicht bloß die weltlichen, sondern auch die weltgeistlichen Lehrer von ihren Lehrkanzeln verdrängt werden sollen, da selbst diese ihnen zu freisinnig sind. Man will nur Mönche und als Mustererziehungsanstalt für alle Jugend gilt die in Freiburg in der Schweiz. Dieses Land ist in der neuesten Zeit in beständiger Unruhe und Bewegung, vorzüglich durch die Römlinge, und scheint sich recht eigentlich als Heerd großer Umwälzungsversuche zu characterisiren; von dort aus schickt man politische Meuterer, von dort aus die neuen Lehrer, und es scheint fast, als wollte man geflissentlich mit der einen Hand Gift und Dolch, und mit der andern dann mitleidsvoll das Heilmittel: die Jesuiten gewähren! Die Zeit wird auch wohl noch die Machinationen enthüllen und einen Blick in das innere furchtbare Triebwerk gewähren. In der erwähnten Anstalt sollen sich über vierhundert Zöglinge befinden, und es ist glaublich, da sogar ein hochgestellter Staatsmann in seiner Rede bei Eröffnung eines Klosters nicht undeutlich auf das Blühen jener Anstalt hinwies und den Wunsch ausdrückte, die Eltern möchten nun ihre Söhne an die nähere Schule senden. — Die Jesuiten bemühen sich aber vorzüglich, die Söhne reicher und hochgestellter Aeltern zu bekommen, damit durch sie dann leichter und mit größerem Erfolg auf die künftige Bildung eines ganzen Landes gewirkt werde. Man weiß, daß aus dem katholischen, ja wer sollte es glauben, selbst aus dem protestantischen Süddeutschland die Söhne angesehener Aeltern und großer Güterbesitzer sich dort befinden; man weiß und erzählte es sich mit Staunen, daß ein Minister (nicht jener Obenerwähnte), der zu den freisinnigsten, kräftigsten Männern gehörte, welche je gelebt, seinen jüngsten Sohn in jene Anstalt schickte, wozu er freilich nur durch seine Umgebung vermocht wurde und wider Willen der Bewegung folgte, die nun einmal herrschend zu bleiben scheint; in diesem Falle würde es freilich gut sein, wenn der Zögling aus jener Schule käme. Fragt man nun, was wird denn dort gelehrt, so erfährt man: gerade dasselbe, was man in den Schulen der Jesuiten vor zwei Jahrhunderten lehrte; denn sie schreiten nicht vorwärts, alle neuen Entdeckungen, Erfindungen, Verbesserungen sind ihnen ein Gräul; schlechtes Latein ist bei ihnen die Hauptsache, in allen übrigen Gegenständen sind sie unerfahren, unwissend. Sie wissen den Geist mit Namen und Zahlen abzufinden und durch einen Schwall lateinischer Verse, zu welchem sie die Worte und Floskeln ohne Geist an einander knüpfen, alle geistige Schöpfungskraft zu ersticken. — Es sollen in einer sehr bedeutenden Stadt zwei Söhne eines hohen Beamten, welche dort gebildet waren, die Abiturientenprüfung mitgemacht und als gänzlich unfähig zurückgewiesen sein; nichts desto weniger schickte sie der Vater wieder nach Freiburg. Kommen solche Fälle noch öfter, so werden ja wohl zum Frommen der Schwachen diese vom Staate angeordneten Prüfungen aufgehoben und die Zöglinge mit ihrem Jesuitenzeugnisse auf Universitäten zugelassen werden ohne Prüfung. Es ist wirklich nicht unwahrscheinlich, was man schon oft behauptet hat, daß die Jesuiten eigene Emissäre haben, damit sie Schüler anwerben; zuverlässig ist, daß sie suchen, in adlichen Häusern Hofmeister unterzubringen, welche bei ihnen gebildet wurden, und man könnte über solche wohl Einiges erzählen. Es ist offenbar, man will den Adel unwissend, damit man auch über ihn leichter herrschen könne, damit auch er die Unwissenheit wieder pflege und sich blos der Jagd und dem Vergnügen, oder wie man zu sagen beliebt, den ritterlichen Uebungen widme. Glaube man ja nicht, daß die römische Kirche sich blos in dem Lande auszubreiten und zu vergrößern strebt, welches in der neuesten Zeit durch die sonderbarsten Gegensätze, die es planmäßig begünstigt, so viel von sich reden gemacht hat; die Arme der geistlichen Körperschaft reichen unsichtbar in die Kabinette der Nachbarländer und man ist wohl gezwungen, endlich als wahr anzunehmen, was schon mehrmal von jener Seite angedeutet wurde, daß selbst protestantische Minister in größtentheils protestantischen Ländern dem Mönchswesen nicht abhold sind und den Wahn hegen, man könne durch Mönchs-Institute am ersten und leichtesten einem revolutionairen Treiben einen Damm setzen, welches sich bei katholischen Unterthanen eines schön gelegenen fruchtbaren Bezirkes äußerte. — Obgleich gerade die fanatisch-katholischen Länder, Sicilien, Neapel, der Kirchenstaat, Piemont, Portugal, Spanien, Belgien, Südamerika, Frankreich (dessen Süden noch immer denkt, wie zur Zeit der Dragonaden, des Cevennen-Krieges und der Hinrichtung des Jean Calas) die Heerde der wildesten Revolutionen waren, in denen das Mönchthum mit Gift und Dolch spielte — und war das unglückliche Polen nicht so oft verfolgend katholisch? Es zielen wenigstens manche Bestimmungen, die bald in's Leben treten sollen, durch welche die Bildung der jungen Geistlichen schon auf der hohen Schule drei Jahre hindurch mönchsartig sein soll, dahin und gewiß nicht zur Belehrung des Volkes, daß man die deutschen Rituals bei dem öffentlichen Gottesdienste, welche Wessenberg wahrhaft zur Erbauung und zur Freude des Volkes einführte, wieder verdrängen und lateinische unverständliche

Formeln an deren Stelle setzen will. Rückwärts, rückwärts soll es gehen, wohin man aber auf diesem Wege kommt, wollen die Wenigsten einsehen. Oder ist es denn so sehr wünschenswerth, daß Jesuiten die Fürsten leiten, daß sie an allen Höfen die vielvermögenden, Alles gestaltenden Herren werden, daß nach ihrem Belieben und gewiß auch nach ihrem Wahlspruche zum Besten der Kirche, politische und eheliche Bündnisse geschlossen und getrennt werden, daß sie wieder die Fürsten gängeln durch Formenwesen aller Art gleichwie die Priester Aegyptens mit den Königen gethan; daß sie die Stunden der Andacht, sowohl der öffentlichen als der häuslichen bestimmen und jede freie Thätigkeit beschränken!? Ist es denn wohl so wünschenswerth, daß der Bürger sein Vermögen mit ihnen theilen, daß der Bauer ihnen nicht blos den Zehnten, sondern unter Opfern mancherlei Gattung mehr als die Hälfte seiner Früchte gebe, daß er im Schweiße seines Angesichts arbeite, indessen sie in süßer Muße als die Lieblinge des Himmels leben und ihm selbst seinen häuslichen Frieden trüben? — denn werden wohl die neuen so erzogenen Priester besser, enthaltsamer sein, als sie früher waren, da sie auch in Reichthümern schwelgten? — Freilich sollte man lachen und mit Göthe sprechen: „Thöricht auf Besserung der Thoren harren, Kinder der Klugheit, o habet die Narren, eben zu Narren auch, wie sich's gebührt." — Aber die Sache ist für Spaß wahrlich zu ernst und wer es mit der Menschheit nur immer redlich meint, muß solches Treiben verabscheuen, aufdecken und warnen; muß wirken, daß der Geist gebildet, seiner selbst bewußt werde und nicht im Dumpfsinne den Thieren gleich dahin lebe.

* **Bamberg.** Bei uns ist in diesem Augenblicke eine sehr rege Thätigkeit bemerklich, welche ihren Grund in zwei großen Ereignissen findet, durch welche Bamberg, wie wir hoffen, bald eine vorherrschend wichtige Bedeutung für Mitteldeutschland erhalten wird — Das eine dieser Ereignisse ist der Bau des wichtigen Donau-Main-Kanals, ein tausendjähriges Projekt, welches den Lieblingswunsch Karls des Großen schon bildete: das andere die große Eisenbahnlinie, welche ganz Baiern durchschneiden wird und zu deren Anlegung jetzt die Genehmigung gekommen ist. — An dem Kanale wird sehr thätig gearbeitet. Mit den zu überwindenden Schwierigkeiten des Bodens und den großen Schleusenwerken wird er gewissermaßen ein Seitenstück des Canals de Midi sein und ein großartiges Andenken der Regierung König Ludwigs bis in ferne Zeiten bilden. Bamberg aber erhält durch ihn und durch die Eisenbahn den Glanz eines ersten Stapelplatzes für Mitteldeutschland und zwar durch Land- und Wassertransport in doppelter Hinsicht. Die hoffende Freude für die Zukunft ist daher auch allgemein und vielleicht hofft man selbst mehr noch als die Wahrheit einst geben möchte; jedenfalls aber wird die Stadt wichtiger und blühender werden als jetzt. In der Literatur ist es bei uns ziemlich still, wie überall in Baiern, aber es ist wenigstens ein reges Streben vorhanden, auch hierin vorzuschreiten. — — Höchst beachtungswerth ist der Aufschwung unserer politischen Zeitung „des fränkischen Merkurs", der in dem literarischen Institute des Herrn von Hornthal erscheint. — Dieser liberale Mann hat weder Mühe noch Kosten gespart, um dem Journale eine würdige Stellung zu geben, und selbst einen jungen Gelehrten Dr. C. Riedel nach Belgien,

Frankreich und England gesandt, um Verbindungen für das Blatt anzuknüpfen. Herr Riedel hat sichtlich diese Sendung mit vielem Geschick erfüllt, und der frische Ton des Blattes, sein Standpunkt auf der freisten Entwickelung des gemäßigten Liberalismus, wie die energische Freimüthigkeit, sans peur gegen Alles, was die modernen Kulturbegriffe der Zeit zu verfinstern strebt, stellen den Merkur an die Seite der besten Erzeugnisse der deutschen Presse. Herr von Hornthal ist als würdiger Vertreter des Volkes in der Kammer bekannt und der Redacteur des Merkur Dr. Heller theilt ganz die rastlose Thätigkeit und das schöne Streben seines Freundes. In dem Beiblatte des Merkur, der Euterpe, will man einen Sammelpunkt für die vorzüglichsten bairischen Literaten und deren ästhetische und kritische Productionen bilden. —

Prag. — Die größere literarische Regsamkeit, welche in der letzten Zeit überhaupt in Oesterreich unter begünstigenderen Umständen, als früherhin, entstanden, hat sich auch hier in Prag seit Kurzem sehr erfreulich bethätigt, und man sieht bei uns ein neues Journal nach dem andern entstehen. Der von Hrn. Johann Umlauft neu angekündigte „Novellist" scheint mit tüchtigen und verständigen Kräften unternommen zu sein, die allgemeinen literarischen und ästhetischen Gesichtspuncte, von denen der Herausgeber ausgeht, sind richtig und zeitgemäß, und sein Journal verdient daher der allgemeinsten Verbreitung empfohlen zu werden. Neben deutschen Originalaufsätzen sollen im Novellisten auch die Ergebnisse der neuesten ausländischen Literatur, darunter besonders der böhmischen, benutzt werden. —

Mannheim. — Bei dem hiesigen thätigen Verlagsbuchhändler Hoff erscheint ein „Rheinischer Postillon", der sich als „politisches Unterhaltungsblatt" ankündigt. Redacteur ist Hr. Wilhelm Fischer aus Berlin, der vor mehreren Jahren zuerst mit einigen der Vergessenheit anheimgefallenen Novellen auftrat und darauf mit historischen Arbeiten, besonders die Geschichte Preußens betreffend, sich beschäftigte. Wir glauben, daß es ihm gelingen kann, in der Aufgabe, die er sich in diesem „Rheinischen Postillon" gestellt zu haben scheint, eine hübsche Wirksamkeit zu gewinnen. Denn irren wir nicht, so kann aus diesem Journal ein politisches Volksblatt im Sinne der Dorfzeitung, oder vielmehr wie die Dorfzeitung sein könnte und sollte, sich gestalten. Ein solches Volksblatt fehlt in Deutschland, aber es ist freilich keineswegs leicht, die Sprache des naiven Humors zu treffen, welche die passende für den Ton eines derartigen Journals ist. Wir wollen auch die Aufgabe nicht zu hoch stellen, wenn wir die Kräfte des Hrn. Fischer bedenken; aber ein mäßig gestecktes Ziel wird er wohl nicht verfehlen. —

Hamburg. Die hier erschienene Brochüre: „Die Hamburger und Theodor Mundt's Delphin", von Sancho Pansa, ist von den Hamburgern selbst ihrer gimpelhaften Plattheit wegen verlacht worden. Man schämt sich hier eines so unanständigen Vertheidigers, dessen Ton nur dazu dienen könnte, die Gerechtigkeit mancher tadelnden Bemerkungen des Gegners zu erweisen. Man sagt, im zweiten Jahrgange des Delphins werde der Herausgeber dieses Almanachs sich in einer Besänftigungs-Epistel an die

Hamburger gegen alle ihm gemachten Vorwürfe zu rechtfertigen suchen.

Wir rügten in unserm vorigen Quartal dem Herausgeber des hier erscheinenden Telegraphen einen langweiligen Doctrinarismus nach, und müssen auch noch bei unserer Meinung verharren. Dieser hochgelehrte Telegraph wirft aber dafür unserm unschuldigen Setzer Angesichts von ganz Deutschland einen Schnitzer vor, indem er sich nicht anders als zu einem langweiligen Doctrinalismus zu bekennen wünscht. Die Christenpflicht sowohl als die Wahrheit gebieten, unsern Setzer in Schutz zu nehmen und ihm hier das Zeugniß zu geben, daß er mit Recht den Hamburger Telegraphen in den Ruf des langweiligen „Doctrinarismus" — setzte. Wenn der kritische Held in Hamburg uns in einen mäkelnden Magister zusammenschrumpft, so wollen wir gern Alles, was aus dieser lächerlichen Metamorphose folgt, über uns ergehen lassen, nur unserm Setzer soll er nicht seinen plötzlich wieder hervorgekommenen menzel'schen Schulmeisterbakel aufdrücken, sondern lieber dafür die Nase in eine französische Zeitung stecken, wo er finden wird, daß die von uns und unserm unschuldigen Setzer gebrauchte Form bei den Franzosen selbst, natürlich mit Unterschied der Endung, gängundgebe ist.

Wismar. Die hier erscheinenden „Baltischen Blätter" haben unter der Redaction des Dr. J. L. Klein einen lebhaften Aufschwung gewonnen, der Herausgeber selbst bespricht mit Geist und witziger Laune die neuesten Erscheinungen der Literatur, und verräth dabei in seiner eignen Darstellung eine seltene geniale Phantasie, die den Wunsch erregt, dieser Kraft bald einmal auch auf einem andern Gebiet der literarischen Hervorbringung zu begegnen. Unter den Beiträgen der Mitarbeiter in den Baltischen Blättern sind besonders die werthvollen und gediegenen Kritiken des Dr. Meyen, die überall von einem höhern wissenschaftlichen Gesichtspunkt ausgehen, hervorstechend. —

Druck von Bernh. Tauchnitz jun.

FSC
www.fsc.org
MIX
Papier | Fördert
gute Waldnutzung
FSC® C083411

Kolibri 360 GmbH
Ferdinand-Jühlke-Straße 7
99095 Erfurt, Deutschland
produktsicherheit@kolibri360.de